KB036519

農은 생명이고
밥이 민주주의다

농은 생명이고
밥이 민주주의다

지은이 | 김성훈

초판 1쇄 발행 | 2018년 6월 23일
초판 2쇄 발행 | 2018년 7월 5일

펴낸곳 | 도서출판 따비
펴낸이 | 박성경
편　집 | 신수진·차소영
디자인 | 이수정

출판등록 | 2009년 5월 4일 제2010-000256호
주소 | 서울시 마포구 월드컵로28길 6 (성산동, 3층)
전화 | 02-326-3897
팩스 | 02-337-3897
메일 | tabibooks@hotmail.com
인쇄·제본 영신사

ISBN 978-89-98439-49-1 03300
값 16,000원

이 도서의 국립중앙도서관 출판예정도서목록(CIP)은 서지정보유통지원시스템
홈페이지(http://seoji.nl.go.kr)와 국가자료공동목록시스템(http://www.nl.go.kr/kolisnet)에서
이용하실 수 있습니다.(CIP제어번호: CIP2018017297)

김성훈 지음

農은 생명이고 밥이 민주주의다

따비

차례

서언(序言) : 농훈 김성훈(農薰 金成勳)이 걸어온 길

인생 여든의 들머리에서

2018년 6월 23일, 음력 5월 10일은 불초가 우리 나이로 80이 되는 날이다(己卯年 五月十日 生).

내가 태어나기만 기다리던 어머니(車空禮)께서 채 100일도 안 된 핏덩이인 나를 안고 손위의 두 누나와 형을 토닥이며 고향 목포역에서 만주 땅 봉천(奉天, 현재 沈陽)을 향해 가는 기차에 오르셨다. 서울에서 1박, 다시 평양을 거쳐 신의주에서 1박, 그런 다음 만 3일 만에 봉천에 도착해 먼저 와 계시던 아버님(金洪根) 품에 안길 수 있었다. 이 사실은 우리 누님들의 증언이다. 다섯 살 손위인 맏형(成鎔) 장손의 안위만이 절대적일 뿐, 나머지 자식들은 그다음 문제였다. 3년 후 만주 봉천에서 내 바로 아래의 동생이 태어났다. '만주의 영웅'이 되라고 돌림자를 넣은 성주(成洲) 대신 만웅(滿雄)이라고 이름을 지으셨다.

1945년 8월 15일, 일제가 망하고 조국이 해방되자 아버지께서는 어머니를 윽박질러 5남매를 데리고 부랴부랴 압록강을 건넜다. 황해도 해주에서 우리 식구만 야밤에 소형 낚싯배를 타고 인천으로 넘어왔다. 그때 나는 일곱 살이었다. 네 살짜리 동생 만웅이가

하도 울어대자 선장이 물속에 빠뜨리자고 했다. 내가 아우의 입을 틀어막고 어르고 달래면서 가까스레 남한 땅에 도달했다. 아버지 어머니는 고향 목포에 돌아와 살면서 슬하에 승자(勝子), 성호(成豪) 두 동생을 더 낳아 키웠다. 막내 성호가 얼마 전 7남매 중 맨 먼저 저세상으로 떠났다.

"헬로, 쪼꼬렛 기브 미, 먹던 것도 좋아요"(1945~49)

광복된 고향 땅에서는 모두들 해방의 기쁨에 들떠 있었지만 정말 가난했다. 먹을 것이 부족하여 굶어 죽는 사람들이 속출하였다. 이때 목포에 진주한 미군들은 우리 어린이들에게는 구세주와 같은 존재였다. 미군을 태운 트럭이 자나갈 때면 우르르 달라붙어 따라가면서 "헬로, 헬로, 쪼꼬렛 기브 미! 먹던 것도 좋아요!" 라고 외쳐댔다. 그러면 미군들은 활짝 웃어대며 초콜릿, 레이션 깡통, 껌 따위를 던져주었다.

그러는 사이 나는 초등학교에 입학했다. 우리 집에서 산정초등학교(당시 산정국민학교)까지는 근 10리 길, 그러나 철롯길로 다니면 거리가 짧아지는 것은 물론 언덕길을 피할 수 있었다. 당연히 위험을 무릅쓰고 철롯길로 통학을 했다. 비가 오나 눈이 오나 바람이 부나 어두워지나 가리지 않았다.

"미국이라 믿지 말고 소련이라 속지 마라!"

통학 길에 누군가 먼저 시작하여 나중엔 다 같이 노래 부르는 동요조 경구를 지금도 잊지 못한다. "미국이라 믿지 말고, 소련이라 속지 마라. 일본은 일어선다, 조선아 조심하라"였다. 우리에게 그 경구가 무슨 뜻인지 무얼 말하려는지 헤아릴 능력도 수단도 있을 리 없었다. 다만 그 노래가 우리로 하여금 비바람 눈바람을 잊게 만들고 철롯길의 단조로움을 극복하게 만들었다고 생각한다.

책 때문에 초근시가 되다(1950~53)

나는 학교에서 공부를 썩 잘했던 모양이다. 초등학교 성적표를 우연히 발견했는데, 1학년 때부터 전부 90점 이상에 100점짜리가 수두룩하고 등수도 언제나 1등에서 3등 사이였다. 4학년 담임이었던 금성진 선생님은 멋쟁이 신사였다. 집에서 헌책이든 새 책이든 한 권 이상을 가져오라 해서 4학년 5반 60여 명이 100여 권이 넘는 책을 모아 작은 도서실을 차릴 수 있었다. 선생님이 나를 도서반장으로 임명했는데, 미처 책장을 만들기 전에 아, 한국전쟁이 터졌다. 피난 행렬이 몰아닥치고 무기한 휴교 조치가 내렸다. 교실에 모았던 책들을 볏짚 새끼로 꽁꽁 묶어 세 보따리로 만들어 우리 집으로 피난시켰다. 나는 이모 집으로 피난을 갈 때 그 책들도 가져갔는데, 마땅히 할 거리가 없던지라 저수지 뙤약볕 아래서 그 책들을 죄다 읽어버렸다. 당시는 아동용 책이 많지 않았던 시절이라 주로 성인용 책들인데도 무대포로 읽었다. 그중에는 시큰시큰한 소설, 방인근의 《벌레 먹은 장미》도 있었다.

"어둡고 답답한 우리 농촌을 밝고 환하게"(1953~58)

그럭저럭 중학교 3학년이 되었을 때다. 동네 구장(동장) 겸 협동조합 운동을 하시던 아버님께서 나를 불러 4-H클럽(구락부) 운동을 해보라신다. Head(智), Heart(德), Hands(勞), Health(體)의 4개 H를 행운의 상징인 네잎클로버에 새긴 4-H클럽이 1953년 산정동 우리 동네에 탄생했다. 내가 회장이 되고 부회장은 동네 일가인 임명미(동덕여대 명예교수)가 맡았다. 4-H 클럽 회원은 의무적으로 한 가지 이상의 과제를 수행해야 했는데, 나는 리트머스 시험지로 동네 논과 밭의 산성도(酸性度)를 측정해 석회석을 알맞게 사용하도록 동네 어르신들을 교화하는 일을 맡았다. 당시 즐겨 부르던 노래 중의 하나가 나의 스승인 황인호(黃仁鎬) 선생님이 작사하신 〈새 빛과 새 얼〉이었다.

어둡고 답답한 우리 농촌을
밝고 환하게 새로 세우려,
묵은 것을 샅샅이 털어버리고
새 빛과 새 얼로 가꿔나가세.

"사람이 사람다워야 사람이 사람이지"(1955~58)

어느덧 고등학교에 진학했다. 같은 학교에 다니는 친구 중 목포 인근의 다도해 출신과 내륙 시골 출신 열 명이 자주 만나 내적 충실(內的充實)을 추구하며 선행(善行)을 하기로 결심했다. 모임 이름은 영암 미암면 출신 친구 신현천(申鉉千, 후에 경기고 국어교사)이 한국의 정신, 하나의 얼을 뜻하는 '한얼'로 지었다. 당시 목포 문예인 협회장이셨던 차재석 선생(극작가 차범석 선생의 동생)을 멘토로 모셨는데, 그때 우리에게 가르쳐준 시구가 "사람이 사람이면, 다 사람이냐. 사람이 사람다워야 사람이지!"였다.

사람의 본성에서 우러나는 네 가지 마음(四端), 즉 인(仁), 의(義), 예(禮), 지(智)가 없으면 사람이 아니라는 것이다. 구체적으로, 주변 사람을 측은하게 여기는 측은지심(惻隱之心)과 잘못을 부끄러워하는 수오지심(羞惡之心), 겸손하고 양보하는 사양지심(辭讓之心), 시비를 가릴 줄 아는 시비지심(是非之心)을 말한다. 우리가 어찌나 열심히 그 노래를 따라 불렀는지, 당시 우리 학교 한모 교장의 포악함과 이중성을 규탄하는 노래로 발전하기도 했다. "교장이 교장이면 다 교장이냐? 교장이 교장다워야 교장이지!" 마침내 그는 쫓겨났다.

"삼천만 잠들었을 때 우리는 깨어"
수원 한얼과 농사단 창립 (1958~61)

수원에 소재하는 서울대 농대에 거뜬히 합격했다. 대학에서 나는 우리나라 농업·농촌·농민을 살리겠다고 전국에서 모여든 선한 친구들을 만났다. 대구의 임유길, 안동의 김정웅, 공주의 오호성, 부산의 조동주, 서울의 이영선 등이다. 그들과 함께 농대 '한얼'을 창립했다. 처음에는 대학도서관에 걸려 있던 류달영 선생의 시 "그대 아끼게나 청춘을, 이름 없는 들풀로 사라져 버림도 영원히 빛나는 삶의 광영(光榮)도, 젊은 시간의 쓰임새에 달렸거니, 오늘도 가슴에 큰 뜻을 품고, 젊은 하루를 뉘우침 없이 살거나"에 감동하여 책이란 책은 모조리 다 읽자고 했다.

그러나 당시의 시대상황은 내적 충실과 선행만으로는 성이 차지 않았다. 더구나 류달영 선생의 〈최용신傳〉에 기반한 심훈의 《상록수》 식 농촌운동만으로는 태부족이었다. 3학년이 됐을 때 농대생 1,000여 명을 이끌고 서울대 문리대까지 도보로 100리 길 강행군에 나섰다. "농촌은 외친다, 도시부터 개혁하자"고 목이 터져라 외쳤다. 박정희 국가재건최고회의 의장을 대신해 장경순 농림부 장관을 면담해 획기적인 농정 개혁과 사회 혁신을 요구했다. 귀교한 다음에는 학생농민단체, 즉 농사단(農士團)을 만들었다. 주로 수원 4.19 학생시위와 서울 100리 강행군에 참여한 이들의 결사체였다.

미수로 끝난 빨갱이 예비자들

5.16 군사 쿠데타가 터지자 우리는 야밤에 농대 연습림 숲속에 모여 어떻게 박정희 군부를 평가하고 대처해야 할 것이냐를 두고 열띤 토론에 빠졌다가 심야가 가까울 무렵 모조리 수원경찰서로 붙잡혀갔다. 무슨 조치 위반의 죄목으로 밤샘 심문 끝에 서장이 아침에 우리 앞에 나타났다. "너희들은 분명 공산주의자들이 아니다. 그러나 오래 붙잡아두어 계속 콩밥을 먹이면 반사회분자 빨갱이가 될지 모른다. 그래서 오늘 너희들을 전원 석방한다. 자, 집으로 돌아가 착하게 살아라!" 한국전쟁 중 "말 많으면 '빨갱이'라는 소리를 많이 들어봤는데, 하마터면 우리가 빨갱이가 될 뻔했다.

"춤추며 싸우는 형제 그립다!"

그때 우리가 지어 부르던 농사단가가 훗날 〈농민가〉로 제목을 달리하여 모든 농대생, 나아가 전국의 대학생 시위 때마다, 특히

1980년대 반정부 시위 때 단골 행진가로 불리었다. 실은 내가 작사하였고 이용화가 소련 노래의 곡조를 붙인 노래였다. 그러나 작사자 미상으로 1961년에서 2005년까지 계속 널리 불리었다. 내가 작사자라는 사실이 들통나면 경을 쳤을 그간의 우리나라 정치상황(박정희 18년, 전두환·노태우 18년)을 생각해보라. 노무현 정부 들어 김근태 복지부 장관이 주관하는 한 모임에서 내가 원 작사자라는 사실이 알려지게 되었다.

삼천만 잠들었을 때 우리는 깨어
배달의 농사 형제 울부짖던 날
손가락 깨물며 맹세하면서
진리를 외치는 형제 그립다.

밝은 태양 솟아오르는 우리 새 역사
삼천리 방방곡곡 농민의 깃발이여
찬란한 승리의 그날이 오길
춤추며 싸우는 형제 그립다.

"100점이야, 100점"

서울서 4.18 고대생 시위를 지켜본 나는 부랴부랴 수원으로 돌아와 기숙사 친구들의 방과 하숙집을 돌며 그 사실을 전파한 후 다음 날 우리도 수원 팔달문 앞에까지 전교생을 이끌고 진출했다. 군사정권을 질타하는 즉석 성명서를 작성, 낭독한 다음 귀교하니

학교가 뒤숭숭했다. 내일 긴급 교무위원회를 열어 주동자를 퇴학 처분한다는 것이다. 마침 그날이 중간고사를 치르는 첫날이었는데, 김준보(金俊輔) 선생님의 농업경제학개론 시험이었다. 김 교수님은 당시 우리나라 경제학회 제2대 회장(초대회장 崔虎鎭 교수)이셨고 한국농업경제학회 창립회장이셨다. 시험 감독을 마치고 교무실에 들어선 김 교수님께서 모두들 들으라고 "100점이야, 100점!" 크게 외치며 다른 교수들에게 내 답안지를 보였다. 교수님들은 나를 퇴학 처분시키기는커녕 어떤 결정도 내리지 못하고 유야무야 넘어가게 되었다.

가정교사 겸 조교생활: 군사부일체(1960-66)

3학년 2학기 등록금을 두 달째 내지 못하다가 마침내 휴학계를 써 들고 학과장실로 도장을 받으러 들어섰다. 당시 학과장이던 김준보 교수님께서 찬찬히 이것저것 물어보시더니, "내일부터 당장 우리집(서울 신당동)에 와서 집안일을 도우면서 수원으로 통학하라"고 하신다. 그리고 즉석에서 등록금을 대납해주셨다. 그 후 선생님은 전남대학교 총장으로 취임하게 되셨는데, 나는 졸업과 동시에 선생님을 따라 당시 전남 광주 총장 관사로 이사했다. 한 달 반가량 후 전남대학교 대학원 입학시험을 치렀는데, 항상 1등을 하던 의대생들을 제치고 내가 수석 입학을 했다. 덕분에 농대 기숙사에 배정받았다. 그리고 대학도서관 임시 사서로 아르바이트를 하게 되었다. 당시 사서 겸 대학신문사 편집국장이었던 송기숙(宋基淑) 님과는 그렇게 해서 벗이 되었다. 대학원을 마치면서 제출한 내 석사학위 실증조사연구 논문, 〈농산물 유통과정에 있어 상업자본이 농촌경제에 미친 영향〉을 심사한 김준보 총장님이 "이런 것이 바로 학위논문이야"라며 극찬을 아끼지 않으셨다. 그 덕에, 나는 졸업과 동시에 전남대 농업경제학과 유급조교로 발령이 났다. 최재율(崔在律) 선배가 마치 만형처럼 나를 따뜻이 아껴주었다.

만 스물일곱에 도미 유학길에 오르다(1966~69)

케네디 대통령 때 미국 국무부 산하에 동서문화센터(East-West Center)가 설립되어 하와이대학교에 설치되었다. 동서양의 우수 학생들을 뽑아 100% 국비(미 국무부 장학금)로 학업을 지원해주었는데, 한국에서도 매년 10명가량을 필기시험과 면접시험으로 선발했다. 그 두 번째 해인 1966년에 나는 50 대 1의 관문을 통과해 도미 유학길에 올랐다. 마치 돌아오지 못할 길을 떠나는 나그네인 양 여의도공항까지 배웅 나온 시골의 친지 가족들이 울음바다를 이루었다. 도쿄 하네다 공항에 내려 요코하마 항구로 가서 루스벨트호를 타고 8일간 항해한 끝에 호놀룰루 펄하버에 도착했다. 꽃다운 여인네들이 꽃다발을 걸어주며 춤을 추며 환영해주었다. 갓 결혼한 아내를 두고 떠나온 내 눈에는 그 예쁘다는 하와이 여성들이 하나도 예뻐 보이지 않았다. 그때 내 나이가 만 27세, 팔팔한 청춘이었다.

인정 많은 하와이 동포들

호놀룰루에는 한인 교포들이 많이 살고 있었다. 속칭 '이승만 교회'와 '국민회의 교회'를 주축으로 매주 예배 모임을 통해 교류하고 있었다. 우리 유학생들은 주말이면 기독교인이건 아니건 무조건 두 곳 중 한 교회를 나갔다. 공짜 한식 점심을 실컷 얻어먹고 교포들과 교유하는 즐거운 기회였기 때문이다. 나는 릴리하 스트리트에 있는 '이승만 조선족 교회'의 단골 신도였다. 유학 시절 교회에서 만난 Lillian Sur, Esther Cho와 Kang, Helen Choy, Alfred Lee, Sung Kim 등이 물심양면 도움을 준 것을 잊을 수 없고 갚을 길도 막막하다. 구한말과 일제 강점기 몇 푼의 유혹에 끌려 와 하와이 사탕수수 밭에서 노예처럼 일했던 이민자의 3, 4세들이었다. 국민회의 교회에는 화이트칼라 직종에 종사하는 교포 3, 4세들이 많이 다녔다. 그에 비해 이승만 교회의 초기 신자들은 광복이 되면 이승만이 호의호식시켜줄 것이라는 믿음에 거의 광적으로 이승만에게 돈을 바치며 겨우 연명만 하느라 자식들의 교육을 잘 시키지 못했다고 한다. 그러나 학문은 인성과 비례하지 않은 모양이다. 우리 유학생들에게는 그들이 훨씬 인간미가 높고 정이 깊었다고 생각된다.

농학자들의 최고 영예, 감마 시그마 델타 회원이 되다

미국 하와이 동서문화센터에 도착해 하루 내내 미국어로 말하고 공부하고 생활하다 보니 잠자면서 꿈속에서도 영어로 중얼거렸던 듯하다. 아무튼 6개월의 짧은 어학 연수기간에도 실력이 일취월장하여 월반을 했고, 2년 기간의 석사학위 과정에서도 두각을 나타내 동급생 중에서 제일 먼저 박사과정에 들어가게 되었다.

농업경제학과 교수회의에서 결정하여 동서문화센터에 학위 변경을 강력히 요구했던 모양이다. 그래서 1년 만에 석사학위를 받고 2년 후 박사과정을 마쳤다. 그리고 미국 농학자들의 최고 영예(The Honor Society of Agriculture)인 '감마 시그마 델타(Gamma Sigma Delta)' 회원으로 추대되었다(1970. 4. 24). 이 모임을 통해 명예와 지위가 높아질수록 사회에 더 많이 봉사하고 더 크게 공헌해야 함을 실천을 통해 배우게 되었다.

어미 거미는 제 몸을 새끼 먹이로 내놓는다

미국에서 공부하며 살아온 3년 3개월 기간(1966. 6~1969. 9) 14개월의 터울로 종수(棕洙), 민수(民洙)가 태어났고, 엄마 뱃속의 은경(恩卿)은 아내가 먼저 한국으로 돌아와 1970년 외가에서 태어났다. 당신은 아이를 생산하기 위해 미국에 왔느냐, 박사학위를 생산하기 위해 왔느냐라는 놀림을 받곤 했다. 공부하랴, 부족한 생활비를 충당하려 아르바이트하랴 눈코 뜰 새 없이 바삐 사느라 아이들을 어떻게 키웠는지, 어떻게 자라고 있는지 챙겨볼 여유가 없었다. 릴리하 교회의 동포 친구들과 Dr. Phillips, Dr. Davidson, Dr. Larson 등 학과 교수들의 배려와 물심양면의 도움이 아주 컸다. 그러나 지금은 고인이 된 아이들 어머니 김익자(金益子, 후에 炫希로 개명)의 고충이 가장 컸을 것이다. 어미 거미는 제 몸을 새끼들 먹이로 내주며 생을 마친다고 하는데, 익자 씨의 삶이 그러했다. 덕분에 우리 아이들은 착하게 자랐다.

"자애로운 달빛이 포구에 가득하구나"(1984~86)

누가 "사람은 고생 끝에 좀 살 만하면 죽는다" 했던가. 1984년 이탈리아 로마에 소재한 UN 식량농업기구(FAO)로부터 중앙대 교수로 재직 중이던 나를 당시 전문직으로서 최고위직인 P5 직급의 '아시아 태평양 지역 유통·금융·협동조합 담당관'으로 초빙했다. 태국 방콕에 있는 FAO 아시아 태평양 지역 사무소에 주재하라는 것이다. 망설이는 나에게 아이들 교육 문제를 이유로 등을 떠밀다시피 한 사람이 바로 아내 김현희였다. 그러나 방콕에 가족들과 이사온 지 4개월 만에 그 사람은 뇌출혈로 세상을 떠났다. 당장 FAO를 그만두고 귀국하려 했으나 어머니의 유언대로 소정의 교육연한을 마치자는 아이들의 말을 따라 2년 반 후에야 귀국했다.

"내 귀는 하나의 조개껍데기, 그리운 바다의 물결소리여." 장 콕도의 시구를 읊어온 미국 하와이 유학 시절부터 꽃돌, 꽃조가비들을 수집하기 시작했다. UN/FAO 전문가로서 동남아 각국과 태평양 제도로 출장을 다닐 때에도 광적으로 수집했다. 목포의 환경운동가 서한태 박사의 주선으로 목포향토문화관(지금은 국립자연사박물관)에 김현희의 목포여고 시절 사진과 함께 전부(4,392점의 꽃돌과 조가비, 태국 천연티크 코끼리상, 아프리카산과 인도산 상아, 천연 보석으로 만든 타지마할 궁전 모형 등)를 1986년부터 다섯 차례에 걸쳐 기부했다. 조가비들을 세척하고 정리하고 진열, 보관해오던 그녀에게 되돌려주기 위해서였다. TV를 통해 그 전시물을 감상하던 류달영 선생님께서 시 한 편을 써서 액자에 넣어 보내주셨다.

月高天中 慈光滿浦

(달이 하늘에 높이 떠, 자애로운 빛이 포구에 가득하구나.)

"나는 그대의 호(號)를 月浦라 지어준다"라는 주석을 붙였다.

1984년 백두산 등정, 중국 방문 총 70여 회

1992년까지의 중국(당시 中共)은 '철(鐵)의 장막'으로 한국인에겐 금단의 땅이었다. 중국의 동북 3성은, 만주(滿洲)라 일컬어지는 우리나라 근현대(近現代)와 고대사(古代史)의 주 활동무대였다. 우리 선조들의 찬란한 역사와 문화가 발원하였고 한국인의 얼과 정신이 시원했던 곳이다. 고조선(단군), 고구려, 발해 등 우리 조상들이 뛰놀던 옛 터전이었다. 백두산과 그곳에서 발원한 압록강, 두만강, 송화강이 일궈놓은 광활한 평원은 풍요로운 삶과 문화, 우리 역사의 시원지였다. FAO에서 일하며 UN 외교관이 되니 'Laissez Passer(萬國自由통행증)'라는 여권이 지급되었다. 1984년 6월 10일, 홍콩을 경유 중국 광둥성 광저우 땅을 처음 밟았다. 그리고 베이징, 선양(瀋陽), 옌볜(延邊) 조선족 자치주의 수도 옌지(延吉)에 도착했다. 조선족 자치주정부의 협동조합학교 김호남 교장과는 친구를 맺었다. 이 과정에 중국 상무부 왕명홍, 부선은, 옌볜자치주의 정성길 씨가 도왔다. 이듬해 8월 8일에는 백두산을 등정했다. 그후 2014년까지 북한 쪽에서 한 번, 옌지 쪽에서 두 번, 도합 세 차례 더 등정했다. 중국 방문은 도합 70회를 넘었다. 이 모두가 한 시절(1984~86년) UN/FAO 관원이었던 덕에 가능했다.

금강산에 심은 전나무들, 도합 12회 방북

중국 방문은 자연스레 방북(訪北)을 유도한다. 아니, 오매불망 북한을 방문하여 동포들을 만나기 위해 더욱 중국을 찾았다고 말해야 옳다. 물론 UN 자유통행 여권으로 UN 회원국인 북한을 방문할 수 있었다. 그러나 FAO의 공식 출장이 아니고는 개인 자격으로 갈 수가 없다. 후환이 두렵기 때문이다. FAO를 그만두고 중앙대 교수로 복귀했다가 1998년 3월 3일 김대중 정부 초대 농림부 장관으로 임명되었다. 그해 6월과 10월 두 차례 현대그룹의 정주영 회장이 소떼 1,001 마리를 이끌고 북한을 찾은 사건이 민간 차원의 방북 가능성을 개척했다. 장관직을 내려놓은 2000년 10월, 나는 동해 장전항까지의 현대그룹 관계자들의 설봉호 첫 시험 항해에 동승했다. 2001년부터는 북한 나무심기, 생명의 숲 운동 조직 또는 우리민족 서로돕기 운동본부를 통해 북한을 방문했다. 금강산과 개성공단(전 농림부 차관 김동근 씨가 초대 개성공단 관리위원장) 그리고 평양, 해주 등지에 나무를 심고 묘목원과 농기계 공장을 세우려 도합 12차례 방북한 것이다. 그때 우리가 심은 전나무들이 어떻게 자랐는지 궁금하다. 금강산을 다시 가볼 수 있을까?

지천명의 나이에 본격적인 시민사회 활동에 뛰어들어(1987~2003)

내 나이 49세, 지천명(知天命)을 바로 눈앞에 둔 나이에 지인들과 제자들의 권유와 중학교, 고등학교 학생이었던 세 아이의 강권으로 1987년 36세의 박인아(朴仁兒)를 새 반려자로 맞아들였다. 이듬해 아들 진수(震洙)가 태어나고부터 나는 진수의 이름처럼 떨쳐 일어났다. 내 인생이 대외지향 사회환원형으로 바뀌기 시작한 것이다. 중앙대학교의 임철순 이사장과 문병집 학장의 격려가 큰 힘이 되었다. 이미 그보다 앞서, 은사 류달영 선생을 따라 한국유기농협회 창립에도 참여했고 나이 43세에 소시모(소비자시민모임)의 광화문 다락방 창립(1982)에도 참여했으나, 본격적으로 1989년 경실련(경제정의실천시민연합) 창립활동이 나의 전인적인 시민운동의 시작이었다. 이어서 (사)내셔날트러스트 창립, 그리고 우리나라 유기농업의 대부 원경선 선생을 모시고 (사)환경정의 설립 등 그 활동 영역이 차츰 넓어지기 시작했다.

한 볕 숱한 디딤돌 헤이어 이제금 드리운 더운 적공…

우리나라 한글 서예의 대가 평보(平步) 서희환(1934~98) 선생이 1991년 나에게 〈김성훈 박사의 古家精神〉이라는 친필 액자를 보내왔다. 필자가 전두환, 노태우 군사정권에 맞서 경실련 등을 통해 본격적인 시민운동을 전개해오던 모습이 대견했던 모양이다. 아무튼 나에게는 정신적 기둥과 같은 불굴의 의지와 투쟁의 불길을 드높이 밝힐 수 있게 해준 글이었다.

金成勳 박사의 古家精神

한 볕 숱한 디딤돌 헤이어
이제금 드리운 더운 적공
오늘도 불혀 심지 밝히니

그 빛 오래오래 전하리라.

1991, 平步 서희환

날개를 단 범의 새끼, 빛나는 시민운동가

참 열심이었다. 열정적으로 시민운동을 전개하였다. 안기부(지금의 국정원)로 끌려가기도 했고 사찰 경찰들의 미행도 다반사로 당했다. 광우병 우려 36개월령 이상의 미국산 쇠고기 수입을 반대했고, 4대강 운하사업을 반대하는 시민환경단체들의 선봉에 나섰다. 우루과이라운드(UR) 반대, 우리농업 지키기 등 나는 시민운동에 있어 날개를 단 범새끼의 형상이었다.

빼놓을 수 없는 나의 외도(1998~2000)

제4부라 일컬어지는 시민운동 분야에서 명품 운동가였을 때, 김종필, 김영삼, 김대중 등 이른바 3金으로부터 적극적인 정치 참여 유혹을 받았다. 다행인지 불행인지, 나는 청소년 시절부터 아버지로부터 "진정한 명예를 지키려면 정치를 멀리하라"는 당부를 받아 그 말씀을 지키려 밤낮으로 내 자신을 채찍질하며 살았다. 앞서 두 분 김씨의 손길은 마지막 순간에 뿌리칠 수 있었으나 맨 나중에 내민 DJ의 손길은 거부하는 시늉만 하다가 자석에 이끌리는 쇠못처럼 빨려들었다. 국민의 정부가 들어서자 초대 농림부 장관직을 맡았고, 물불 가리지 않고 개혁에 앞장섰다. 유기농 원년 선포와 동시 친환경 농업 직접지불제 실시, 전국 농촌 방방곡곡에 농촌 정보화사업 시행, 농조 혁파와 3개 기관 통합으로 1894년 녹

두장군 전봉준의 동학농민혁명을 촉발시켰던 수세를 완전히 폐지했다. 그리고 농축협 중앙회 통합을 비롯해 획기적인 농정 개혁 등 혁신 조치를 취하느라 치아가 아홉 개나 빠지는 등 건강이 엉망이 되었다. 자진 사표를 내고 물러선 나를 사람들은 최장수 농림부 장관이라 불렀다. 평생 명예를 지키며 학문과 진리의 세계에 머물러 있어야 할 나의 인생에 치명적인 외도였다. 그런데도 恒山 김유혁(金裕赫) 교수는 장관 취임 한시를 지어 큰 액자에 담아 축하를 보내주셨다.

환경 생태 지향의 캠퍼스, 상지대학교(2005~09)

2000년 8월 정무직을 사퇴하고 대학으로 돌아와 5년 후 중앙대학교에서 정년퇴임했다. 시민운동에 박차를 가하려던 무렵, 일단의 상지대학교 교수들이 나를 찾아왔다. 말썽 많은 자기 대학의 총장이 되어달라는 것이었다. 전 이사장이었던 김문기에게 시달려온 상지대학교를 살리는 일이 바로 진정한 시민운동이라고 믿어 수락했다. 취임하자마자 'Clean and Green 캠퍼스'를 목표로 세워, 전공에 관계없이 교육과정에 모두 환경 및 생태과목을 추가하고 외형적으로도 캠퍼스에 나무를 심고 정원을 가꾸고 운동장을 친환경적으로 단장했다. 2009년 2월 말 내 인생 칠십에 임기가 다한 총장직을 마감할 무렵, 상지대학교는 문자 그대로 전국에서 유일한 '환경 생태 지향의 대학교'로 탈바꿈되어 있었다.《더 먹고 싶을 때 그만두거라》라는 첫 칼럼집을 출간하여 상지대 교직원과 학생 대표들께 헌정하면서 대학을 떠났다.

이명박 정권의 비정한 보복(2008~12)

이명박 치하에서 일어난 일이다. 하룻밤 사이에 내 계좌가 털리고 전화가 도청당했으며 내 개인 홈페이지가 사라져버렸다. 내 전자메일함에는 난데없이 전송 실패라는 통보 메시지가 하루에 수백 통이나 쌓이기도 했다. 심지어 재임 중 '샘처럼 맑고 솔처럼 푸르른 캠퍼스(Clean &Green Campus)'로 탈바꿈시킨 상지대학교에, 감사원을 비롯해 정부 사정기관이 죄다 달려들어 다섯 차례나 업무감사가 행해졌다. 김 아무개가 총장으로 있던(2005~09) 시절 건설 관계 업자들로부터 리베이트를 받거나 향응을 받은 적이 있느냐가 단골 조사항목이었다. 그런데도 아무것도 걸리지 않았다. 참고로 나는 이명박 전 대통령과는 그가 서울시장을 지내던 시절부터 가까웠고 그의 형 이상득 전 의원하고도 친밀한 관계였다. 이명박 전 대통령은 후보 시절 나를 독대하자고 불러 상지대학교 문제에 특별한 관심을 보여주기까지 한 바 있었다. 그의 단골 선언처럼 "그게 다, 거짓말!"이었다.

내 천직은 역시 시민운동(2009~18)

나는 총장 이전부터 해오던 전국의 시민환경운동으로 본격 귀환했다. 산사랑 산지보전운동, 우리민족서로돕기운동(대북한 산림녹화운동), 수목장실천협회, 장보고기념사업회(현 장보고 글로벌재단)의 창립 현장에 주도적으로 참여했다. 그보다 앞서 1987년 류달영 선생과 함께 한국농어민후계자협회(현 한국농업경영인협회) 창립과《농어민신문》창간에 결정적인 밑거름 역할을 했다. 그중에서도 지금까지 그만두지 못하고 붙들고 있는 분야가 1960대 미국 하와이대 유학 시절부터 시작한 우리 민족의 구원의 지도자 해상왕 장보고 대상 헌창 사업이고, 내가 죽으면 화장해 용인 천주교묘지의 김성훈 목백일홍 배롱이 나무 밑에 묻는 수목장실천협회다.

나 홀로 시민운동, 안전한 밥상 지키기: 밥이 민주주의다!

내 나이 팔순을 앞두고 이미 2017년에는 경실련 등 모든 시민단체의 총회에 차례로 참석하여 셀프 퇴임을 선언했다. 시민운동은 정년이 없다 보니, 80세가 되어 주책없이 NGO 책임을 맡는 일을 공개적으로 사양한 것이다.

그러나 선량한 우리 서민들의 안전한 밥상을 지키는 일은 결코 포기할 수 없다. 나는 지금도 아파트 옥상에서 쿠바식 상자농법으로 유기농 농사를 계속하고 있다. 유전자조작식품(GMO) 반대 운동에도 퇴임은 없다. 매달 프레시안과 《한국농정신문》에 칼럼을 통해 '나 홀로 시민운동'을 계속하고 있다. 역시 내 천직은 시민운동이다.

이 책 역시 그 일환이다. 2014년에 출간한 《워낭소리, 인생 삼모

작의 이야기》의 후속편이다. 이름 하여 '밥이 민주주의이다!' 돈의 권력으로 인해 현재 한국인의 밥상과 먹거리 안전이 극도로 악화되고 있기 때문이다.

끝맺는 말

"자세히 보아야 예쁘다. 오래 보아야 사랑스럽다. 너도 그렇다."

많은 지인이 나에게 묻는다. 인생 팔십이 되도록 왜 하필이면 농업·농촌·농민의 3농 문제와 먹거리 문제를 평생을 놓지 못하느냐고. 그 대답은 공주 산골에서 한평생 시 농사를 짓고 사는 나태주 시인께 돌리고 싶다. 나는 잡초(雜草) 같은 인생살이를 해왔기 때문인지, 나태주 시인의 〈풀꽃〉이라는 시를 무척 좋아한다.

자세히 보아야
예쁘다
오래 보아야
사랑스럽다
너도 그렇다

나태주, 《지상에서의 며칠》, 시월, 2010

1부

GMO,
죽음의 밥상을
걷어치워라

밥이 민주주의다!

지난 4월 11일 청와대 국민청원 게시판에 올라온 'GMO 완전 표시제' 청원에 20만 명이 훌쩍 넘는 이들이 서명해 문재인 정부가 곧 입장을 밝힐 것으로 보인다. 특히 문재인 대통령은 대선 공약으로 GMO 완전 표시제와 학교급식에서의 GMO 배제 원칙을 약속한 바 있어, 우리 소비자들은 마침내 매일 먹는 음식에 GMO가 포함되어 있는지 여부를 알 기회를 맞았다. GMO 표시제를 실시하면 물가가 오를 것이라고 반대하던 GMO 장학생들이 이제는 태도를 바꿔, 의무조항이 없는 수입식품에 비해 국산제품이 역차별을 당해 식품시장에 혼란이 발생할 것이라며 시비를 걸고 있다. 둘 다 사실이 아닌 거짓인데도 일부 몬산토 장학생 언론들은 한사코 거짓 뉴스를 부추기고 있다.

세계 제1의 GMO 수입국가의 꿀불견들

잘 알려져 있듯 우리나라는 유전자조작 콩과 옥수수를 비롯, 식용 GMO 식품의 1등 수입국이다. 식량자급률이 23.4%밖에 되지 않는 이 나라의 옥수수 자급률은 4%, 콩 자급률은 32%를 밑도는 형편이다. 부족분은 주로 미국, 아르헨티나, 브라질 등에서 수입하는데, 이들 옥수수와 콩의 80% 이상이 유전자를 조작해서 생산한 GMO다.

이상은 김대중 정부 때 의무화된 곡물 수입 통관절차 시 보고를 기준으로 산출한 통계로서, 3% 이상의 비의도적 GMO 함유분만 합산한 수치다. 보고에서 누락된 부분이 상당할 터인데도 통계에 그렇게 높이 잡히고 있다. 거기에 식용 알팔파, 쌀, 밀, 사과, 식용유 등도 누락분이 상당하다고 알려져 있다. 어쨌든 세계 제1의 식용 GMO 수입국이라는 사실은 세월이 흐를수록 더욱 명백해질 뿐이다.

일찍이 여러 실험연구에서 밝혀진 바와 같이, GMO를 장기 복용할 경우 종양, 장기 손상, 신장 및 간 기능 저하, 유방암, 자폐증, 난임, 불임 등이 유발된다. 뿐만 아니라 생태계를 교란시키고 환경오염을 일으킨다는 사실이 명백한데도, 전 세계적으로 GMO 종자의 80%가량을 생산해 파는 몬산토사의 주구(走狗)가 되어 "농약은 과학이다. GMO는 안전하다"라고 주장하는 국내 유수의 교수, 학자를 비롯해 정치인, 경제인, 언론인이 부지기수다. 심지어 GMO와 제초제의 관련성과 이들이 위험하다는 확실한 증거가 없지 않느냐고 말하는 GMO 장학생들이 식약처에서부터 농촌진흥청, 농림축산식품부, 국립대학, 국회, 언론기관 등 도처에 똬리를 틀고 앉아 여론을 오도한다. 그들은 그 대가로 거액의 장학금, 연구비, 후원금 등을 받아 챙기고 있다.

무너지는 행복 추구권과 소비자들의 반란

많은 국민소비자들은 그들이 매일 먹는 음식, 예컨대 콩나물, 두부, 두유, 간장, 된장, 고추장, 콩기름, 카놀라유, 설탕 대신 자주 쓰이는 아스파탐이나 프락토 올리고당, 그리고 대부분의 가공식품이 GMO투성이라는 사실을 전혀 알지 못한 채 사 먹곤 한다. 소비자의 알 권리, 정보를 제공받을 권리는 원천적으로 막혀 있고 안전할 권리마저 박탈당한 것이 식용 GMO 수입 1등 국가, 대한민국의 현실이다.

사람은 누구나 어느 나라에서 태어났든 죽을 때까지 행복을 추구할 권리를 천부적으로 부여받았다. 그 기본은 건강에 있으며, 건강은 정신적 편안함과 먹거리(밥상)의 안전성에 달려 있다. 인간 생존/생활에 필수적인 기본 요소는 공기, 물, 그리고 먹거리다. 그런데 최근에 이르러 미국 다음으로 비만율과 유병률이 높은 한국사회의 병폐는, 일찍이 미국 맥거번 상원의원이 파헤친 먹거리의 안전성 문제로 요약된다. 미국인들이 앓고 있는 모든 질병은 그들이 소비하는 식품에서 유래한다(Food-originated diseases)는 실증적 분석 결과는 미국의 식품 소비 행태에 커다란 파문을 일으켰다. 캠벨사가 자사 제품에서 GMO를 완전 배제한 것을 필두로 홀푸드 등 세계적인 식품기업들이 GMO 식품을 판매 라인에서 내리기 시작했다. 유럽 식품업계가 취했던 전철을 밟기 시작한 것이다. 소비자들이 알 권리, 안전할 권리, 행복할 권리를 주장하며 나선 결과다.

농(農)은 생명, 식량주권은 천부적

수백만 년 전 이 땅에 정착하기 시작한 농경문화는 기본적으로 건강한 흙이 뭇 생명을 유지·생성하는 영농활동 때문에 가능했다. 이른바 하늘이 낳고 땅이 기르며 사람이 자라게 하는 생명농업이 자리 잡게 된 것이다. 지난 2월 27일 《내추럴뉴스》는 미국의 저명한 음식 소물리에 크리스틴 페인(Kristine Payne)의 '음식을 직접 재배하여 살아야 할 8가지 이유'라는 칼럼을 게재하여 큰 반향을 일으켰다. GMO를 비롯해 각종 식품첨가물이며 유해색소가 첨가된 가공식품 홍수로부터 자신과 가족의 건강을 지키기 위해서는 최소한 소비의 절반 정도만이라도 친환경 농산식품, 특히 채소, 과일, 곡물을 자급자족하자는 호소가 사람들을 감동시킨 것이다. 이른바 도시텃밭 운동이 세계 각지로 불길처럼 번져나가고, 친환경 유기농업 생산·소비활동이 활성화된 배경이다. 농업은 곧 생명이라는 인식이 확고히 자리 잡았다. 삶의 질과 결과를 결정짓는 삶의 방식에 대변혁이 온 것이다.

여기에 식량주권 문제가 있다. 내가 먹는 것은 내가 직접 길러 먹고 여기에 쓰이는 종자를 자유로이 확보하고 필요한 유기질 비료를 자급하려는 식량주권 문제가 핵심이다. 자신과 가족의 먹거리를 자구하려는 삶의 방식이 삶의 질과 수준을 한 단계 높일 수 있다. 나와 우리 식구가 먹는 음식을 이윤 극대화를 추구하는 산업자본으로부터 자유롭게 조달할 수 있어야 한다. 그러한 여건과 정보가 부재한 곳은 지옥이나 다름없다. 구체적으로 내가 먹는 음식이 어디서 왔는지, 재배 과정에서 어떠한 농약과 화학비료가 쓰였는지, 또 가공 과정에서는 어떠한 첨가물과 유해색소가 첨가됐는지 알 길이 없다면, 그 역시 지옥이다. 도대체 GMO인지 아닌지, GMO가 재료로 쓰였는지 아닌지도 모른 채 그저 하루 세끼를 때우라는 말은 인간성을 부정하는 조치다. 그로 인해 신체와 건강에 유해한 결과가 초래될지라도 실험실 속 쥐 신세처럼 '운명'으로 받아들여야 한다는 말이다. 설혹 농약, GMO, 유해첨가물로 범벅된 가공식품이라는 사실을 미리 알 수 있다 하더라도 대안적인 공급처에 접근할 수 없는 것 역시 인간적인 삶을 부정하는 조치다. 필자처럼 아파트 옥상에서 채소류들을 직접 길러 먹을 수 있다 해도 그에 얼마나 시간을 들일 수 있는지, 그로써 식재료를 얼마나 자구할 수 있는지는 사람마다 다르다.

밥이 민주주의다

국가의 존재 이유가 국민 개개인의 안전을 담보하는 것이라면 정부의 일차적인 임무는 안전한 밥상을 보장하는 것이다. 선택 폭과 편의성만이라도 최대한 담보해주는 먹거리 안전보장 정책이 최우선되어야 한다. 이윤과 이익만을 탐하는 유해 식품기업 산업자본으로부터 백성을 보호하고 보살펴야 한다. 농림행정 담당 장관과 청와대 수석이 장기간 공백 상태인 문재인 정부가 먹거리 안전보장 정책만이라도 제대로 챙긴다면 소비자국민은 안심할 것이다. 밥이 바로 모든 국민소비자의 민주주의이기 때문이다. 안전한 식품을 선택할 권리는 나라의 근본인 백성의 천부적인 권리다. 백성은 먹을 것을 하늘로 여기며 산다. 이는 우리의 오래된 미래이며 우리 후손들이 살아갈 길이다. 농(農)은 생명이며, 밥이 민주주의이기 때문이다.

| 한국농정신문 2018년 5월 7일 |

죽음의 먹거리 정책에서 벗어나는 길

지난 9년간 이명박·박근혜 정권하의 농정은 반(反)자연·환경, 반(反)국민소비자, 반(反)농민 정책 일변도였다. 바꿔 말해 친(親)자본, 친(親)기업, 친(親)산업 위주의 반(反)생명 농정이었다. 친환경 유기농업은 억압받거나 축소됐고, 대신 GMO 식품과 제초제, 농약 등 화학의존형 농업이 주류를 이뤘다. 해외 농산물과 화학재료 의존형 식품산업과 해외의 매머드 화학기업들의 로비가 우리나라 먹거리 정책을 좌지우지했다.

하버드 대학의 저명한 제프리 삭스 교수는 "미국의 정치가 국민의 필요와 이익 그리고 서민의 견해를 반영하던 시기가 있었지만, 신자유주의 천민자본주의가 맹위를 떨치면서 민주주의 본래의 비전은 사라지고 정치와 경제, 언론 등 사회 구조는 온통 대기업들의 로비와 영향력에 따라 움직이는 꼭두각시 놀음장으로 변했다"

라고 개탄한 바 있다. 민주주의 비전을 대체하는 이른바 '대기업 자본주의 지배'의 시대로 전락했다. 우리나라는 지난 정권 미국식 대기업 자본의 아바타로서 탈친환경 농정을 시행해왔다.

'문재인 농정' 역시 불안하다

박근혜를 대체한 '문재인 농정'은 장관만 바뀌었을 뿐 친자본 반생명 GMO 장학생 관료들은 여전하고 몬산토, 신젠타, 듀퐁 등 농약 세력들은 여전히 농림축산식품부와 식약처, 농촌진흥청에 뿌리 깊이 똬리를 틀어 죽음의 농정을 주도하고 있다.

세계 제1의 식용 GMO 수입국인 우리나라가 바야흐로 유전자조작 콩과 옥수수, 카놀라는 물론, 아스파탐, 올리고당, 성장촉진제 등 첨가제의 공세 앞에서 꼼짝 못한 증거가 있다. 올 초여름 친환경 농업의 메카인 강원도 홍성과 태백산 유채꽃 축제에서 밀수한 유전자조작 유채꽃이 만발해 중도에 무산되는 난장판이 벌어졌다. 광화문에 우뚝 솟은 몬산토사와 CJ를 주축으로 하는 식품산업협회, 작물 보호/인체 비보호의 다국적 농약회사의 로비로 농림축산식품부와 농진청, 식약처 그리고 국회 및 언론들이 무릎 꿇은 결과다. 이들의 확실한 업적은 우리나라 친환경 유기농업의 가시적인 쇠퇴와 GMO 산업의 완전한 승리다. 본질적인 인간의 생명과 건강, 생태계 보전 문제는 뒷전으로 밀리고 거대 식품자본의 영토가 크게 열려 있는 곳에 문재인 농정이 막 들어선 것이다.

현재 우리나라는 식량자급률이 24%(OECD 국가 중 최하위), 1인당 해외 식품 수입량 세계 최고(468kg, 일본의 1.3배)다. 다른 한편, 온실가스 발생량 세계 7위, 온실가스 발생 증가율 세계 1위, 석유소비 세계 5위, 지구 평균 2배의 기온 상승 등 현재와 미래의 전망을 어둡게 하는 인위적인 재앙 요소로 둘러싸여 있다. 농업의 기본 생산요소인 토지는 비농업적 투기자본들의 잠식과 전용으로 1949년 농지개혁 당시와 비슷한 60~70% 이상이 이미 농민생산자의 손을 떠난 지 오래다. 지금 이 순간에도 농지가 투기자본의 손으로 넘어가고 있다. 그러하니, 우리나라 환경생태계와 식량 생산 전망은 갈수록 어둡다. 농업과 식량 문제는 문재인 정권의 발목을 잡는 질곡으로 떠오르고 있다.

우리 사회의 시대정신, '균형사회' 건설

세상이 수십 번 뒤집혀도 인류가 지속하기 위해서 양질의 식량과 친환경 농업의 중요성은 영원하다. '농업이 없는 나라, 농촌이 없는 도시, 농민이 없는 국민'이란 존재하지 않는다. 3농 없이는 국가와 민족이 결코 자유·평화·평등을 누리지 못한다. 농업·농촌 없이는 선진화도, 기상이변에 대한 대응도, 국가공동체 유지도 불가능하다. 농업·농촌이야말로 도시와 국가의 뿌리이기 때문이다.

그러니 제발 노동자, 농민, 서민을 울리지 말라. 짓밟지 말라. 더 이상 백남기 옹과 같은 비극을 만들어내지 말라. 행여 성난 민초들의 원성이 하늘을 뚫고 천광에 메아리칠 때 민심이 천심이 되어 지상으로, 큰 재앙으로 되돌아올지 누가 알겠는가. 그러니 제발 순

진무구한 민초들에게 그 못된 망나니 같은 신자유주의 방망이를 휘두르지 말라. 학자들이여, 관료여. '효율, 이윤, 경쟁력, 국익, 개발' 따위의 말들을 함부로 내뱉지 말라. 그만큼 오래 써먹었으면 숨이나 좀 쉬며 친환경, 친자연, 친서민적인 발상으로 바꾸어보라.

우리 세대에게 주어진 시대정신은 사람들이 대자연과 공존·공생하면서 골고루 잘 사는 지속가능한 공동체사회 건설이어야 한다. 1%를 위한 승자독식의 축제가 아니라, 만인을 위해 만인이 공생·공영하는 협동사회여야 한다. 땅도 살고 하늘도 살고 사람도 함께 사는 생명체 간의 균형과 조화를 이루는 생명농업의 길이어야 한다. 태어날 때부터 부와 지위가 천양지차인 차별과 양극화의 사회가 아니라, 서로 간에 의지하고 상부상조하며 골고루 잘사는 '균형사회'여야 한다. 그것은 우리 인류가 끊임없이 추구해야 할, 포기할 수 없는 영원한 이상이며 가치다.

가장 강력한 대안, 유기농 혁명

바야흐로 민초들이 떨쳐 일어나 지구 생태계를 지키고 뭇 생명을 살리는, 그리하여 이 땅에 경제 정의와 환경 정의를 바로 세우는 유기농 혁명이 일어나고 있다. 이에 더불어 우리나라도 세계 최악에 달하는 푸드 마일리지(1인당 7085MT/km) 등 지나치게 수입 의존적인 체제를 개선해나가고, 농약농법을 옹호하는 현 농림부의 GAP(우수농산물관리) 제도와 유전자조작 벼의 시험재배를 몰아낸 자리에 건강하고 안전한 친환경 유기농업이 자리 잡게 해야 한다.

물론 유기농으로의 전환은 그렇게 쉬운 과제가 아니다. 우선 현행 에너지 의존, 화학물질 의존 농법과 GMO 식품의 관행적인 소비 시스템을 바꾸지 않으면 안 된다. 이윤 불리기에 눈먼 대형 공장식 농장과 목장은 가족농업/친자연 경영체제로 전환해야 하며, 이산화탄소, 메탄가스, 질산화 저해물질 등 온실가스 배출은 독일처럼 마을 발전소로 흡수·전환해야 한다. 다국적 기업들에 의한 화학첨가물 식품 공급체계를 어떻게 해서라도 친자연, 친환경적으로 재개편해야 한다. 그리고 연간 수십만 톤에 달하는 농약이나 합성비료 대신, 천연 병해충 제거 유기자재를 개발·보급하고 남은 음식물, 농림축수산 부산물을 활용한 퇴비를 쓰는 등 유기농 재료가 순환 투입될 수 있어야 한다. 이를 위해 이 땅의 생산자농민과 도시소비자가 합심하여 노력할 때 명실공히 유기농 혁명이 성공할 수 있다. 단순히 과거로의 회귀가 아닌 온고이지신의 농법과 지속가능한 소비 방식으로 말이다.

소비자가 이끄는 유기농 운동

이 같은 유기농으로의 전환에는 소비자의 각성이 절대적이다. GMO, 정크푸드, 비인도적인 공장식 축산식품을 더 이상 반강제적으로 먹을 수 없다는 일반 소비자의 대대적인 각성과 의식 전환이 불길처럼 일어나고 있다.

음식물쓰레기 제로 운동, 최대한의 자원순환형 농법, 지역에서 생산된 것을 그 지역에서 우선 소비하는 지역사회지원농업 운동,

소비자의 알 권리 찾기 운동, 원료에 기반한 완전한 식품표시제도 확립 등 범세계적 시민 각성 운동이 유럽, 미국, 캐나다에서 벌떼같이 일어나고 있다. 도시의 빈 공간을 활용한 도시농업 운동도 그 한 축을 이룬다.

농지를 농민, 그것도 친환경 농민들에게 돌려주어야 하며, 친환경 농민들의 기본소득을 획기적으로 지원·보장해야 한다고 주장한다. 바야흐로 '카이저의 것은 카이저에게, 농민의 것은 농민에게, 대자연의 것은 다시 대자연으로'라는 운동이 일어나고 있다. 세계는 지금 소비자국민이 앞장선 유기농 혁명 중이다.

우리가 매일 먹는 세 끼니의 음식이 어디서 왔고 누구에 의해 어떻게 생산됐으며 무엇이 첨가됐는가가 곧 우리 민초들의 건강과 생명, 지구환경의 운명에 중대한 영향을 미친다. 우리가 어떤 식품을 선택하느냐에 따라 심각한 기상이변과 환경파괴, 농민의 빈곤, 농업노동자의 착취, 그리고 인간과 동물의 복지 여부가 달려 있다.

유쾌한 농부, 행복한 농촌, 건강한 소비자

로마 가톨릭 교황청 턱슨 추기경은 식량난에 빠져 있는 개발도상국들이 GMO 종자에 의존하는 것은 '새로운 노예제'의 시작이라고 통렬히 경고하고 있다. 바야흐로 이명박·박근혜 정권을 거치면서 무엇이 남았나. 허울뿐인 GMO '한식 세계화' 캠페인에서부터 불충분한 식생활교육, 세계인의 웃음거리가 된 4대강, 구제역이며 조류독감 등 각종 질병 바이러스뿐이다. 아, GMO 장학생 관료들의 무위무능이 가득했던 지난 10년간 대기업 자본가들과 관료들이 얼마나 단란하게 춤을 춰왔던가.

지자체와 지방분권의 내실화로 온 나라에 면역력 제일주의의 온전한 유기농 식품이 모든 국민의 식탁을 풍요롭게 장식하는 그날까지 우리 국민 모두가 '유기농업 혁명'을 중단 없이 정진할 때, 유쾌한 농부, 행복한 농촌, 건강한 소비자가 살기 좋은 나라, 참으로 좋은 세상이 온다. 유기농 혁명, 그것이 우리의 미래다!

| 프레시안 2017년 7월 1일 |

본고장에서
보고 들은
GMO 식품의 유해성

미국 '내셔널뉴스닷컴(nationalnews.com)'에 실린 기사에 의하면, 이렇다 할 GMO 식품에 대한 표시제가 없었던 2014년에도 40%가 넘는 미국 소비자들이 GMO 식품 소비를 기피한 것으로 조사되었다. 반면, 비(非)유전자조작(non-GMO) 식품은 연간 80억 달러(약 9조 원) 이상이 판매되고 해마다 새로운 non-GMO 표시 제품이 약 2,000가지 이상씩 시중에 출하되었다. 유기농 식품은 수년째 해마다 소비가 늘어나 매출액이 연간 300억 달러에 달한다고 한다. 그리고 미국 소비자의 90% 이상이 화학(농약)에 찌든 GMO 식품을 식별할 수 있게 완전 표시제를 원하는 것으로 조사되었다. '소비자의 알 권리' 주장이 아주 거세다.

이는 미국인 9명 중 1명꼴로 치매 또는 극심한 건망증에 시달리고 있다는 사실과 관련된다. 미국 알츠하이머(치매)협회에 따르면, 현재 미국에서는 대략 540만 명 이상이 치매로 고통받고 있으며 그중 520만 명은 65세 이상이다. 그런데 약 20만 명가량은 65세 미만의 젊은 층으로, 조기 치매 또는 심한 건망증 증세에 시달리고 있다. 특히 미국의 전설적인 여성 농구코치 팻 서미트(Pat Summitt) 씨가 5년 동안 조기 치매를 앓다가 64세의 나이로 사망한 사건을 계기로, 도대체 왜 미국에서 알츠하이머 환자가 이렇게 급속도로 증가하는가에 대한 세인의 관심이 크게 높아지고 있다.

게다가 어린이들 중에 자폐(ASD)와 발달장애(DD)가 최근 5년 사이 67%나 늘어났는데, 이는 가임기 여성의 자궁에 농약 성분이 침투해 태아에게 전이된 탓으로 조사되었다. 채소, 과일, 곡류 등 농작물을 재배할 때 농약을 과다 살포하는 것이 문제다. 캘리포니아 한 주에서만도 연간 약 2억 파운드에 달하는 갖가지 농약이 살포되고 있다고 한다. 항제초성·항살충성 GMO를 재배하면서 마구 사용한 농약 성분이 잔류해 각종 질병의 원인이 되고 있다. 그런데 미국인은 연간 평균 약 67kg의 GMO를 소비하고 있다.

이 추세대로라면 베이비 붐 세대가 65세를 넘는 2050년경이면 치매 환자 숫자가 세 배로 늘어 약 1,380만 명에 이를 것이라고 한다. 이 같은 현상에 대해 미국 건강지킴이재단 창립자이며 식의학 전문가인 마이크 애덤스(Mike Adams) 씨는 최근 알츠하이머협회 정상회의에서 식품에 포함된 독성이 주된 원인이며, GMO와 그 동반자 제초제 농약이 스며든 음식을 피하는 것이 예방의 첩경이라고 발표했다.

이외에도 GMO 식품 소비가 신장 및 간장 질환, 당뇨 및 심혈관 질병과 난임·불임 등이 급격히 증가하고 있는 현상과 관련이 있다는 사실이 독립 연구에 의해 차츰 밝혀지고 있다. 인류가 이제까지 경험해보지 못한 급격한 현대 질환 증가 원인을 GMO와 제초제, 특히 유해색소와 첨가물(GMO 유래의 성장촉진제, 아스파탐, 올리고당 등)이 함유된 가공식품에서 찾기에 이른 것이다.

이 같은 추세를 반영해, 미국에 본사를 두고 있는 다국적 식품기업들(캠벨사, 제너럴밀스, 델몬트, 허시초콜릿 등)이 솔선해 GMO 식재료를 배제하거나 GMO 표시제를 추가적인 제품가격 인상 없이 자진 채택하기 시작했다. 동부 지역의 버몬트주는 주민투표로 (2016년) 7월 1일부터 의무적인 완전 표시제를 실시할 예정이었으며 10여 개 다른 주들이 그 뒤를 따를 추세였다.

GMO 식품을 섭취할수록 건강은 나빠진다

다급해진 세계 최대 GMO 종자 및 특수 성분(글리포세이트 성분 농약) 제초제와 살충제 개발 회사인 몬산토가 치밀하게 전방위적인 로비 활동에 발 벗고 나섰음은 물론이다. 그 첫 번째 공략 목표는 미국 연방 상하원이었고 공공연하게 정치 후원자금을 미끼로 국회의원들과 유력 언론《워싱턴포스트》를 매수하는 데 성공했다. 그리고 청부 과학자들의 집단인 미 농무부와 식품의약청 및 환경부처 산하 연구소의 학자, 교수들을 장학생으로 동원했다. 상하원에 대해서는 버몬트주의 완전 표시제 법안을 원천적으로 무효화하는 속칭 '어둠의 법(Dark Act)'을 연방정부 차원에서 제정하도록 집중적으로 로비했다.

그 결과 우리나라 언론에는 미국이 GMO 표시제를 최초로 도입한 것으로 잘못 보도된, 그러나 실제로는 말썽 많은 '유사 GMO 표시법'이 통과됐고, 미 행정부 수반인 오바마 대통령의 재가 또는 비토(거부권 행사)를 기다리고 있다. 이에 미국의 유력한 대다수 반GMO 소비자단체들은 그것이 "불완전한 사이비 표시제"라고 규탄해 조야가 들끓고 있다. 당초 버몬트주가 시행하려던 의무적 GMO 완전 표시제를 유보시키는 것이 몬산토의 주목적이었다는 것이다.

실제 몬산토 등 북미 식품산업계의 교묘한 로비의 결과, 버몬트주 법안을 무효화하는 연방정부 법안은 아무 구속력이 없고 표시 내용도 모호한 QR(스마트폰으로 확인하도록 특수 제작된 기호)만을 표시하게 했다. 요컨대 스마트폰이 없거나 능숙하게 사용하지 못하는 사람, 노인, 가난한 사람들, 장애인들에게는 아무런 도움이 되지 못하는 것이다. 특히 구체적인 표시 사항이 없고 유전자조작 상세 내역이 빠졌을 뿐 아니라, 표시제를 위반할 경우에 대한 규제 사항마저 부재해 '빛 좋은 개살구' 법안이라 할 수 있다.

GMO가 과학이라는 거짓말

GMO 농사가 인간의 건강뿐만 아니라 종의 다양성과 환경생태계에 미치는 각종 폐해는 심각하다. 아인슈타인은 일찍이 꿀벌이 사라지면 지구가 몰락할 것이라고 경고했다. 현재 북미 지역의 꿀벌 집단 분포지 40% 이상이 이미 사라졌으며 꿀벌 개체수가 대략 50% 이상 줄어들었는데, 그게 네오닉이라는 살충제 및 제초제 농약 때문이라는 분석 결과가 나왔다. 그리하여 북미의 주요 지역들은 앞다투어 네오닉 성분의 농약과 글리포세이트(Glyphosate) 성분의 제초제들을 판매 금지했다. 브리티시컬럼비아대학교(UBC)가 소재한 캐나다의 밴쿠버시 역시 네오닉 성분 농약에 대해 판매 금지를 발표했다.

언제나 그렇듯 연방정부 입장에서는 속수무책이다. 신자유주의 대기업 자본의 지배(Coporatocracy)하에 있는 연방정부와 학계, 언론계가 어떠한지는 연방의회의 사이비 GMO 표시제의 입법 사례에서 설명한 바와 같다. 몬산토를 비롯한 가공식품산업계는 먼저 자신들에게 유리한 셀프 연구 결과를 발표하고, 유명 대학교(예컨대 스탠퍼드대학교나 옥스퍼드대학교) 연구소에 소속된 학자, 교수들에게 거액의 연구비와 장학금을 제공한 다음, 그들로 하여금 자신들을 뒷받침할 청부 논문을 발표하게 한다. 그다음 유명 언론에 막대한 광고비를 미끼로 그 기사를 보도하게끔 권유하는 수법을 쓴다. 이런 식으로 갑자기 "GMO는 안전하다. 농약은 과학이다"라는 주장이 국내외 학계에서 나오게 된다. 우리나라 어디에서 많이 본 듯한 수법이다. 농촌진흥청이 그렇게 말했고, 옥시싹싹 가습기 살균제 집단살인 사건 때 대학 교수들이 그러했다. 필자가 지금 이국땅 브리티시컬럼비아대학교에 와 있는 이유 중 하나가 바로 GMO의 본고장에서 그 유해성과 폐해를 생생히 보고 듣고 배우려는 데 있다. 그리하여 아직까지는 한 톨 한 알의 유전자조작 농산물을 재배하고 있지 않은 우리나라 농업의 차별성과 순수성을 굳게 지키고, 깜깜한 세상에서 아무것도 모르고 소비하고 있는 우리 소비자들에게 건강과 환경생태계를 보호하는 각성의 계기를 마련하고자 함이다. 현재와 미래에 농민과 환경을 살리고 소비자국민도 살리려면 GMO와 농약, 특히 제초제 분야를 연구해야 한다고 생각한다.

지금 이 순간에도 이윤 극대화에 몰두하는 식품산업계, 맹독성 제초제와 살충제 회사들, GMO 종자 및 제초제 수입거점인 한국몬산토 등과 돈이나 인맥으로 연계된 권력기관, 식약처, 농림부, 환경부 등의 산하 연구소들, 서울대를 비롯한 유수 대학의 유전학, 식품학, 환경 관련 연구소 및 교수들, 그리고 거대 언론사와 방송사들이 청정한 영혼으로 정의롭게 판단하고 행동하도록 엄정한 자료를 제공하고 싶다. 1인당 GMO 소비량이 세계에서 미국 다음으로 많은 국가, 세계 제1의 식용 GMO 수입국이라는 불명예를 씻고 청정 친환경 국산 농산물로 식품산업을 재구성해야 할 때가 됐지 않은가.

만약 GMO/제초제의 유해성에 대해 확신이 서지 않는다면 먼저 국내의 양심적이고 독립적인 연구기관으로 하여금 사람과 유사한 포유류(쥐, 돼지)에게 2년 이상 유전자조작 콩과 옥수수 또는 GMO 식품(GMO 첨가물과 식용유 포함)을 급여해 예의 관찰하는 실험을 해볼 것을 권한다. 그리고 식약처, 환경부, 농림부, 농촌진흥청 산하 연구소와 학자들의 GMO 및 농약 관련 외부 연구지원자금 유입관계를 들여다보기 바란다. 목하 농촌진흥청이 진행하고 있는 유전자조작 쌀 시험 재배의 배경에 어느 집단, 어느 기업이 서 있는지, GMO개발사업단의 재정 운용 및 기술 상황을 공개해주기 바란다. 가습기 살균제 사태 때처럼 형식적인 조사에 그치지 말고 정밀 조사해보기 권한다.

그뿐이 아니다. 이명박·박근혜 정부하에서 한때 농림부가 앞장서서 시화호 간척지를 헐값에 제공하고 자금까지 지원하면서 D기업으로 하여금 GMO 의심 토마토의 온실재배를 권장하다가 농민들의 거센 반발에 부딪혔던 사례를 벌써 잊고, 또다시 농림당국은 엄청난 규모의 새만금 땅을 우리나라 굴지의 L기업에게 공여해 또 무슨 GMO 의심 토마토와 파프리카를 재배하게 하려는지 그 전말을 사정당국이 구체적으로 조사 공개해주기 바란다.

우리 국민을 더 이상 '실험실 속의 쥐' 신세로 헤매게 해서는 아니되겠기 때문이다.

| 프레시안 2016년 7월 24일 |

GMO의 비극, 가습기 살균제와 닮았다

개발되어 보급된 지 22년 만에 불거진 가습기 살균제 피해 사태와 개발·보급된 지 20년 만에 우리나라에 공식화된 유전자조작 벼 및 글리포세이트 성분 제초제의 위해성에 대한 불안은 유사점이 매우 많다.

하나는 이미 일어난 사건이고 다른 하나는 현재와 미래에 일어나고 있거나 일어날 예정인 사건이라는 점만 다를 뿐, 둘 다 인체와 환경에 치명적이라는 면에서 닮았다. 또 전자는 정부 당국의 무능한 대처와 비호 아래 빠르고 광범위한 인명 살상을 초래했고, 후자는 정부 당국이 목전의 실리에 눈이 멀어 적극 추동하고 있다는 점이 다를 뿐, 둘 다 다국적 대기업의 농간과 유착의 소산이라는 점에서 아주 유사하다. 먼저 가습기 살균제 사건부터 이야기해보자.

2016년 4월 4일 현재까지 접수된 가습기 살균제 피해자는 1,528명이다. 그중 사망자는 239명에 이른다. 그 이후에도 피해 신고가 쇄도하고 있다. 가습기 살균제는 1994년 유공(현재의 SK케미컬)에 의해 세계 최초로 개발되어 22년 동안 롯데마트, 이마트, 홈플러스 등 대형 마트에서 20여 개 제품이 매년 60만 개가량 팔렸다. 그중 시장 점유율이 가장 높고 피해자도 가장 많은 제품이 '옥시싹싹 가습기 당번'으로 12년 동안 453만 개나 팔렸다.

다국적 대기업의 농간과 유착의 소산

그러다가 지난 2011년 산모 7명과 성인 남성 1명이 서울 아산병원 응급실에서 원인 미상의 폐 질환(섬유화 현상)으로 숨지면서 17년 만에 처음으로 정부 당국의 역학 조사가 실시되었고, 같은 해 8월 31일 가습기 살균제가 폐 손상과 사망의 원인이라는 사실이 공식적으로 밝혀졌다. 그로부터 5년이 지나서야 롯데마트가 지난 4월 18일 공식 사과했고, 대한민국 검찰이 최초로 제조사들의 전·현직 임원을 소환하기 시작했다.

그동안 정부와 당시 여당의 반대로 야당이 발의한 피해 규제를 위한 특별법안도 상임위에서 발이 묶였다. 정부의 관련 부처들(보건복지부, 환경부, 산업자원부)의 사전, 사중, 사후 대책이 부재한 가운데 수많은 인명 피해가 생겼다. 이를 두고 세간에서는 304명의 무고한 죽음을 몰고 온 세월호 사건에 비유해 "안방의 세월호 사태"라고 말한다. 특히 하루 종일 안방에서 누워 지내던 영유아와 산모, 어린아이들의 피해가 두드러져 더욱 세월호 사건을 떠오르게 한다.

이 와중에도 코포라토크라시 사회의 특징 중 하나인 비위 대기업 자본과 결탁한 정부 관료, 정치권 그리고 언론의 침묵과 비호가 있었다. 대형 로펌 변호사들의 유착이 있었으며, 대기업 자본의 장학생인 청부 과학자들과 대학 교수들의 활약이 있었다.

이러할 때 대한민국 농정의 야전사령관 격인 농촌진흥청장은 기자 회견을 열어 유전자조작 벼 재배의 타당성을 설파하느라 갖은 애를 썼다. 김제평야 지평선 들녘의 입구인 전라북도 완주군 이서면 정농마을에 소재한 농촌진흥청 시험포에서 재배하고 있는 유전자조작 벼에 대한 전북 도민과 전국 농민들의 강한 반대를 의식해서인지 방어적인 회견이었다.

요약하면, '미래에 대비해 GMO 기술은 필요하며, GMO의 위험성은 아직 과학적 근거가 없다'는 것이다. 쫓기다가 눈더미 속에 머리를 처박고 허둥대는 꿩 같은 해명이었다. 그러면서 그는 2012년 프랑스 칸대학교의 세라리니(Séralini) 교수팀이 2년간 포유동물(쥐)에게 유전자조작 옥수수를 급여한 실험 결과에 대해 반박했다. 그 실험에서 장기 손상, 뇌종양, 유방암, 신장 및 간 질환, 불임, 난임, 기형아 출산 등 각종 질병을 유발한다는 사실이 입증되었는데, 이것이 부족한 부분이 많고 과학적 기준을 충족하지 못했다고 주장한 것이다. 그러나 그들이 인용한 자료야말로 비과학적인 것이었다.

이 같은 농촌진흥청의 주장은 GMO 종자 및 글리포세이트 제초제 개발의 원조인 몬산토가 주장했던 내용과 동일하다. 그들이 인용한 자료는 친GMO 농진청 과학자들과 서울대 농업생명과학대 교수들이 대거 참여하고 있는 과학자들의 민간모임에서 발표된 '생명공학을 이용한 창조 농업 혁신을 촉구한다'(《한림원의 목소리》 제59호)라는 성명서였다. 즉 어떤 실증적인 실험연구 결과에도 근거하지 않은 일종의 선동이었다. 성명서 내용은 전문가사회에서 다 아는 GMO 장학생, 속칭 '몬산토 청부 과학자'들이 오래전부터 되풀이해온 주장을 그대로 나열한 것이었기 때문이다. 실증적인 농업 연구의 본산이라 할 농촌진흥청/농업과학원의 최고 수장이 되풀이해 인용할 성질의 문서가 아니었다. 최소한 세라리니 교수처럼 1,000마리 정도의 실험용 쥐를 대상으로, 그 평균 수명인 2년 정도 실험한 데이터(사람의 경우 약 10~15년에 해당)를 가지고 주장했어야 했다.

몬산토의 셀프 실험 연구는 고작 90일간 쥐에게 GMO 사료를 급여한 실험 결과를 가지고 인체에 안전하다고 강변하지 않았던가? 3개월 후 그 쥐의 상태가 어떻게 변했는지, 임신한 쥐의 태아 상태는 어떠했는지에 대해서는 한마디 평가도 없는 실험 결과를 마치 표준이나 되는 듯 과학적이라고 인용하는 농업 연구 최고 수장의 멘탈리티가 자못 한심하다.

그의 기자회견이 과학적이려면 최소한 EU, 동유럽, 러시아, 필리핀, 대만, 짐바브웨 등 64개국의 정부가 왜 GMO 생산·판매를 통제하거나 완전 표시제를 실시하는지 그 배경을 설명할 수 있어야 한다. 러시아 의회는 왜 GMO를 수입, 판매, 생산할 경우 테러범에 준하는 중벌을 가하는 법률을 제정, 공포했는지도 따질 수 있어야 한다. 헝가리는 왜 정부가 앞장서서 유전자조작 옥수수 밭을 발견하는 즉시 불태워버리는지, 대만은 왜 어린 학생들의 급식에 GMO 사용을 금지하는지, 만성적인 식량 부족 국가인 짐바브웨가 가뭄에도 불구하고 유전자조작 옥수수 수입을 허용하지 않는 이유는 무엇인지도 설명할 수 있어야 한다. 청부 과학자들인 양, 몬산토나 신젠타, 바이엘 등 다국적 초대형 기업들과 미국 정부의 눈치나 보고 비위나 맞추려 들 일이 아니다.

뭐니 뭐니 해도 GMO의 필수적 동반자인 몬산토의 라운드업 제초제 글리포세이트와 살충제 농약의 위해성이 문제다. 이미 지난해 3월 세계보건기구(WHO)는 글리포세이트 성분의 제초제가 발암성 물질이라고 공식 발표했다. 세계 각국이 바이엘의 글루포시네이트(glufosinate) 농약을 비롯해 야생 꿀벌의 소멸을 몰고 온 살충제 사용을 금지하거나 통제하고 있으나, 우리나라 주무부서인 농촌진흥청은 그 제초제 농약이 거의 모든 지역에서 거의 모든 작물에 과용·남용되고 있는데도 남의 일 보듯 하고 있다. 장갑을 끼고 마스크만 착용하면 아무리 많이 살포해도 괜찮다는 태도다.

살포한 작물에 스며든 글리포세이트 성분은 어린이 사이에서 자폐증이 급증하는 원인이 되고 있다는 것이 최근 미국 학계와 언론에 보고되었다. 미국의 경우 2003년 100명당 1명꼴이었던 자폐증 환자 발생률이 2015년에는 45명당 1명꼴로 55%나 증가했다. 최근 국내에서도 기형아 출산율이 16년 새 50%나 늘어났고 알츠하이머, 파킨슨병, 백혈병, 정자 손상, 유방암, 불임, 신장과 DNA 손상, 출산 실패 등이 증가하고 있다. 질병관리본부는 2014년 한 해에만도 24만여 명의 불임 환자들에게 체외 수정 비용을 지원했다. GMO와 고독성 제초제, 살충제 농약의 위해성에 대한 합리적인 의심이 켜켜이 쌓이고 있는 것이다.

제대로 된 실험연구 먼저

포유류를 대상으로 한 안전성 실험연구를 한 번도 시도해보지 않은 우리나라의 농진청 과학자들은 EU, 인도, 방글라데시 등의 GMO/제초제/살충제 작물 재배 시험 결과, GMO와 제초제 농약의 과용이 인체 건강과 환경 생태계에 어떠한 위해를 끼쳤는지 제대로 파악했어야 옳다. GMO/제초제 사용이 중장기적으로 증산 효과보다는 토양 오염에 의한 감산 효과가 더 컸으며, 내성이 강화된 잡초와 해충의 발생으로 더 고약한 농약을 더 많이 써야 하는 역비용 증대로 더 크게 고통받는다는 사실을 알았다면 유전자조작 벼 예찬론을 함부로 펼치지는 못했을 것이다.

특히, 지평선 들녘 입구에 설치된 유전자조작 벼 시험포로부터 GMO 꽃가루가 바람에 날려 호남의 곡창 김제평야로 퍼질 경우, 누가 어떻게 책임질 것인가부터 분명히 밝혀달라고 지금 전라북도 농민들은 읍소하고 있다. 이 기회에 농진청은 GMO 위해성이 불거질 경우의 책임자도 미리 밝혀두어야 할 것이다.

| 프레시안 2016년 5월 19일 |

러시아, 필리핀도 GMO 엄격히 통제하는데

예부터 이르기를 사람의 수명은 하늘에 매여 있어 어찌할 수 없다고 했다. 이른바 인명재천(人命在天)이다. 그러나 하늘이 정한 수명마저 제대로 관리, 유지할 수 없는 상황에 많이 부딪치는 것이 보통 사람들의 인생살이다. 절대빈곤, 가렴주구, 약육강식, 불평등과 불균형의 범람 때문인데, 요즘엔 거기에 지나친 육식(肉食) 편향과 각종 가공식품 및 GMO 식품의 영향도 크다.

지난해 통계청 발표에 의하면 한국인의 수명이 남녀 평균 81세로 길어졌다. 현대 의학자들은 평균 110세에서 120세까지 살 수 있다고 본다. 그래서인지 요즘 '100세 인생'을 노래하는 한 가수가 큰 인기를 끌고 있다. 그러나 수명 문제의 핵심은 얼마나 오래 살았는가가 아니다. 마지막 눈을 감을 때까지 큰 병 없이, 고질적인 지병에 시달리지 않고 잘 살았느냐가 핵심이다. 마지막까지 당뇨, 고혈압, 고지혈증, 각종 질병이나 암 등을 달고 살면서 가족을 괴

롭히고서는 장수의 의미가 퇴색된다. 무병장수 그것이 핵심이다!

2016년 2월 28일자 《내추럴뉴스》는 《인간의 나이 지우기(Age Erasers for Men)》(더그 돌모어 지음)라는 신간을 소개했다. 이 책은 기본적으로 건실한 삶을 통해 세월을 물리쳐 인간 수명을 최소한 15년 이상 연장할 수 있다고 말하는데, 그 방법은 다름 아닌 올바른 식생활과 일상적인 운동이다. 적절한 휴식, 성생활, 요가, 나이듦의 고통을 잊게 하는 적절한 사교와 오락, 그리고 문화 활동도 일상적인 운동의 범주에 속한다.

미시시피대학교 의료센터의 해부학 교수 벤 잭슨 박사는 사람의 몸은 기본적으로 110년간을 거뜬히 버틸 만하게 디자인되어 있어서 그 심신의 기능이 만 22세 무렵 절정에 도달하고, 점차 노쇠하기 시작하더라도 다른 동물의 사례에서 보듯, 성적으로 그 성숙도가 최고조에 달한 시점의 다섯 배에 달하는 기간을 건강하게 살 수 있다고 주장했다.

펜실베이니아대학교의 윌리엄 에반스 교수는, 수많은 학자에 의해 축적된 연구 결과를 요약하며 "당신이 어떻게 늙느냐는 당신이 평생 어떻게 살아왔느냐를 매일 매일 축적한 결과"라고 단언한다. 따라서 무병장수 여부는 상당 부분 당신의 관리 영역 안에 있다는 것이다. 최소 15년 이상 수명을 연장할 수 있느냐의 열쇠는 당신의 삶에서 올바로 먹기와 규칙적인 운동에 달려 있다는 결론이다.

이상과 같이 생로병사와 무병장수에 대한 선진국 학자들의 연구 결과를 새삼스레 들먹이는 이유는, 정작 이를 실천하는 데 우리를 둘러싸고 있는 정치·경제·사회 제도와 대기업 자본주의라는 환경이 절대적으로 불리하게 전개되고 있음을 지적하기 위해서다. 소비자 개인의 각성과 전문가들의 국민건강에 대한 지대한 업적에도 불구하고, 현재의 상황은 점점 '병 주고 약 주는' 쪽으로 기울어지고 있다. 식품 안전을 책임지는 정부 부처 및 정치 지도자들은 이런 저런 이유로 그 책무를 방기하고, 식품과 농약의 판매를 이윤 추구 수단으로 삼는 대기업 자본들은 관련 학자/관료, 교육·연구기관과 정계·관계·언론계 담당자들을 장학금, 연구비, 후원금, 광고비 등을 명목으로 천문학적인 자금력을 동원하여 하수인 또는 앵무새로 만들어 식생활 위해 관련 정보들이 왜곡되거나 감춰져 있다.

우리나라의 유전자조작 곡물 수입은 매년 1,000만 톤을 넘은 지 오래되었으며 식용 GMO 수입량(매년 200만 톤 이상)은 세계 1위다. GMO 식품의 원조 생산국인 미국인의 연평균 소비량이 약 68kg인데, 우리나라 국민 1인당 소비량도 43kg에 육박한다. 여기에 GMO 식재료(주로 옥수수, 콩, 카놀라, 감자, 면화씨, 알팔파, 양식 연어 등)로 만들어진 각종 가공식품과 첨가물(아스파탐, 프락토올리고당 성장촉진제 등)의 수입량도 120여 만 톤에 달한다.

국내에서 제조·가공되는 약 7조 7,000억 원에 달하는 가공식품의 원재료 70% 이상이 수입산이며 그 80% 이상이 GMO다. 가히 GMO 천국이라 불릴 만하다. 식생활 구조의 미국화로 인한 청소년 비만율은 이미 16%를 넘어섰다. 시리얼, 콩나물, 두부, 두유, 된장, 간장, 콩기름, 옥수수기름, 카놀라유, 사탕무설탕 등 주변 어느 곳을 둘러봐도 온통 GMO 식품이다. 다행히 국산 식재료와 식품은 아직 GMO가 아니다. 그래서 한살림, 아이쿱 등 생협 매장과 유기농 친환경 국산제품을 찾는 소비자들이 날마다 늘어나고 있다. 문제는 경제사정이 넉넉한 고소득층 소비자들은 국산 친환경 식품을 먹을 수 있지만, 국민의 대다수를 점하는 취약계층은 식생활에서도 열위에 놓여 있다는 점이다.

일찍이 EU 국가들에서는 GMO 재배를 금지하고 GMO 재료가 들어간 가공식품의 그 생산과 가공, 소비를 억제하고 완전 표시제를 실시하고 있다. 러시아 정부는 GMO의 생산, 수입, 판매를 테러범에 준하는 형벌로 다스린다는 국회 결의에 따라 GMO 추방 정책을 엄격히 지키고 있다. 상당수 동유럽 국가들도 마찬가지다. 필리핀 대법원은 최근 국민의 건강과 토양 및 환경생태계 보호를 위해 오랫동안 미국의 영향에 길들어 있던 자국 정부와 학계의 GMO 대기업 편들기에 종지부를 찍었다. 수입만이 아니라 국내에서의 GMO 작물 실험도 중단시켰다. 남미의 베네수엘라 의회는 새로운 종자법을 제정, 공포해 GMO 종자 보급을 획책하던 몬산토와 신젠타의 자국 내 종자산업 침투를 원천적으로 봉쇄했다. 지난 2월 대만에서는 린슈펀이 이끄는 민진당 정부가 학교급식에 GMO가 포함된 식품 공급을 금하는 「GMO 금지법」을 제정, 공포했다. 일본 역시 식품에 있어서는 GMO 사용을 최대한 억제하며 GMO 성분을 표시하도록 지도하고 있다. 현재 세계적으로 64개국 이상에서 GMO 종자 및 식품 보급을 법적으로 규제하고 있다.

한편 우리나라는 식약처가 앞장서서 형식적인 GMO 표시마저 안 해도 좋도록 GMO 식품 대기업들의 손을 들어주었다. 조리 결과 단백질 DNA가 추출되지 않을 경우 GMO 식재료를 아무리 많이 썼더라도 표시하지 않아도 좋다는 새 규범을 만들어낸 것이다. 단백질 DNA가 엄연히 검출된 콩나물 등 각종 GMO 식품들의 존재는 보지 않은 체하고 있다. 이에 더해 농식품부는 세계보건기구가 발암성 농약으로 지정·공표한 글리포세이트 성분 제초제의 광범위한 국내 살포를 여전히 허용하고 있다. 자국민의 건강과 자국의 토양이며 환경생태계쯤은 다국적 초대형 기업의 이익 보호를 위해 얼마든지 희생해도 좋다는 것인가.

정부가 적극적으로 'GMO 완전 표시제'를 도입하고 GMO 종자와 글리포세이트 성분의 제초제만이라도 사용을 금지시켜야 하는데, 개선될 여지가 전혀 보이지 않는다. 여기에 너무 신경 쓰고 분노하면 스트레스가 생겨 이를 주장하고 떠드는 사람들과 농민, 소비자만 골병이 들지 모르겠다. 불통의 대통령에 걸맞은 불통의 행정당국만 행복할 것인가?

총선이라는 정치 시즌을 맞아 GMO 대기업의 장학생이 아닌 사람을 뽑아 국회로 보내야겠는데, 어느 농민·소비자단체가 앞장서서 후보들에게 설문지라도 보내 GMO 완전 표시제를 위한 법 제정을 약속받았으면 한다.

| 프레시안 2016년 3월 6일 |

GMO 천국 한국, 병들기 위해 먹는 사회?

중국의 고전 의서《황제내경(黃帝內徑)》에 이르기를, 훌륭한 의사는 아직 병세가 나타나지 않은 사람들의 병을 미리 알고 고치는 이(상공 치미병[上工治未病])라 했다. 의사 중에서 가장 으뜸인 자는 사람이 병이 들지 않도록 예방하는 의사라는 뜻이다.

동서고금을 막론하고 사람들은 모두 무병장수를 욕망한다. 진시황만 그러했던 것이 아니고, 장삼이사(張三李四) 필부에 이르기까지 남녀노소가 다 그러하다. 예부터 사람들이 '식·주·의(食·住·衣)'를 반드시 갖추고자 한 것은, 이들이 바로 무병장수를 달성하는 기본 조건이었기 때문이다. 다만 동양 3국 중 우리나라만 서양문물을 받아들이면서 이상하게도 '의·식·주'로 순서를 바꿔 부르고 있으나, 예나 지금이나 실제 인간에게는 본능적으로 밥(먹는 것)이 먼저이고 최고임은 변함이 없다.

또한 이 조건에 더해 정신적인 안정, 즉 스트레스와 분노, 번민 없이 사는 평정한 마음가짐이 필수적이다. 현대 의학은 평상시의 일정한 운동, 그것이 노동이라 하더라도 규칙적이며 무리하지 않는 신체활동이 중요하다고 말한다. 이 세 가지 조건, 즉 먹거리와 평상심, 규칙적인 운동이 무병장수의 비결인 것이다. 이때 의술은 다만 보조자일 뿐이다. 의술과 의약에 대한 지나친 의존은 도리어 무병장수에 걸림돌이 되기 일쑤다.

미국의 저명한 가정의학자인 조엘 퍼먼(Joel Fuhrman) 박사는 자신의 책《살기 위해 먹기(Eat to Live)》(2011)에서 "미국은 모든 분야에서 세계 최고이지만, 건강(질병) 부문에서만큼은 결코 그렇지 않고, 그 미래 역시 전혀 밝지 않다"고 말한다. 미국인의 36%가 비만이고 어린이의 3분의 1 역시 그렇기 때문이다. 그는 육류와 가공식품에 지나치게 의존하는 밥상과 줄곧 앉아서 생활하는 삶의 방식을 주된 원인으로 거론한다.

당신이 먹는 것이 바로 당신

필자가 캐나다 브리티시컬럼비아대학교의 초빙교수였던 시절 한적한 교외의 어느 유기농 로컬푸드 식당을 방문한 적이 있다. 식탁에 놓인 플라스틱 받침판에 'You Are What You Eat!'이라는 문구가 쓰여 있었다. 그 앞에서 한참 정신을 놓고 있었다. '당신이 먹는 것이 바로 당신'이라는 말은 우리의 건강과 모습, 피부, 심신상태, 성격 형성에 이르기까지 모든 컨디션이 바로 우리가 지금까지 무엇을 어떻게 먹었는가에 달려 있음을 뜻한다. 그 받침판에는 지나친 첨가물과 GMO 유래 가공식품 및 패스트푸드, 농약과 화학약품에 찌든 음식, 탄산음료 등이 건강은 물론 성격마저 표독스럽고 포악하게 만든다는 그림 설명이 인상적으로 표현되어 있었다.

2014년 우리나라 청소년 비만율이 16%라는 정부 통계에 경악을 금치 못했다. OECD 가입국 중 최고 수준의 1인당 병원 출입 횟수와 늘어나는 각종 이상 질병 현상, 부쩍 늘어난 암 환자, 자폐증 환자와 불임 증가 등이 예사롭지 않다. 이것이 과연 연간 식용 GMO 곡물 수입량이 무려 210만 톤(사료 곡물 794만 톤, 도합 1,004만 톤)으로 세계 1위라는 사실, 국민 1인당 연간 GMO 식품 소비량은 무려 43kg을 기록해 미국인 평균인 68kg 다음으로 많다는 사실과 무관할까? 우리나라 '국민의 심신 건강상태가 바로 우리 국민이 무엇을 먹고 사느냐에 달린 것'이라면, 당연히 던져볼 수 있는 합리적인 의문이다.

필자는 정부 재직 시 농정 주무자로서 청와대 주방 책임자에게 대통령 가족의 식단 재료에 대해 은밀히 자문해주고 일부 조달 루트까지 소개한 경험이 있다. 그러다 당시 국무회의에서 김대중 대통령으로부터 무엇을 안심하고 먹을 수 있느냐는 꾸중을 받았다. 이를 계기로 1998년 11월 11일 농민의 날에 대통령과 총리를 모신 자리에서 '친환경 유기농 원년' 선포식을 갖고 친환경적인 농정을 추진하는 동시에 정부가 앞장서서 친환경 유기농업을 독려·지원하기 시작했다. 그리고 수입되는 모든 농산물, 특히 곡류에 대해서는 3% 이상 GMO 함유 시 반드시 GMO라고 표시하도록 조치했다(참고로 EU는 1%였다가 현재는 0.9%이고 일본과 대만 등은 5%다). 다만 당시 식품 관련 업무가 보건복지부(식약처) 소관이라 그것이 식품으로 가공됐을 때 표시제가 유명무실한 것은 어쩔 수 없었다. 경실련이 조사한 바에 의하면 지금 국내에서 제조·판매되는 수많은 가공식품 중에 GMO가 함유되어 있다고 표시된 것은 단 한 품목도 없다. 그나마 당시 농림부의 조치 덕분에 지금도 GMO 농산물의 수입량만은 집계되고 있어 '소비자의 알 권리'를 부분적으로나마 충족시키고 있다.

이상한 나라의 이상한 공직자들!

첫 번째 이야기. 지난 3월 세계보건기구가 제초제 시장의 80%를 점하는 라운드업의 주성분인 글리포세이트가 발암성 물질이라고 공표했으나 우리 정부의 대응은 요지부동이다. 언론은 제대로 보도하지 않고 정부와 주무당국은 오히려 "농약은 과학이다. 안전하게 관리하면 일반 약처럼 문제가 없다"고 홍보만 한다. 하기야 제초제며 각종 농약투성이의 농산물과 GMO마저 잘 씻기만 하면 안전한 '우수농산물(GAP)'이라고 공식 인증하는 그들이다 보니, 글리포세이트쯤은 독약으로 보이지 않는가 보다.

이에 필자는 본 칼럼에서 다른 나라들의 적극적인 대처 사례를 들며 주무당국의 미온적인 태도를 나무랐다. 며칠 후 농촌진흥청의 주무과장 모씨가 전화를 했다. 몬산토사 직원을 불러 해명을 듣고 주의 조치를 취했으니 그리 알라는 말이었다. 나는 조용히,

그러면 세계보건기구 국제암연구소에 요청해 그 발표 전문과 실증적인 실험연구 결과를 받아보았는가, 다른 나라의 대응조치를 조사해봤는가, 그런 다음 우리 나름의 분석을 해보았는가 물었다. 그 대답은 모두 '아니다'였다. 다만 몬산토사 직원을 통해 주의를 주었다는 말만 되풀이했다.

7개월이 지난 지금까지도 농진청 주무당국의 대응 조치는 라운드업 제초제를 취급함에 있어 마스크와 장갑을 끼고 방제복을 입는 등 보호장구를 잘 갖추라는 것이 전부다. 그리하여 라운드업 제초제는 여전히 전국의 산천과 작물들에 열심히 살포되고 있다. 참고로 이 제초제의 글리포세이트 성분은 다른 농약과는 달리 시간이 지나면서 풍우에 씻겨나가거나 수돗물로 씻어낼 수 있는 것이 아니다. 작물 속에 스며들어 우리가 그 농산물(음식)을 먹을 때 우리 몸속으로 함께 들어온다. 그래서 암을 일으킨다는 세계보건기구의 경고는 엄중하다 못해 두렵다.

두 번째 이야기. 대한민국 식약처는 지난 2년간 경실련 등이 각 식품업체별 GMO 농산물 수입현황 자료를 요청할 때마다 식품기업 편에 서서 기업 활동상의 '영업 비밀'이라고 거부했다. 지난 8월 28일 행정법원이 정보를 공개하도록 판결했으나 식약처장은 여전히 기업의 '영업 비밀'이라며 거부하고 상고했다.

대한민국 식약처의 눈에는 국민소비자의 알 권리, 안전할 권리, 선택할 권리는 보이지 않는 모양이다. 해외 각국(개발 당사국인 미국, 캐나다, 브라질, 아르헨티나는 빼고)의 GMO에 대한 완전 표시제와 GMO의 해악을 증명하는 각종 독립 실험연구 결과에는 관심이 없다.

박근혜 대통령이 내세운 4대악 근절 대상에 추가해야 할 사항이 하나 더 있다. 무사안일, 무능, 무위, 부패의 공직자들이다. 그래야 제2의 세월호 사태도, 메르스 파동도, 다반사처럼 일어나는 건설 및 교통 사고도 줄어들고, 앞으로 다가올지 모를 국민적 대재앙 GMO 광풍도 잠재울 수 있지 않을까.

세 번째 이야기. 광화문에 진출해 있는 몬산토사는 매년 서울대 농업생명대 바이오유전학연구 대학원생들에게 거액의 장학금을 공식적으로 전달한다. 그런데 이들은 해당 대학의 식물유전체 육종연구소에서 연구를 하다 말고 올 여름 두 차례에 걸쳐 동작구 소재 고등학교 학생 및 교사를 대상으로 특별교육을 실시했다(농생대 뉴스레터, No. 33, 2015. 9). 그 주요 내용은 식량 문제의 해결 수단으로서 생명공학 작물(GMO)의 유용성을 강조하며 DNA 추출, 미생물형질 전환 등의 실습을 행한 것인데, 고등학교 1학년인 한 여학생으로부터 GMO의 필요성을 느꼈고 이 교육을 통해 진로를 설계하는 데 도움이 되었다는 소감까지 받아냈다. 이 연구소는 앞으로 교육 범위를 서울시 전체로 확대해 많은 학생과 교사들이 참석하게 할 계획이라고 기염을 토하고 있다. 그에 필요한 자금은 어디의 누구로부터 나오는 것일까? 한창 자라나는 아이들에게까지 GMO의 마수가 뻗치고 있다. 그 끝은 어디일까?

네 번째 이야기. 현재 농촌진흥청은 우리의 주식인 쌀(벼)을 유전자조작한 것을 120여 종이나 개발했거나 개발 중이다. 그 외에도 고추, 배추, 화훼류, 잔디 등 모두 17개 작물 180종의 GMO가 개발 중이다. 그중 우선 쌀 2종과 고추, 잔디를 내년 7월 상용화를 목표로 안전성 심사를 준비 중이라고 박수철 GMO개발사업 단장이 발표했다. 피해자가 될 농민생산자와 소비자단체, 생활협동조합 등 국민의 원성이 날이 갈수록 높아지는데 GMO 개발회사, 농림축산식품부, 농촌진흥청, 농약회사, 식품회사와 그 장학생인 교수며 학자들은 꿀 먹은 벙어리다. 광고비에 매달리는 상업 언론도 고요하다. 윗분들에게는 심사위원이 모두 학자들 또는 업계 관계자들이라 그들의 판단에 맡길 뿐이라고 발빼 보고를 했을 것이다. 국민의 주식을 정부기관이 앞장서서 GMO로 개발, 보급하는 나라는 대한민국이 최초가 될 것이다.

다섯 번째 이야기. 세계보건기구는 지난 10월 "소시지와 햄 등 가공육이 담배만큼 발암성이 있다"고 발표했다. 이에 대한민국 식약처장은 잽싸게 "우리 식생활에 그리 걱정할 수준은 아니다"라고 반박 성명을 내 육가공업계를 위무했다. 그 식약처가 보건복지부와 더불어 국내에서 판매되는 모든 담배갑에 니코틴이 몇 mg인지, 타르는 몇 mg인지 표시하게 하는 데 앞장서고, 수십억 원을 들여 TV 프로그램마다 "흡연은 질병이고 금연은 치료"라는 광고를 내보내고 있다. 그런데도 연간 228만 톤의 GMO 가공식품과 120여 만 톤의 수입 GMO 가공식품 및 각종 GMO 첨가물(아스파탐, 올리고당, 성장촉진제 등)에 대해서는 사실상 GMO 표시를 면제해주는 현행 '미완성 불완전 표시제'를 고집하고 있다. 피우는 담배는 나쁘고, 먹고 마시는 GMO는 괜찮다는 식약처의 논리는 세계보건기구 정신에 정면으로 위배되며, 대재앙을 몰고 올지 모른다.

| 프레시안 2015년 11월 5일 |

GMO가 안전하다면 명확히 표시하라, 선택은 소비자의 몫이다

얼마 전 GMO 홍보에 적극적으로 앞장서온 한 민간 연구단체 대표로부터 유명 과학단체와 공동 개최하는 'GMO와 유기농업 공존'에 관한 세미나에 토론자로 초청받았다.

그런데 국내외 최신 자료를 찾아보니 GMO와 유기농업은 공존할 수 없다며 유기농업을 폄훼하거나 핍박을 가해온 쪽이 다름 아닌 GMO 지지 세력임을 여러 사례에서 확인할 수 있었다. 미국의 유명 GMO 종자개발 화학회사가 스탠퍼드대학교에 수십만 달러를 제공해 유기농업 문제를 과대 포장한 연구 보고서를 받아 홍보했다든지, 영국의 옥스퍼드대학교에 연구비를 지원해 유기농업이나 GMO 농업이 안전성 면에서 별반 차이가 없다는 식의 판단을 유도하기도 했다. 요컨대 GMO 개발회사들은 "유기농이 죽어야 GMO가 산다!"고 외치고 있다.

GMO 농업과 유기농업은 상극이다. 그 이유는 첫째, 환경생태계와 다양성의 보전 측면에서 하나는 생태계를 살리고, 다른 하나는 생태계를 망가뜨리기 때문이다. 흙도 살리고 그 속의 미생물도 살리고 강과 호수와 바다를 살릴 것인가, 아니면 생태계를 죽음의 늪으로 몰아넣을 것인가의 문제다.

둘째, GMO와 유기농 둘 중 어떤 것이 인간의 건강과 생명을 더 적절하고 성실하게 살려낼 것인지도 문제다. 자연의 섭리를 따르는 유기농법이냐, 아니면 돈과 편리함을 추구하는 GMO 농사냐 하는 것도 중요한 선택이다.

셋째, GMO 농사로 과연 누가 이익을 보는가의 문제다. 초기에 반짝 달콤한 수확 실적을 보일지 몰라도, 계속 GMO 농사를 지으면 내성이 강화된 슈퍼 잡초와 슈퍼 해충이 나타나 더 독하고 더 많은 농약을 써야 한다. 그 폐해는 환경생태계가 떠안아야 하며, 그 비용은 고스란히 농민이 부담해야 한다. GMO를 특허 개발해 제초제와 살충제까지 독점적으로 제조·판매하거나 이를 식품으로 가공하는 대기업과 그에 기생하는 사람들만 좋은 일이다.

수상한 것은 유기농이 아니고 GMO 쪽이다. 면역력을 보강해주는 유기농 온전한 식품(Whole Food)은 무농약, 유기농이라고 명확히 표기하는데, GMO는 인체에 해롭지 않다고 주장하면서도 왜 표시제를 반대하는가? 담배에도 니코틴 함량을 표시하는데, 가공식품에 GMO 함유 여부를 표시하지 않는 이유가 미심쩍다. 그들은 GMO를 유기농업과 한 부류인 '지속가능한 농업(Sustainable Agriculture)'이라 분류하고 학자, 교수, 관료, 정치인, 언론인들에게 연구비, 광고비, 후원금 등을 지원해 GMO/농약회사/식품업자의 세력 안으로 쉽게 끌어들이고 있다.

그런 그들에게 유기농업은 큰 걸림돌이다. 1990년대부터 우리 밀, 우리 콩, 우리 농촌 살리기 운동을 벌였던 시민, 종교계, 소비자, 농민들과 농촌에 복음을 전파해온 성직자들이 자구책을 들고 나섰다. 농산물과 가공품에 Non-GMO 선언을 하는 식품 표시제 운동을 전국적으로 전개하겠다는 것이다. 우리 농산물의 생명체 유전형질을 바꾸는 GMO 농사를 이 땅에 결코 발붙이지 못하게 막겠다는 움직임이다.

한살림, 아이쿱, 두레생협 등도 모든 농산물과 가공식품에 Non-GMO 를 표시하기로 결의했다. 가톨릭농민회, 전국농민회총연맹 등 농민단체들도 가담하기 시작했다. 소비자를 생각하는 시민모임, 경실련 등 소비자단체들은 이미 식품 완전 표시제 운동을 시작한 지 오래되었다. 이참에 식품의 '완전 표시제'를 확실하게 입법화해야 한다. 또한 농산물과 가공품뿐 아니라 아스파탐, 프락토올리고당, 성장호르몬 등 유전자조작 옥수수 추출물을 원료로 한 식품첨가물과 유해색소에도 주목해야 한다. 안전하고 건강한 먹거리를 지키는 일은 우리의 현재와 지속가능한 미래를 위한 것임을 잊지 말아야 한다.

GMO가 안전하다면 명확히 표시하라. 선택은 소비자의 몫이다.

| 《대산농촌문화》 2015년 가을호(통권 88호) |

괴물 GMO와 매판세력의 우아한 동행

욥기 40장 15~24절에 등장하는 '베헤못'(사탄을 상징하는 괴물)으로 비유되는 유전자조작 생물체(GMO)가 1996년 몬산토, 듀퐁, 신젠타 등 다국적 거대 화학계열 회사들에 의해 미국, 캐나다, 브라질, 아르헨티나 등 세계 농업대국에 도입된 지 20년 동안, 그것이 환경생태계와 인류 생명체에 가하는 끔찍한 위해에 대한 경고가 지금처럼 고조된 때는 없었던 것 같다. 국내에서도 GMO 다국적 기업들의 유혹 앞에 자발적, 비자발적으로 매수된 식품업계와 정부 및 학계의 장학생들이 부르는 "GMO는 안전하다. 제초제와 농약도 안전한 과학이다. 증산효과가 막대하다"라는 3중주 합창이 높아지고 있다. 농민이 GMO 종자를 사서 기르고 소비자국민이 GMO 식품을 사 먹는 과정에서 대기업은 돈만 거둬들이면 그만이라는 것이다.

미국 농무부 32년 근속 과학자의 양심 고백

2015년 2월 28일자 《내추럴뉴스》는 몬산토가 개발·보급한 GMO와 글리포세이트 성분을 함유한 제초제가 어떻게 토질을 오염시키고 작물 건강을 훼손하며 환경생태계를 파괴하는지에 대해 지금까지 잘 알려지지 않았던 연구 결과를 생생히 증언하고 있다(http://www.naturalhealth365.com). 미국 농무부에 임용되어 미생물·농약·작물의 상호교호관계와 GMO가 토양생태 및 생물에 미치는 효과를 분석하다가 은퇴한 뒤 미주리대학교 토양미생물학과 교수로 재직 중인 로버트 크레머(Robert Kremer) 박사의 증언이었다. 이 증언을 접한 독자들은 새삼 GMO가 얼마나 위험한 것인지 다시 생각하게 되고, 나아가 가족과 친지들에게 GMO 식품의 위해성에 대해 설득할 수 있을 것이다.

몬산토 같은 거대 농업생명공학 기업들이 계속 주절대며 밀어붙이는 최대의 거짓말은 "GMO 종자를 재배할 경우 농사지을 때 독성 농약을 덜 사용하게 된다"는 것이다. 그러나 과거 5년간 내성을 가진 잡초가 생겨나 농부들은 실제 그의 논밭에 더 많은 제초제를 뿌려야 했으며, 그 결과 환경과 인체 건강에 치명적인 악영향을 초래했다. 실제로 GMO 기술과 종자, 제초제 농약을 팔아 재미를 보는 존재는 개발회사들뿐이다. 농민과 소비자, 환경생태계는 피해만 본다. 미국의 시장투명성연구소는 2012년 현재 범지구적 글리포세이트 성분 제초제 시장은 이미 55억 달러(약 6조 원)로 평가되며, 2019년쯤에는 88억 달러(약 9조 1,000억 원)어치나 팔려 지구상의 공중과 땅속, 물속 그리고 태어나지 않은 태아들의 핏속에도 유독성 글리포세이트 물질이 함유되어 있을 것으로 예측된다고 경고했다.

또 크레머 박사는 정부와 유전공학 대기업이 합작해 국민을 속이고 기업의 이윤을 늘리고 있다고 증언한다. 미국의 식품의약청은 GMO 작물이 개발될 때마다 유전공학 회사들에게 판매 개시 전에 자발적인 상담만 하도록 규정하고 있다. 식품의 안전성에 대한 최소한의 실험연구도 요구하지 않을 뿐만 아니라, 소비자국민에게 판매할 때 GMO 표시를 하지 않아도 묵인한다. 실제로 최근에 들통 난 미 식약청 내부의 기밀문서에 따르면, 내부 과학자들이 GMO에 예측할 수 없는 무시무시한 부작용이 따를 것으로 예상되어 장기간의 안전성 실험연구가 필요하다고 결론내렸는데 백악관은 생명공학의 진작을 위해 조사하지 말라고 지시했다. 참고로 식약청의 실세인 부청장 마이클 테일러는 몬산토의 고문변호사 출신이다. 그의 주관심사는 국민의 안전이 아니라 자문회사의 이익인 것이다.

작물증산 효과도 단기간일 뿐 더 나빠져

GMO 종자를 사용할 경우 증산 효과가 높아져 인류의 식량안보에 크게 기여할 것이라는 주장은 두 번째 거짓말이다. 단적으로, 유전자조작 콩과 옥수수가 많이 재배되고 있는 북미 및 남미의 곡물생산성은 지난 10년 동안 GMO를 재배하지 않는 EU의 곡물

생산성보다도 훨씬 낮아졌다. 이것은 이미 세계곡물생산 통계에서 명백히 드러난 사실이다.

다만 미시적으로 농가단위로 살펴볼 때, GMO 종자와 글리포세이트 성분의 제초제를 사용한 직후 최장 2~3년간은 일시적인 증산 효과가 나타난다. 그러나 5년 이내에 내성이 강화된 슈퍼 잡초, 슈퍼 바이러스가 출현해 더 많은 제초제를 더 자주 뿌려야 한다. 그러나 그 효과는 점점 떨어지고, 토양과 작물과 생태계에 악영향을 미쳐 종국에는 토양의 생산력이 악화된다. 반면, 더 많은 제초제를 사용하는 농부들에게는 GMO 종자값에 더해 제초제 등 농약 비용이 과대하게 발생해 막대한 농가부채로 이어진다. 실제 몬산토가 정부의 묵인하에 대대적으로 GMO 종자를 보급했던 인도에서는 막대한 농가부채로 20만 명이 넘는 GMO 재배 농부들이 자살하는 불상사까지 빚어졌다.

날로 증가하고 있는 GMO의 위해성 사례

미국의 저명한 '책임지는 기술연구소'(IRT) 소장 제프리 스미스(Jefrey Smith) 박사는 지난 20여 년 동안 글루텐 질병(과민성 알레르기)이 급격히 증가한 원인이 GMO 식품 소비와 깊은 관련이 있음을 발표했다. 유전자조작 콩과 옥수수를 함유한 GMO 식품이 오늘날 2,000만 명에 가까운 미국민을 글루텐 질병에 고통받게 했다는 것이다. 즉 Bt 독소와 글리포세이트 그리고 GMO의 다른 성분들이 글루텐 관련 질병들의 주요 원인이었다. 2015년 2월

17일 《내추럴뉴스》는 미국의 밀 농사에 라운드업 제초제가 지난 20년 동안 300%나 더 많이 살포됨에 따라 미국 어린이 사이에서 만성 영양장애인 소아지방변증(Celiac disease)이 거의 3배나 늘어났음을 보도했다. 동계 소맥의 61%, 춘계 소맥의 97%, 그리고 99%의 마카로니 소맥 수확 막바지에 라운드업 제초제가 집중 살포되어 최종 생산물인 밀과 그 제품인 밀가루, 제과류, 빵류 등에 독성이 남아 대장 질환과 자폐증, 불임을 유발할 가능성이 높아진다고 미 농무성 자료를 인용했다.

다른 한편, 저명한 생물학자인 세라리니 교수팀이 쥐의 평균 수명인 2년 동안 실험용 쥐들에게 몬산토의 유전자조작 옥수수를 급여한 최초의 장기간 실험(몬산토는 보통 90일간만 실험한다) 결과, 가공할 만한 질병이 유발됨을 밝혀냈다. 예컨대 대형 종양 발생이 200~300% 증가하고, 신장과 간 등 주요 장기가 손상됐다. 특히 70% 이상의 암컷 실험 쥐가 조기 사망했다. 이 실험 결과는 《식품과 화학독물학》 2012년 9월호에 게재되었다가 얼마 뒤 삭제되었는데, 몬산토의 전 간부가 해당 잡지사에 새로 고용된 다음이었다. 몬산토의 장기가 발휘된 결과인 듯하다. 그 후 세라리니 교수팀의 동 논문은 《유럽의 환경과학》에 다시 게재되었다.

프랑스 정부는 몬산토의 유전자조작 옥수수 생산을 금지했으며, 이탈리아와 폴란드, 러시아 등도 유전자조작 옥수수와 콩 등의 생산 금지 대열에 동참했다. 특히 러시아 의회는 GMO 생산자들을 환경과 인체를 해치는 '테러리스트'나 다름없다고 형사고발하는 법안을 통과시켰다. 그리고 미국을 비롯한 세계 도처에서 인류생활과 농업에 필수적인 꿀벌들이 대거 사라진 현상이 GMO 작물 재배 및 제초제 남용과 관련이 있다는 사실이 알려져, 2014년 5월 한국을 포함 52개국에서 범세계적인 '몬산토 반대 행진' 시위가 일어났다.

과거 몬산토는 1961~71년의 베트남전쟁 중에 화학회사 다우 케미컬(Dow Chemical) 및 미국 정부와 계약해 '에이전트 오렌지'라는 악명 높은 고엽제를 무려 5,000만~8,000만l나 공급했고, 이는 베트남의 밀림과 전략적 요충지에 무차별하게 살포됐다. 그 결과 베트남은 40여 만 명의 사망 또는 불구화, 50여 만 명의 장애아 탄생, 200만 명의 암 또는 기타 악성 질환자 발생으로 시달렸다. 베트남전에 참전했던 우리나라 파병 군인 중에도 수천 명이 고엽제에 피해를 입었다. 이들은 '고엽제 피해 전우회'를 만들어 활동하고 있다. 그런데도 세계 최고 갑부, 빌 게이츠와 멜린더 게이츠 부부는 몬산토 주식 50만 주, 약 2,300만 달러어치를 사들였고 불임 종자의 상용화 계획마저 만지작거리고 있다고 한다.

그런데도 GMO를 옹호하는가

얼마 전《매일경제신문》에 보도된 바에 따르면, 몬산토는 서울대 농생대 대학원생들에게 장학금(미화 15만 달러)을 전달하며, "농업은 단순히 작물을 재배하는 것이 아니다. 세계적으로 심각한 식량안보 문제를 새로운 육종 기술과 유전·생명공학 기술로 해결해야 한다"고 강조했다. 상투적인 홍보다.《식품저널》은 "한국에서

GMO 재배가 가능하도록 정책의 변화가 있기를 기대한다"는 몬산토코리아 하비 글릭 부사장의 발언을 전했다. 지난 2월 6일에는 농림축산식품부 장관이 참석한 한국식품산업협회(회장 박인구 동원그룹 사장)의 조찬간담회에서 참가 기업들은 수입 유전자조작 콩 가격의 인하와 가공원료 원산지 표시제 완화 그리고 GMO 재배 허용을 건의했다고 한다. 공공연히 어깃장을 놓은 것이다.

이와 같은 노골적인 GMO 옹호론은 애당초 GMO 개발연구를 담당하는 농진청 공무원이 공적인 자리에서 "농약은 과학이다. 안전하다"고 공언하며 농약 사용을 옹호하고 GMO의 실용화에 열을 올리다가, 한술 더 떠 "우리나라도 삼성과 같은 대기업이 GMO 사업에 투입돼야 한다"고 주장하는 수준에까지 이르렀다. 그래서인지 광활한 새만금 간척지에 굴지의 대기업들이 대거 참여할 태세다. 모두 GMO 종자 재배 및 제초제 농약 사업 참여를 호시탐탐 기다리는 모양새다. 국민의 GMO 관련 여론이 호전되기만을 고대하는 듯하다. 아니 정부의 묵인하에 부추기고 있는지도 모른다.

다른 한편, 2월 17일 《연합뉴스》는 박윤옥 국회의원이 입수한 자료를 인용하며, 2014년 현재 난임 환자가 20만 8,000명으로 늘어났고 그중 남성 불임은 7년 사이에 67%나 증가했음을 보도했다. 체외수정 등 정부의 불임치료 지원비용도 2012년 216억 원에서 2014년 249억 원으로 늘어났다. 난임, 불임 부부뿐 아니라 우울증과 자폐증 환자 수도 급격히 늘어나고 있으며, 각종 종양과 유방암 환자의 증가 추세 또한 심각하다.

그런데도 우리나라는 세계 최대의 식용 GMO 곡물 수입국

(2014년 210만 톤)이며 GMO 완제품 식품의 최대 수입국(약 129만 톤)이다. 사료곡물까지 합하면 2014년 한 해에만 무려 1,000만 톤이 넘는 세계 2위의 GMO 수입국이다. 그런데도 식약처, 농림축산식품부, 농촌진흥청 같은 공공기관에서도, 대학 연구소에서도, 독립 연구기관에서도, GMO 식품의 위해성에 관한 임상실험은커녕 쥐, 돼지 등 포유류 동물에 대한 GMO 급여실험을 행한 바도 없다. 그리고 정부 내에서는 몬산토 장학생들끼리 머리를 맞대고 서류 몇 장으로 안전성을 심사하곤 통과시켜버린다. 현행 우리나라의 GMO 표시제는 있으나마나 형식적이라는 사실은 공공연한 비밀이다. 경실련과 소비자시민모임 등의 조사에 의하면 대한민국에서 판매되는 그 많은 GMO 식품과 수입 완제품에 GMO 표시가 되어 있는 품목은 하나도 없다고 한다(단, 아직 국산 농산물은 전부 non-GMO이다).

아아, 5,000만 대한민국 국민과 후손들은 실험실 쥐 신세가 되어 그 고통을 감내하라는 말인가! 참으로 우리 국민이 불쌍하다.

| 프레시안 2015년 3월 8일 |

죽음의 밥상을 걷어치워라!

김지하 시인은 1991년 5월 《조선일보》에 '죽음의 굿판을 당장 걷어치워라'라는 칼럼을 기고하여 당시 노태우 정권의 3당 통합 결과 이어진 민권·민주·통일 운동의 탄압에 항거하는 운동권 일각의 분신자살을 질타했다. 생명 중시의 사상을 제창해온 김 시인은 죽음의 저항을 미화하는 행위에 대하여 "당신들의 운동은 이제 끝이다"라고 단언했다.

그 글은 큰 반향을 일으켰으나, 다른 한편 정부의 탄압 정책에 날개를 달아주는 부작용을 낳기도 했다. 1960~70년대 박정희의 혹독한 독재정부 아래에서 담시 〈오적(五賊)〉을 발표해 세상을 발칵 뒤집어놓았던 김 시인이, 생명 사상가로 변신하여 "죽음의 굿판"을 저주했을 때, 재야 세력은 찬반 두 갈래로 확연히 나뉘었다. 후에 그 부작용을 보고 들으며 김 시인은 무언가 잘못되었다고 말한 것으로 알려져 있다.

그러던 그가, 2012년 11월 대선 고비에서 "여자가 본격적으로 세상일을 하는 시대가 됐다"며 박근혜 후보를 공개적으로 지지하고 나서 위의 사건에 못지않게 세상을 놀라게 했다. 당시 김 시인이 자기 부인의 말을 인용하여 "아이를 낳아 길러보고 남편과 시가족을 모셔보며 직장에서 월급 받으면서 일해보지 않은 여인이라 하더라도, 여성의 몸으로 태어나 살아온 여성 지도자는 여전히 여성(어머니)다울 것"이라고 한 '여성 지도자 대망론'에 공감한 사람이 적지 않았다.

그가 공개적으로 박근혜 후보를 지지했던 만큼, 지난 3년 반 동안 박근혜 정권하에서 일어나고 있는 엄청난 반생명 사태에 대해서도 지금쯤은 한마디 해야 할 의무가 있다. 이에 대한 국민의 기대감도 적지 않다. 국민의 세금으로 월급을 받는 공무원이 국가예산으로 GMO를 생산해 보급하려 안달하고, 자폐·불임·치매·각종 암과 간·신장 손상, 심지어 사망 사태를 일으키는, 그리하여 세계보건기구가 지난 3월 발암성 물질이라고 규명한 글리포세이트 성분의 제초제를 놓고서 공공연히 "농약은 과학이다"라고 옹호하는 대한민국 정부기관을 지금 우리는 마주 보고 있지 않은가!

우리나라는 박근혜 정부가 들어선 이후 세계 제1위 식용 GMO 수입국(연간 240만 톤), 세계 최하위 식량 자립국(식량자급률 23.4%)이 되었다. 이렇게 만든 장본인이 다름 아닌 정부요 국가 공무원이고 보니, 저항시인 김지하의 호통이 마른하늘의 단비처럼 못내 기다려진다. "죽음의 밥상을 걷어치우라"는 대갈일성이.

세계적으로 공신력이 높은 미국《뉴욕타임스》2016년 4월 13일 자에 앤드 폴락이 기고한 "마침내 세계 GMO 재배 면적이 2015년을 기점으로 줄어들기 시작했다"는 내용이 세계인의 관심을 불러일으키고 있다. 1996년에 상용화된 이래 급속도로 팽창하던 GMO 재배면적이 2~3년 전부터 북미 국가에서 주춤하더니 2015년 들어 1%가 줄어들었는데 주로 옥수수, 콩 그리고 카놀라(유채)에서 두드러졌다고 한다. 세계적으로 시장 수요가 감소하고 가격도 하락했기 때문이다.

비타민A를 보강한 '황금 쌀(Golden Rice)'이라고 자화자찬하던 유전자조작 벼가 20년이 넘게 어느 나라에서도 상용화되지 않아 다국적 농업 세력은 안달이 났다. 그런데 필리핀 대법원이 올해 초 모든 GMO 재배를 추방하라는 판결을 내리기까지 해 완전히 물거품이 되고 말았다. 이제는 우리나라 농림부 농촌진흥청만이 고군분투하고 있다.

농촌진흥청장을 필두로 한 국내 GMO 옹호 세력은 세계적으로 GMO가 28개국에서 재배되고 있으니 우리도 서두르자고 독려하고 있지만, 실질적으로는 세계 GMO 재배 면적의 4분의 3 이상이 미국, 브라질, 아르헨티나 3개국 등 곡물 수출국에 집중되어 있다. 그것도 콩, 옥수수, 카놀라, 목화씨 등 4개 품목이 90% 이상을 차지하고 있을 뿐이다. 나머지는 미국의 토마토, 사과, 알팔파, 사탕무, 연어 등에 불과하다. 그 외에 많이 인용되는 나라로 캐나다, 인도, 중국 3개국이 있는데, 이들 나라도 최근 까다롭고 부담이 따르는 규제와 소비자시민의 외면 때문에 GMO 재배 면적을 더 확대할 의지나 여지가 보이지 않는다고《뉴욕타임스》는 보도하고 있다. 그 외에는 페루를 비롯해 주로 미국의 영향 아래에 있는 국가다. 반면 EU, 러시아 등 68개국에서는 GMO의 생산·수입·판매 금지 또는 철저한 표시제로 규제하고 있다.

EU에서는 GMO가 어떤 형태로든 0.9%만 사용되었더라도 마땅히 표시한다. 러시아는 GMO를 수입, 판매하다 발각되면 테러범 또는 어린이 유괴범에 준하는 처벌을 받는다. 특히 EU에서는 글리포세이트 제초제의 사용 허가 연장 여부도 오는 6월 30일 최종 결정지을 것이라는 보도가 나왔다.

미국 소비자의 90% 가까이가 EU처럼 GMO 제품의 완전 표시제를 주장하고 있거나 아예 그 소비를 반대한 결과, 미국의 세계적 식품 대기업 캠벨과 제너럴밀스 및 마스(Mars) 그리고 델몬트는 아예 GMO 식품 재료를 안 쓰거나 쓸 경우 완전 표시제를 시행하겠다고 선언했다. 맥도날드와 웬디스 그리고 이유식 회사 거버 등 세계적 식품회사도 2014년 미국 정부가 승인한 유전자조작 감자와 사과를 사용할 의향이 전혀 없음을 선언하고 나섰다. 케네디 대통령이 일찍이 주창한 '소비자의 알 권리와 안전할 권리'를 대기업이 받아들이기 시작한 것이다.

북미 소비자의 열화 같은 GMO 반대 열풍이 주(州) 단위의 주민 투표에도 반영되어 1차로 미 동부 지역의 버몬트주에서 완전 표시제 법안(Labelling Act)이 통과되어 오는 7월 1일부터 전면적으로 실행될 예정이다. 그 외 15개 주에서도 같은 움직임이 일어나고 있다. 몬산토가 주동이 되어 미 연방 상원의원을 포섭하는 등 주

단위의 완전 표시제 법안을 무효로 하려는 시도를 끝까지 추진하고 있지만, 소비자의 알 권리를 주장하는 국민의 저항 역시 여간 강력한 것이 아니라 완전 표시제 시행이 무산될 것 같지는 않다. 한편 GMO 재배 면적이 줄면서 GMO 종자와 부수적인 글리포세이트 성분의 제초제 및 살충제 판매도 감소하기에 이르렀다. 한 자료에 의하면, 2015년의 GMO 종자 판매액이 2014년에 비해 400만 달러 줄어들었다.

최근의 저조한 GMO 영업 상황을 반영하여 세계 굴지의 GMO 종자 및 농화학 회사 간에 합종연횡과 이합집산이 두드러지게 나타나고 있다. 듀퐁이 다우와 합병하고, 신젠타가 중국 국영화학공사에 흡수되는가 하면, 몬산토는 갖가지 업종 다각화를 획책하다가 신젠타를 놓치고 마침내 독일계 제약회사 바이엘에 합병되기 직전이다.

그런데 세계 GMO 종자의 80%를 장악하고 있는 몬산토가 매각 또는 합병을 서두르는 데는 다른 이유가 있는 듯하다. 지난 5월 21일 범세계적으로 서울을 포함한 400여 개의 대도시에서 동시다발로 진행된 '반몬산토 행진의 날(Global March Against Monsanto Day)'은 놀랍기 짝이 없는 뉴스다. 또한 오는 10월 15일과 16일 네덜란드 헤이그의 국제사법재판소에서 전 세계 시민의 힘으로 세계 최대 악덕 기업이라고 불리는 몬산토의 반인륜, 반환경 범죄를 심판하는 시민 법정이 열린다고 한다. 시민 재판관으로는 세계적 베스트셀러 《죽음을 생산하는 기업 몬산토》(이선혜 옮김, 이레 펴냄, 2009)를 쓴 마리-모니크 로뱅을 비롯해 국제유기농연맹(IFOAM) 회장 앤드루 리우 등 저명한 전문가 6명이 선정되었다 한다.

이 법정에 서게 될 몬산토는 미국 세인트루이스에 본사를 둔 세계적 바이오테크 거대 기업으로서, 한국을 포함하여 66개국에 2만 1,000명의 직원을 두고 연간 150억 달러의 수익을 올리고 있다. 기업 이윤을 위해 세계 곳곳에 공포와 죽음, 환경 파괴를 판매하는 몬산토에 제기된 여섯 가지 주요 죄목은 베트남 전쟁 기간 중 고엽제(Agent Orange)를 미군에 납품해 살포한 살인죄를 비롯하여, 라운드업 제초제(글리포세이트 성분) 생산·판매로 인한 인체와 환경 파괴, GMO를 비롯한 산업형 농업 모델 보급의 원죄, 인간과 동물의 번식 기능에 해악이 된 PCB 등 유기농 오염제 공급 등이다. 지구와 인류의 안전을 지키기 위한 자구적 세계 시민단체에 의한 국제사법재판은 세계인의 이목을 집중시키고 있다.

이쯤 됐으면, 박근혜 정부의 식품의약처와 농림축산식품부 그리고 그 하수 기관인 농촌진흥청은 무언가 달라진 모습을 보여야 하지 않겠는가. 20여 년 전 국내에 수입된 GMO는 한 해 1인당 43kg 이상으로, 알게 모르게 GMO를 소비하고 있는 우리 민초들이 실험실 속의 쥐, 돼지 신세가 되어 병들어 죽어가게 하고 조국의 산하를 병들게 하고 있지 않은가!

박근혜 대통령을 적극 지지한 김지하 시인이라도 나서서 뭔가 한마디 해야 하지 않겠는가! 이 땅에 1만 5,000년 동안 피와 살 그리고 영혼이 되어온 벼농사부터 작살 내려고 유전자조작 벼를 시험 재배하고 있는 이 나라 이 정부의 GMO 청부 과학자, 국가 공무원에 대해, 그리고 가공식품의 7할 이상을 GMO로 가공·판매하고 있는 CJ, 롯데, 대상, 삼양 등 거대 식품기업이 '식품 완전 표시제'를 잠재우기 위해 펼치는 죽음의 로비 활동에 대해.

김지하 시인의 한마디를 기다린다.

| 프레시안 2016년 6월 23일 |

꿀벌 없이는 식량도 없다

인류문명이 출현하기 전부터 지구 행성을 지배해온 꿀벌들이 소리 없이 사라지고 있다. '이상기후 현상'처럼 다반사인 양 받아들여져 새삼스럽게 뉴스거리마저 되지 않는다. 미 농무부에 의하면 2006년 6월 이래 거의 3분의 1 이상의 꿀벌들이 사라졌다고 한다. 그러나 우리나라에서는 집계조차 되고 있지 않다. 이제 봄이 시작되었으니 일상적인 우리 주변을 한번 둘러보라. 예전처럼 벌들이 자주 보이지 않음을 느낄 것이다.

미국 농업의 4분의 1 이상이 꿀벌들의 수분(授粉) 활동에 의존했다. 그래서 대부분의 비GMO 곡물 재배와 과수, 화훼, 채소 그리고 야외 자생식물들의 성장·발전에 큰 타격이 되고 있다. 인공수분 활동에 추가적인 노력과 비용이 들뿐더러 생산 감소가 나타나고 있다고 한다. 일찍이 아인슈타인은 이 지구상에서 벌들이 사라진다면 인류 생존에 대위기가 닥쳐올 것이라고 경고한 바 있다.

벌들의 사망과 인류의 생존

마침내 지난 2월 초 열흘 동안 미국의 주요 도시에서는 주요 시민단체들에 의한 '꿀벌 없이는 식량도 없다(No Bees, No Food)'라는 캠페인이 벌어지기도 했다. '지구를 사랑하는 친구들'을 비롯해 16개의 전국 규모 시민·환경·유기농 단체들이 합동으로 전개한 행사였다.

이 같은 전국적인 시위가 촉발된 배경은 무엇일까. EU를 제외한 범지구적인 벌들의 망실현상이 특정 제초제의 사용량 증가와 GMO 작물의 과다생산에서 비롯되었다는 연구 결과가 서구 학계에 속속 발표되고 있다. 그중에서도 가장 큰 원흉으로 지목되고 있는 것은 네오니코티노이드(neonicotinoids)라는 제초제다. 1962년 레이철 카슨이 《침묵의 봄(Silent Spring)》이라는 저서를 통해 고발함으로써 널리 알려진, 이제는 생산과 판매가 금지된 DDT 제초제 농약보다 1만 배나 더 강력한 제초제가 바로 네오니코티노이드다.

이 제초제는 다국적 대기업 몬산토, 바이엘, 듀퐁, 다우, 신젠타 등의 여러 계열사에 의해 제조·판매되어 우리나라를 비롯해 미국, 캐나다, 브라질 등 광범위한 지역의 산야와 정원, 가로수, 도로 주변의 잡초 제거에 사용되고 있다. 특히 우리 서민들과 공장식 사육시설의 가축들이 주로 먹는 콩, 옥수수, 카놀라 등 GMO 종자들이 이 농약에 푹 젖어 있다. 미국 농약행동망(PANNA)의 추계에 의하면 미국 옥수수 밭의 94%(9,200만 에이커)에 살포되었다고 한다.

영국 언론 《가디언》은 여러 과학자의 조사연구를 인용해, 종자 작물에 잔류한 네오니코티노이드의 독성에 의해 벌 등 곤충이 죽임을 당하고 있다고 보도했다. 네오니코티노이드는 인체에도 치명적인 영향을 미치는 것으로 밝혀졌다.

역설적이게도, 증산을 위해 잡초를 제거하는 데 사용되는 이 농약이 농작물 수분활동의 충실한 자원봉사자들인 꿀벌 등의 집단사망을 불러일으키고 있는 것이다. 이것 말고도 일반에 널리 사용되고 있는 다우의 '2,4-D(2,4-dichlorophenoxy acetic acid) 제초제' 역시 꿀벌 등의 증식 능력을 현저히 감소시키는 것으로 밝혀졌다. 그런데도 최근 미국 농무부가 콩과 옥수수 농사의 제초에 원래 것보다 훨씬 강력한 두 종류의 새로운 2,4-D 농약을 허가하려 함으로써 시민단체들이 크게 반발하고 있다.

벌 등 이로운 곤충과 인체의 신경에 독성을 남기는 이들 제초제 말고도, 몬산토의 악명 높은 제초제 라운드업이 이미 큰 문제로 떠오르고 있다. 미국에서만 8,400만*l*나 살포되고 있는 이 제초제는 인체에는 물론 환경생태계에 치명적인 위해를 가한다. 꿀벌의 사망에 직접 관련되어 있다고 보고된 바도 있다. 미국인들의 사랑을 받는 대왕나비(monarch butterfly)의 개체 감소 주범이 다름 아닌 글리포세이트 제초제라고도 한다.

GMO와 제초제 회사들의 반격

이 같은 분위기에서 GMO와 제초제의 주요 산지이자 농약 회사들의 천국인 미국과 캐나다에서 시민들의 저항운동, 즉 법률 제정에 의한 GMO 의무 표시제 운동이 거세진 것은 어쩌면 너무나 당연하고 자연스러운 일이다. 소비자의 알 권리와 안전할 권리 그리고 선택할 수 있는 권리는 천부적인 것이기 때문이다.

또한 유기농업과 동물복지운동이 더욱 크게 대두하고 있다. 북미 각지에 유기농식품 전문매장이 우후죽순 생겨나기 시작했고, 옥상, 베란다, 텃밭, 학교 공터, 가로수 주변 등에서 유기농 도시농업이 불길처럼 번지고 있다. 코네티컷주 등 동부 5개 주에서는 이미 GMO 의무 표시제가 의회를 통과했으나, 캘리포니아, 오리건 등 서부의 대형 농업 주에서는 몬산토 등 GMO 및 제초제 생산 초대형 농화학 기업들과 식품가공 대기업들의 천문학적인 광고비 지출 앞에서 아슬아슬하게 패했다. 그러나 시민단체들의 사기는 오히려 더 충천하고 있다. 북미 최대 시민조직인 유기농소비자협회(OCA)가 그 선두에 서 있다.

최근의 여러 보도에 의하면 다국적 GMO 및 제초제 회사들이 사업전략을 다시 세웠다고 한다. 첫째, GMO와 제초제의 천적인 유기농업을 격파하라. 둘째, 그동안 각종 로비에 꿈쩍도 하지 않는 EU에 쏟았던 자원(노력과 자금)을 농산물 수입의존도가 높은 한국, 일본, 중국으로 돌려라. 셋째, 육종 및 영양, 소비 분야의 학계와 관료, 언론, 시민단체들을 포섭하라.

몬산토는 과거 미 정보국(CIA)과 군의 특수부대 출신으로 구성되어 있던 블랙워터(Black Water: 정규군 수준의 병력과 무기를 보유한 세계 최대 민간 용병회사)를 인수해 관련자 및 관련 기관에 대한 로비와 회유, 위협 행위를 전담시킨 것으로 알려져 있다. 주요 관련 정부 부처인 농무성과 식약청의 최고 간부들은 몬산토의 회전문 인사로 채워졌고, 의회 및 언론기관 지도자들을 사실을 부풀린 식량 증산 안보 명분으로 우군화했다.

미국의 스탠퍼드대학교에는 이미 5억 달러(약 5,100억 원)의 용역비를 주고 "유기농업이 관행농산물보다 영양가도 특별히 우수하지 않고 비용에 비해 안전성 확보도 그리 월등하지 않다"는 내용의 보고서를 받아냈다. 이 결과를 전 세계 언론에 널리 홍보했음은 물론이다. 지난해에 국내 언론을 통해 우리 국민도 익히 접한 바 있다.

꿀벌들만이 사라질 것인가?

최근에는 미국 국회의원(공화당 아이오와주 스티브 킹 하원의원 등)을 움직여 GMO도 '자연식품(natural food)'이라며 여러 주의 식품규제 법안을 폐기하는 방향으로 농업법(Farm Bill)을 수정하려 했다. 그런데도 미국 소비자들의 GMO 식품 저항운동이 식을 줄 모르자, 몬산토는 '악마의 쌍둥이'라 불리는 미국 식품제조가공협회(GMA)를 앞세워 GMO 의무 표시제 운동에 물타기를 하는 'GMO 자발적 표시제' 입법을 청원하기에 이르렀다. 그 법안은 GMO를 자연

식품으로 분류하며, 어느 주 정부나 의회가 GMO 의무 표시제를 입법할 경우 연방법원에 제소하는 내용 등을 담고 있다.

몬산토는 우리나라 광화문 한복판에도 진출해 있는데, 그 활동과 사업 내용은 그리 알려진 것이 없다. IMF 환란 때 멕시코계 세미니스사로부터 사들인 흥농, 중앙종묘회사들의 종자기업을 동부한농그룹에 넘겼다는 보도 정도다. 한농그룹은 이명박 정부의 FTA 대책비 보조를 받고 초대형 유리온실 토마토 농사에 착수했다가 농민들의 저항에 부딪혀 중도에 하차한 바 있다.

그러다 보니 각종 '카더라' 소문만이 돌아다닌다. 식품영양학 분야의 모 교수가 퇴임해 식량안보재단을 만들었다고 한다. 그 첫 번째 사업이, 과거 GMO 반대 활동을 하다 전향한 영국의 활동가를 초빙해 GMO 홍보 세미나를 연 것이라고 한다. 우리나라 GMO 연구의 산실인 농업바이오과학원 학자들 중 누군가는 "삼성 같은 대기업이 GMO 사업에 적극 참여해야 한다"는 발언을 공개적으로 했다고 한다. 최근에는 국영방송국에서 한국의 무농약 및 유기농 인증 농가들의 비합치 사항을 샅샅이 들춰내 보도하고 선량한 피해농민이 검찰로부터 가혹한 조사를 받게 했다고 한다. 이런 행위들이 유기농 관련단체와 학계로부터 저항을 불러일으키고 있다.

그런데도 정부의 주무부서는 인증제 개선, 감독, 시정, 보완 등 근본적인 대책 마련에는 전혀 관심이 없는 것 같다. 박근혜 대통령 '불량식품 척결'은 말뿐이던가. 한술 더 떠 서울시교육청은 무농약 유기농산물의 학교급식 비율을 대폭 축소, 대체했으며 관행 화학농법 농산물의 조달을 훨씬 용이하게 만든 학교급식 구매조치를 수정 발표했다.

물론 이 모든 일이 '까마귀 날자 배 떨어지는' 우연한 현상일지 모른다. 그러나 확실한 것은 얼마 전까지 미국에서 일어났던 일련의 유기농 죽이기 움직임과 자발적인 GMO 장학생 만들기 행렬이 지금 한국의 학계, 언론계, 관계에서도 일어나고 있다는 사실이다. 아무래도 어떤 거대한 자본 또는 권력의 작용이 배후에 있는 듯, 반유기농·친GMO 움직임이 일관되게 감지된다.

이 땅에서 친환경 유기농업이 억압받고 사라질 경우 과연 '웃을 자'는 누구인가. 그 결과 최종적인 피해는 누구에게 돌아갈 것인가. 꿀벌들이 사라진 것이 아무래도 국민의 장래를 보여주는 것 같아 마음이 심히 불안하다.

| 프레시안 2014년 2월 26일 |

GMO 음식을 끊었다, 무슨 일이 벌어졌을까

대부분의 소비자는 GMO 식품보다 친환경 유기농 먹거리가 환경생태계며 건강에 훨씬 더 좋다는 사실을 알지만, 막상 장을 볼 때면 높은 가격 때문에 구입을 망설이거나 포기하는 경우가 종종 있다. 슈퍼마켓에서 유기농 채소에 부착된 가격표를 보며 과연 이만한 가치가 있을까 고민하는 소비자가 적지 않을 것이다.

이들에게 최근 미국에서 발표된 '인체 영양과 기능성 의약'에 관한 연구 결과가 마음을 정하는 데 큰 도움이 될 듯하다(《내추럴뉴스》 2017년 11월 16일자 'GMO 음식을 끊었을 때 과학자들이 조사 분석한 28가지의 이상(異常) 건강 조건 역전 현상' 참고). 이 연구는 3,256명을 조사 대상으로 삼아, 이들에게 일상 식생활을 유기농 혹은 비GMO 식품으로 꾸리게 했다. 이때 28가지 비정상적인 건강 조건에 대한 역전 현상이 발견됐다. 이는 내과의들이 이미 보고한 바, 비GMO

식생활로 전환했을 때 관찰된 생리학적 개선 효과와 일치한다. 즉 GMO 식품을 일상적으로 섭취할 때 인체 건강에 야기됐던 28가지 이상 증상이 대부분 개선됐다는 것이다(완전히 회복된 예도 있었다). 그중에서도 공통적인 이상 증상이었던 만성적인 소화불량이나 피로감, 내장 이상, 비만증 등은 거의 사라졌다고 한다. GMO 식품은 위와 내장을 둘러싸고 있는 세포들을 과도하게 팽창시켜 생리학적으로 비만을 유도하며, 의학적으로 '두뇌 안개(Brain Fog)' 현상을 일으켜 뇌 기능 장애를 불러온다. 조사 대상자 과반수가 식품 알레르기 혹은 과민성 반응, 심리적 불안, 우울증 증세에 시달리고 있었으나, 비GMO 식생활로 완전히 전환한 후에는 말끔히 나아졌다.

다른 한편, 최근 히브리 대학이 행한 연구는 "인간의 평균 정액 생산량이 1973년에서 2011년 사이 평균 59.3%나 줄어들었다"고 밝혔다. 정액 생산량 감소는 제초제 아트라진(artrazine)과 같은 화학적 거세제에 자주 노출된 결과로서, GMO 작물을 광범위하게 소비하는 미국과 같은 서방 국가들에서 특히 많이 발생하고 있음을《인간 생식》지가 보고하기도 했다.

'열등 인종 말살'의 과학 의제들

인간의 생식 기능이 감퇴했다는 통계는 인구조절론을 주장하는 우생학자와 일부 정치가들에게 희소식이기도 한데, 이 연구 결과를 인구조절정책에 반영하려는 놀라운 시나리오가 속속 드러나고 있다. 특히 열등 인종, 그중에서도 흑인 인구의 조절/감축을 목표로 GMO 보급이 적극 시도되고 있다는 주장이 미국의 세계적인 건강지킴이, 마이크 애덤스(Mike Adams)의 '흑인 말살 과학 의제'라는 동영상 강의를 통해 널리 퍼져나갔다.

동영상에서 그는 조직적이고 잘 합의된 공동의 인종 청소 의제가 오래전부터 그 형태와 방식을 달리하며 미국 흑인과 아프리카인들을 말살하기 위한 목적으로 집요하게 진행돼왔음을 주장한다. 그 사례로 흑인(아프리카계 미국인)들이 밀집해 있는 미시건주 플린트(Flint) 지역에 공급된 수돗물에서 납 성분이 검출된 사실을 적시하고 있다. 또 다른 사례로 수년 전 아프리카 나이지리아에서 어린아이들에게 항생제를 불법적으로 처방하다 체포된 세계적인 화학·제약 기업인 파이저(Pfizer)사 간부를 제시하면서, 이로 인해 11명의 아이가 죽고 그 외 다수의 어린이가 해를 입었다고 보고한다. 중요한 사실은 최근의 유전자공학기술이 '열등 인종 조절'이라는 거대한 과학적 음모의 일환으로서 인류의 식품공급사슬에 뛰어들어 비윤리적인 GMO 급여 실험으로 작동하고 있지는 않은지 합리적 의심을 제기하고 있다는 점이다.

앞서 인용한 '인간 영양과 기능성 의약'에 관한 연구 결과에 따르면 유전자조작 콩, 옥수수, 알팔파, 사탕무, 카놀라, 파파야, 그리고 각종 식용유 및 가공식품 등 GMO 식품이 인체에 질병을 불러오는 요인은 대체로 다음 세 가지다. 첫째, GMO로의 전환 과정 자체가 부작용을 일으키며, 둘째, 생명공학기술에 의한 옥수수 및 목화씨 등 GMO 작물 자체가 위험 요소이며, 셋째, 대부분의

GMO 작물에 살포되는 제초제 역시 부작용을 유발한다.

특히 제초제의 주성분인 글리포세이트는 이미 세계보건기구에 의해 발암 물질로 판명 나, 현재 유럽 등 세계 각국에서 암 환자들에 의한 반(反)제초제, 반(反)GMO 집단 소송의 표적이 되고 있다. 조사 표본의 대표성에 이의가 제기되기도 했지만, 앞서 소개한 비GMO 식단으로의 전환 효과는 시사하는 바가 적지 않아 평범한 소비자들에게 GMO에 대한 경각심을 불러일으켰다. 즉, 앞으로 소비자들은 식품을 구매할 때 28가지 이상 증상에 대한 개선 효과를 염두에 둔 채 유기농 또는 비GMO 식품을 선택할 것이다.

누구를 위한 GMO 완전 표시제 기피인가

세계에서 GMO를 미국 다음으로 많이 소비하고 있는 대한민국은 식약처가 앞장서고, 일부 무책임한 GMO 장학생, 국회의원, 교수, 학자, 농촌진흥청 등에 의해 완전 표시제 도입이 늦어지고 있다. 면역력이 약한 어린아이들에게도 합법적으로 GMO 급식이 이루어지는 실정이다. 이는 군인들 역시 마찬가지다. 군인급식에도 GMO 식품이 매일 들어가고 있다. 소비자들은 GMO 식품을 피하고자 해도 GMO 성분이 포함되어 있는지 여부조차 알 길이 없다. 연간 1인당 GMO 식품 소비량이 43kg이나 되는데도(이는 GMO 소비 1위인 미국에 이어 2위다) GMO 함유 여부조차 알 수 없는 것이다. 촛불혁명으로 세워진 문재인 정부도 먹거리 안전에 관한 한 지금까지는 '태양은 비춰도 캄캄한 세상'이다.

예컨대 시행 10년째인 유전자조작생물체의 국가 간 이동 등에 관한 법률은 기업의 영업 비밀을 보호하는 데에만 유용할 뿐, 국민이 GMO의 안전성에 대한 정보를 알아보는 것은 어렵게 한다. GMO 수입·가공·판매 기업이 GMO 함유 여부 정보를 제공하기를 거부해도 법적으로 규제할 수 없다. 아니, 기업 이윤을 위해 기초적인 정보 제공마저 불가능하도록 정부가 앞장서서 비호하고 있다. 원천적으로 GMO가 아닌 국산 농산물에 'Non-GMO'라는 표시도 할 수 없게 막는다. 심지어 박근혜 정부에서는 조리 과정에서 DNA 단백질이 검출되지 않을 경우, GMO 식재료가 아무리 많이 들어간 식품(두부, 식용유 등)이라 해도 GMO 함유 표시를 하지 않아도 된다는 법 개정까지 이루어졌다.

다행히도 문재인 정부에서는 신임 농촌진흥청장이 부임하자마자 GMO 상용화 계획을 백지화했을뿐더러, GMO개발사업단의 연내 해체를 공언했다. 그러나 한국농업경영인연합회와 자유한국당이 최우수 국감의원으로 추천한 경북 영천 출신의 한 국회의원은 국감장에서 신임 청장을 집요하게 몰아세웠다. 영천·청도 지역은 모두가 GMO 소비자이고 비GMO 농민생산자가 한 명도 없는지, 그 의원은 GMO가 필수적인 생명공학기술이라고 설파하기까지 했다. 수입 GMO가 우리나라 비GMO 농산물의 현재와 미래를 짓밟고 망가뜨리고 있는 모습은 전혀 보이지 않는 모양이다. 더욱이 국민의 건강과 생명은 GMO 기업 및 수출국의 이익 앞에 하찮은 것이라 생각하는 듯한 태도다.

경실련 소비자정의센터 대표였던 필자 역시 한국식품산업협회로부터 두 차례나 회유를 받은 바 있다. 경실련에서 파악한 정보에 따르면, 매년 GMO 관련 정부기관, 대학 연구소, 교수, 학자, 시민단체, 국회의원들에게 공식적인 경로를 통해서든 비공식적인 경로를 통해서든 합법을 가장한 각종 후원금, 연구비 지원, 장학금 등 천문학적인 금액이 뿌려지고 있다. 우리나라 농민·농촌·농업은 이 엄청난 공세 앞에서 언제까지 버틸 수 있을까? 국내 농업이 수입 GMO에 압살된다면, 장차 이 나라와 국민은 온전히 보전될 수 있을까? 정부는 국민 유병률(有病率)이 얼마나 더 높아져야 각성할 것인가?

속 시원하게 대답해주는 이가 아무도 없다는 것이 대한민국의 현주소다. 국민 개개인이 깨어 있어야 나라도 살고 국민도 산다. 고대 로마 시인 비질은 일찍이 "인류의 최대 자산과 부(富)는 건강이다"라고 노래했다. 국민 위에 국가가 있더라도 그 국가 위에는 사람이 있다는 사실, 사람의 건강과 안전한 밥상이 최고의 정책이라는 사실을 잊어서는 안 된다.

| 한국농정신문 2017년 12월 4일 |

GMO
쌀밥이 우리 밥상에?

지금은 세계 3대 유전자조작 콩 수출국이 된 아르헨티나의 한 시골마을에서 사생아로 태어나 삼류배우 생활을 하다가 마침내 퍼스트레이디(페론 대통령의 부인)의 자리에 오른 에비타(본명 에바 페론). 그녀는 가난한 이들과 노동자, 여성들의 복지를 위해 힘쓰다가 병마에 쓰러져 1952년 33세라는 짧은 인생을 마감했다. 그녀의 일생을 뮤지컬로 극화한 〈에비타〉가 1978년 런던에서 초연될 때 전 세계인은 깊은 감동을 받았다. 어떤 정치학자들은 에비타의 포퓰리즘(대중영합주의 정책)이 아르헨티나의 경제파탄 주범이라고 분석하지만, 당대의 대다수 아르헨티나 국민은 그녀를 가난한 사람, 노동자, 여성들의 천사로 회고하며 죽음을 애통해했다.

유전자조작 콩의 천국, 차코의 눈물

그 유명한 뮤지컬을 영화화한 〈에비타〉(1996)가 상영될 무렵, 몬산토를 비롯한 GMO/제초제 회사들이 개발한 항제초제, 항살충성 콩 종자와 고독성 농약이 아르헨티나의 외진 산골 차코(Chaco)주를 뒤덮기 시작했다. 일시적인 초기 증산 효과와 인체에 무해함을 역설하는 농림당국의 적극적인 권유가 따랐음은 물론이다. 마침내 차코주는 유전자조작 콩 재배의 천국이 되었다. 아르헨티나는 지금 세계 3대 유전자조작 콩 수출 대국으로 성장했다. 연간 수출액의 50%가 유전자조작 콩일 정도다. 유전자조작 콩 재배는 아르헨티나의 효자산업이 되었고 그 가운데 차코주는 GMO의 메카로 축복받는 성지로 우뚝 떠올랐다.

차코에 유전자조작 콩이 도입된 지 20년이 지난 2016년 9월 20일 일요일 MBC는 황금시간대에 놀랍게도 〈차코의 눈물〉이라는 르포를 10여 분간 방영했다. AP통신 기자 나타샤 피사렌코가 맨 먼저 카메라를 들이댔다. '아이샤 카노'라는 죽어가는 어린 소녀가 얼굴과 온몸 곳곳에 검은 반점과 검은 털로 뒤덮인 채 카메라를 원망하듯 빤히 쳐다보는 장면이 클로즈업되었다. 이어서 차코주의 수많은 어린이와 주민들이 뇌성마비, 종양, 암 등 중증장애와 각종 이상 질병으로 스러져가는 장면이 소개되었다. 특히 신생아의 30%가 기형아로 태어나 죽었고 차코 일대의 가축 떼들이 이상 질병으로 죽어갔다. 무시무시한 '지옥도'가 차코 지방에 펼쳐지고 있었다. CNN과 BBC 등 세계적인 언론이 일찍이 현장르포로 방영한 내용이었다. 흥분한 주민들은 지방농정 당국자를 찾아가 시정을 요구했으나, 신임 책임자는 자기는 모르는 일이며 아르헨티나 수출의 주종인 유전자조작 콩 재배를 중단할 권한이 없음을 도리어 설득하려 든다. 어디서 많이 보고 들은 장면이다.

부에노스아이레스대학교의 안드레스 카타스 교수는 인터뷰에서 "차코 지방의 참상은 몬산토의 라운드업레디에 내성이 있는 유전자조작 콩 종자를 심으면서부터 시작됐다. 해마다 제초제·농약에 내성이 강화된 슈퍼 잡초와 슈퍼 해충들이 생겨나 이를 제압하려 더 세고 더 많은 제초제와 살충제 농약을 살포하는 과정에서 땅과 강이 오염돼 모든 생물체와 인간의 신체에까지 영향을 미쳤다"고 진단한다.

사실 프랑스 등 많은 나라들이 일찍이 여러 독립적인 동물실험 연구에서 이미 보고했던 현상이 실제 나타난 것이다. 인간과 유전자 구조가 유사한 쥐나 돼지 등에 2년 이상 GMO 사료를 급여하는 실험을 한 다음 관찰한 결과에 의하면, GMO와 그 필수 동반자 글리포세이트 성분의 제초제 또는 네오닉 성분의 제초제는 실험 대상 동물들에게 종양, 유방암, 불임, 난임 등을 일으키며, 특히 벌이 사라지는 데 큰 영향을 미친다. 차코의 경우는 실험용 쥐 대신에 주민과 가축이 피해를 입은 것이다. 아르헨티나 당국이 GMO 개발사의 이윤과 국가 수출 이익만을 위해 유전자조작 콩 재배를 처음 도입한 1996년에는 약 2만여 톤의 라운드업 제초제를 사용했으나 2008년에는 그 10배나 되는 23만 톤을 뿌린 것으로 알려졌다(세계보건기구는 올해 3월 공식으로 그 주성분인 글리포세이트를 발암성 농약으로 규정했다).

그 업보가 다름 아닌 '차코의 눈물'인 것이다. 에비타가 "아르헨티나여, 나를 위해서 울지 말고" 가련한 백성들의 앞날을 위해 울어달라고 노래했는데도 말이다.

한국 농업의 막장: 유전자조작 쌀, 고추, 잔디의 상용화 시도

MBC가 아르헨티나 유전자조작 콩 농사의 참상을 보도하기 10여 일 전인 지난 9월 8일, 농촌진흥청 박수철 GMO개발사업단장은 서울에서 열린 한 공개 세미나에서 "올해 안에 유전자조작 벼(쌀)에 대한 안전성 심사를 신청할 계획"임을 밝혔다(《농민신문》 2015. 9. 14). 다만 아직 GMO에 대한 국민적 합의가 이루어지지 않았고, 주식인 쌀에 대한 국민 정서가 민감한 것을 고려해 일단은 식용 쌀이 아닌 산업용 쌀로 안전성 심사를 받을 계획이라고 했다. 화장품 원료(미백 기능성 원료)로 유전자조작 쌀 재배 허가를 2016년 7월경 먼저 받고, 수요 및 소비의 확대 추이를 봐가며 국민의 긍정적인 반응을 기다린 다음 '밥상용 유전자조작 쌀'의 본격적인 상용화에 착수할 것이라고 전략까지 공공연히 밝힌 것이다.

GMO개발사업단장이라는 고위 농업 관료가 감히 인사 및 결재 라인의 허락과 강력한 뒷받침 없이 이런 경천동지할 정책을 공공연히 밝힐 수는 없었을 것이다. 이번 발표는 모르긴 해도 대한민국 최고 농정수반 아니면 그 윗선에서 승인했을 개연성이 크다. 그래서 GMO개발사업단은 산업용 쌀에 이어 유전자조작 잔디 개발과 바이러스 저항성 유전자조작 고추에 대해서도 곧 안전성 심사를 청구하고 가뭄 저항성 벼를 비롯해 그간 농촌진흥청 농업과학원 GMO개발사업단이 이미 개발해놓은 200여 가지 GMO 다수를 안전성 심사 대열에 합류시킬 것으로 전망된다. 대충 270여 일간의 심사 기간만 지나면 상용 재배가 허가된다.

그리하여 내년부터는 우리나라에서도 유전자조작 쌀과 고추, 잔디 등이 곧 상용 재배될 것이다. 1998년 이래 농림부와 농진청의 불문율로 지켜졌던 전국 소비자단체 및 생산자단체의 사전동의 절차도 거치지 않고, '묻지 마 실용화'(전국 재배) 일변도로 치닫고 있다. 안전성 심사 절차며 과정이라는 것도 알고 보면 전혀 신뢰성이 없다. 독립적이고 객관적인 사전 실험연구 없이 오로지 서류심사, 즉 말뿐인 심사이기 때문이다. 무엇보다, 그렇고 그런 분들이 심사위원으로 뽑힐 것이다. 270일이라는 심사 기일이 아까울 만큼 그들 대부분은 이미 GMO 찬성자일 가능성이 농후하다. 심지어 일부 학자는 "농약은 과학이다" "GMO 없이는 77조 원의 식품산업도 없다"고 평소 공공연하게 노래를 부르던 분들일 것이다.

식량자급률이 23%대에 불과한 우리나라에 국산 GMO 농산물까지 출현하면, 그러지 않아도 생산비와 가격 면에서 경쟁력이 없는 우리 농업은 안전성 면에서의 차별성마저 사라지게 된다. 게다가 농촌 산, 내, 들의 환경생태계가 파괴되면 아르헨티나 차코주에서와 같은 비극적인 현상이 일어나지 않으리라는 보장도 없다. 가뜩이나 WTO/FTA 공세 앞에 풍전등화인 우리나라 농업·농촌·농민에게 이같이 막장을 고할 GMO 농업에 하필이면 농업·농촌 진흥을 담당하는 농촌진흥청 농업과학원이 앞장을 선다는 것은 이만저만한 아이러니가 아니다.

내년부터 봄과 여름이 오면 GMO 쌀, 고추, 잔디의 꽃가루가 바람에 흩날려 산내들과 논밭이 유난히 좁고 밀집된 대한민국 농토를 순식간에 GMO 천국으로 바꿔놓을 것이 불 보듯 뻔하다. 농민들은 캐나다의 카놀라 농민처럼, 자기는 GMO 종자를 뿌리지도 않았는데 난데없이 GMO 보급사로부터 무허가 GMO 재배를 했다고 억울하게 고소당해 막대한 벌금을 물어야 할지도 모른다.

막상 GMO로 죽어갈 사람은 애꿎은 농민·농촌·농업이며 국민소비자다. '한국 농업의 막장'이나 다름없는 GMO 농업의 보급으로 이익을 보는 측은 다국적 제초제 및 농약 회사와 GMO 종자 회사, 대규모 식품가공업체 그리고 그들에 빌붙어 떡고물을 즐기는 정치권, 농정관료, 언론사, 나팔수 교수·학자들뿐이다.

한 가닥 불빛, 농민과 소비자의 자구책

1990년대부터 우리 밀, 우리 콩, 우리 농촌 살리기 운동을 벌였던 시민, 종교계, 소비자, 농민들과 복음을 농촌에 외로이 전파해온 성직자들이 스스로 자구책을 들고 나왔다. 정부, 국회가 아니하면 우리라도 우리 농산물을 지키겠다는 식품 표시제 운동을 전국적으로 전개하겠다는 것이다. 한살림, 아이쿱, 두레생협 등도 모든 식품과 가공식품에 Non-GMO 표시를 하겠다고 결의하고 나섰다. 농민단체들도 하나둘 이들에 가담하기 시작했다. 우리 농산물의 생명체 유전형질을 절대 조작하지 않겠다는 움직임이다. 소비자시민모임, 경실련 등 소비자단체들은 이미 식품 완전 표시제 운동을 시작한 지 오래다.

창세기에 이르기를, 창조주가 사람과 모든 동물을 창조한 다음 에덴동산에 난 탐스럽고 먹음직스러운 열매들을 가리키며 이를 먹고 자손을 번성케 하라고 했다. 그 뜻대로 농산물을 건강하고 안전하게 생산하고 가꾸겠다는 사람들이 늘고 있다. 이들은 현 정부의 GMO개발사업단장을 포함해 지휘체계상 결재 라인에 있는 윗선의 책임자들에게 향후 닥칠 피해와 재해에 대해 항구적인 연대책임과 구상권을 청구할 것이라고 법적 대응의지를 분명히 하고 있다. 박근혜 대통령과 이동필 농림축산부 장관이 장차 GMO 폐해를 책임져야 할 날이 결코 일어나지 않기만을 간절히 바란다.

| 한국농어민신문 2015년 10월 3일 |

2부

3농,
농민을 살리고 농업을 살려야 나라가 산다

다시 농가 기본소득제를 말한다

필자는 2015년에 최초로 농가 기본소득제도 실시를 제안한 바 있다. 그 후 충남연구원 박경철 박사가 후속 연구를 외롭고 줄기차게 진행함으로써 이제는 뜻있는 농촌 문제 전문가와 지도자들에게 농가 기본소득제는 보편화된 주제가 되었다.

때마침 촛불혁명으로 등장한 문재인 정부가 지난 15일 청년 일자리 정책의 일환으로 중소기업 취업/창업 청년에게 눈이 번쩍 뜨이는 대규모의 재정지원 대책을 발표했다. 그러나 취임 10개월이 되도록 이상하리만큼 농업·농촌·농민 문제에 대하여는 일언반구도 없던 문재인 대통령이, 개헌 청사진을 제시하면서 드디어 농업의 공익적 가치를 명문화했다. 지금이야말로 정책 아이디어 차원에서 농가 기본소득제 실시를 문재인 정부에 건의할 절호의 찬스라고 생각되어 구고(舊稿)를 다시 꺼내어 정리해본다.

농업의 공익적 가치를 헌법에

1995년 1월 세계무역기구(WTO) 가입과 그 후 급속히 진행된 50여 개 농업 강대국과의 초고속 FTA 협상 타결로 거의 전 품목이 개방되었다. 농산물 가격이 반 토막으로 폭락함에 따라 농업소득이 연달아 위축되고 식량자급률은 60%에서 23%로 곤두박질쳤다. 농가소득은 25년 전 수준으로 되돌아가 도시근로자 평균소득의 절반에 불과해졌다. 농촌의 교육·의료·복지·문화 수준은 새삼 물어보기조차 민망하다. 지난 정권 내내 "농업이 미래 성장산업이다", "창조 농업이다" 따위의 헛구호만 난무했다. 농업인 당사자는 물론 대다수 국민을 무시한, 그들만의 뜬구름 잡는 이야기였을 뿐이다. WTO 가입과 FTA로 골수까지 골병이 든 3농 부분은 외딴 섬에 내팽개쳐진 로빈슨 크루소의 신세가 되었다. 미국, 브라질, 아르헨티나 등 농업 강국 한가운데 고립된 식량농업 식민지 신세가 바로 우리나라 3농 부문의 현주소다. 식량 문제에 관한 한 대한민국은 '국제 미아(迷兒)'다.

먹거리 문제와 농업 문제는 선거 때만 존재하는 매표용 홍보 사항이 되었을 뿐이다. 보통 때는 3농이 어떻게 되든, 농촌 공동화(空洞化) 현상이 일어나 3농이 소멸하든 말든 별 관심을 받지 못하는 잊힌 분야가 되었다. 지난 정부 이후 농업 경시 정책이 이대로 계속될 경우, 앞으로 10년 안에 우리나라 식량(곡물)자급률은 현 23%에서 15%대로 뚝 떨어져 영구적인 '식량 식민지'로 전락할지 모른다고 경고해도, 최고 통치권자를 포함한 우리나라 여야 정치

지도자들은 눈 하나 꿈쩍하지 않았다. 이미 나라의 식량주권은 미국 등 극소수 수출국들에 넘어가고 있는데도 한가하게 공산품 수출시장이 확대됐다고 좋아한다. 농업인들은 그네들의 황홀한 말잔치에 어이없어할 뿐이다.

이때 문재인 대통령이 2018년 3월 26일 발표한 개정 헌법 조문에 마침내 '농업의 공익적 가치'라는 오래된 미래가 공식적으로 등장했다. 이제 헌법이 인정하는 농업의 다원적인 공익 가치에 근거하여 3농에 관한 지원 정책이 제대로 나래를 펼 수 있게 된 것이다. 농업이 단지 식량과 섬유를 생산해 내는 1차 산업적인 기능만이 아니고, 환경생태계를 보전하고, 문화와 전통을 보존하며, 지역사회 공동체를 형성하며, 식품의 안전성(safety)과 국민 생존권을 보장하는 등 다원적인 공익 기능을 수행하는 기본 산업임을 천명한 것이다. 1995년 WTO 협정은 농업의 다원 기능을 '비교역적 관심사항(NTC: Non-Trade Concerns)'으로 표현을 바꾸어 세계적으로 공인된 바 있었는데, 이제는 우리나라에서도 농림업이 국가와 민족 형성의 최소한의 기본요소(National Minimum Requirement)임을 천명할 수 있을까?

우루과이라운드 협상 타결을 전후하여 일찍이 농진청 농업과학원의 연구진들이 우리나라 '논 농업의 다원적 공익 기능'을 계측하는 연구를 수행한 바 있다. 산림청에서도 산림의 다원적 공익 기능을 계측 발표했다. 이는 해가 지날수록 점점 더 높게 평가되고 있다. 대체로, 논 농업의 다양한 비교역적 관심사항(다원적 공익가치)이 쌀값보다 3~7배의 가치를 은연중 국민경제에 가져다주고 있음이 밝혀졌다. 산림은 그 공익적 가치가 목재 생산액의 13배임이 드러났다.

쌀의 경우, 교역 상품으로서의 평가액이 10조 원으로 계측되었던 해를 기준으로 논농사의 다원적 공익 기능을 파악한 결과, 논농사의 홍수 방지 효과+수질 정화 및 지하수 공급 효과+산사태 방지 효과+이산화탄소 흡수 효과 및 산소 배출 효과만을 계량하더라도 최소 30조 원에서 70조 원으로 계측되었다. 계량화하기 어려운 문화와 전통의 보전 가치, 농촌 지역사회 발전 및 경관의 가치, 식품 안전 및 식량 보장 효과 등을 계상하지 않았는데도 그러하다.

같은 논리로, 여타 밭작물과 과수 및 축산업 그리고 농기자재 등 농업 관련 산업의 전방 효과와 농산물 제조·가공·유통·무역 등 후방 효과를 평가에 포함해 계량화한다면, 농업 부문이 현 농산물 가액인 약 50조 원의 수십 배에 달하는 보이지 않는 다원적 공익 가치를 우리 국민경제에 기여하고 있음을 알 수 있다. 쌀 등 우리나라 농축산물의 시장가격이 비싸다고 무조건 수입개방에 의존할 때, 가격경쟁에서 탈락한 액수만큼의 쌀 등 우리 농축산물이 단순히 시장에서 사라지기만 하는 것이 아니다. 그동안 국민에게 공짜로 베풀었던 그 수십 배에 달하는 다양한 공익적 가치가 이 땅에서 영원히 사라짐을 뜻한다. 이는 소탐대실(小貪大失)의 어리석음이 우려되는 대목이다.

농가 기본소득 보장은 국가와 국민의 의무

그래서 일찍이 EU·미국·캐나다 등 서구 선진국들과 중국·일본 등의 정부는 이 같은 농업의 다양한 비교역적 공익 가치에 대한 광범위한 국민적 인식을 바탕으로, 어떤 방식으로든 농업생산력 주체인 농업인의 기본소득과 농민의 권익 보장에 앞장서고 있다. 선진국들은 자국의 농민이 농촌·농업에 종사하면서 인간적인 삶을 유지·발전하는 데 필수적인 '기본소득'을 보장하고, 교육·문화·의료·복지·민권 등에 차별이 없도록 배려하는 데 정책에 중점을 두고 있다. 농업에 종사한다는 이유로 소득수준과 의료·복지·교육 등에서 불이익을 받도록 방치하는 나라는 존재 의미와 존재 가치를 상실한 나라인 셈이다.

그래서 지난 국민의 정부 당시, 정부기관과 공공기관, 은행·기업들이 국가경제가 총체적으로 부도 난 IMF 환란 속에서도 그리고 서슬 시퍼런 WTO의 감시하에서도 각종 농민 지원 조치인 친환경농업 직접지불제를 비롯해 논(쌀)농업 직불제, 조건불리지역 직불제, 이어서 밭농사 직불제 등을 도입해 농가와 농업, 농촌을 지원했다. 물론 당시 경제 상황에서 건당 지원 규모가 작고 한시적일 수밖에 없었다. 그러나 IMF 통치 체제를 졸업한 이후의 '이명박근혜' 정부하에서는 오히려 지원 규모가 더 작아져, 2013년 기준 직불금 지원 수준은 농가 평균 소득의 4.3%에 불과했다. 스위스·스웨덴 등 선진국 정부는 오지에 사는 농민에게 직간접 농가 지원액을 더 많이 배려한다. 그리하여 EU의 평균 공적 지원액은 농가소득의 40~60%에 달한다. 미국은 40% 언저리로 올라섰다. 캐나다는 아예 최저 농가소득 보장 제도를 실시하고 있다.

우리나라에서 농민이 최저 생활수준을 유지하려면 어느 정도의 소득수준을 보장해야 적정할 것인가에 관한 연구는 아직 빈약하다. 충남연구원의 박경철 박사는 농민 단위의 기본소득 지원을 주장한다. 필자는 논의의 편의상 도시근로자 가구 법정 최저임금의 50%를 농가에 직접 지불방식으로 지원한다고 가정할 경우, 농가 호당 월 약 50만 원, 연간 600만 원으로 제안한 바 있다. 이 기본소득 수치를 전국 농가 100만 호에 일괄 지급한다고 가정할 경우 연간 총 6조 원 정도의 예산이 소요된다.

그 재원은 1) 기존의 각종 직불금 예산액(단, 친환경 직불금은 제외)의 합계, 2) 줄어들고 있는 농가 수에 상응해 중앙정부, 지방정부 및 농진청 등 농업 관련 공공기관과 농축수협, 산림조합 등의 인원을 최소 10% 정도 감축하는 대대적인 중앙·지방조직 구조개혁 단행으로 절감한 비용, 3) 현 농림수산 예산액 중 비농어민 조직과 기업에 지원되는 각종 비농업적 지원액 삭감, 4) 기존 농림축수산식품 예산과 기금 및 농특세(우루과이라운드 사후 대책) 예산액 중 일부 불요불급한 항목의 예산 전용, 그리고 5) FTA(농업시장 완전개방)에 따른 국가 및 기업의 이익 또는 수익금의 농업부문 공유제 시행 등을 상정해 정밀 조정할 필요가 있다.

그리하여 국가의 기조·기간산업에 종사하는 농업인이 창조하는 다양한 비교역적 공익 기능과 가치에 대한 합당한 대우를 되돌려 받을 수 있을 때 현대판 '농자천하지대본'의 세상이 활짝 열릴 것이다. 그래야 우리와 우리 후손들에게 국가와 민족의 백년대계가 확고해질 것이 아닌가! 문재인 대통령의 용단을 대망한다.

| 프레시안 2018년 4월 1일 |

자주 오고 가고, 만나고, 주고받아야 신뢰가 싹튼다

만일 한반도에서 북·미 간 핵전쟁이 일어난다면, 어느 쪽이 선제공격을 당하든 휴전선에 배치된 수백기의 북한 장사포와 중단거리 저고도 미사일(스커드) 공격으로 주한 미군은 물론, 300만 명이 넘는 애먼 남한 주민들 역시 참사를 면치 못하리라는 것이 전문가들의 예측이다(이때 고도 미사일방어 체제인 사드는 아무짝에도 쓸모가 없다). 한반도에 전쟁이 다시 일어나게 해서는 안 된다, 절대 안 된다! 핵의 시대인 지금은 더욱 그렇다.

죽음의 백조와 죽음의 막말들

발단은 물론 북한 김정은 정부의 연이은 핵 실험과 미사일 발사 실험에 기인한다. 《뉴욕 타임스》 말마따나 연중 상시적으로 전개된 한·미 군사연합훈련과 '참수'작전 등에 위협을 느낀 김일성·김정일·김정은 정부의 자구책이라고는 하나, 전 세계가 지탄하며 금기시하는 핵 보유를 당연시하는 북측 지도부의 행태는 개탄스럽기 짝이 없다.

그렇다고 해서 세계 최강국이라는 나라의 대통령이 시정잡배나 할 법한 막말을 공개적으로 퍼붓고, 이에 질세라 북측 정부 대표라는 작자가 대거리하는 꼴불견을 연달아 보면서 전전긍긍하는 남쪽 사람들의 심사 또한 대단히 불편하다. 지난 9월 19일 트럼프 미 대통령은 유엔 총회 연설에서 "미국과 동맹을 방어해야 한다면 북한을 '완전히 파괴'하는 것 외에 다른 선택이 없다"고 위협했다. 미국 내외에서는 북한 주민 2,500만 명의 삶과 죽음은 전혀 염두에 두지 않은 무책임하고 비인간적인 연설이라는 반응이 쏟아져 나왔다. 이에 북한 김정은 위원장은 9월 22일 성명을 통해 "사상 최고의 대응조치"를 경고했고, 이어 리용호 외무상은 유엔 총회 연설에서 "군사적 공격 기미가 보일 때에는 가차 없는 선제행동으로 예방조치를 취할 것"이라며 대들었다.

미국은 9월 23일 밤 '죽음의 백조'라 불리는 B-1B 공중폭격기와 F-15C 전투기를 사상 처음으로 북한 측 동해까지 출동시키며 군사적 위협 수위를 최고조로 높였다. 둘 다 미친 게 틀림없는 모양새다. 오죽했으면 《워싱턴포스트》가 9월 22일 사설에서 트럼프 대통령을 향해 "미치광이 노릇은 김(정은) 위원장에게 맡기라"고 말했을까 싶다. 세계에서 가장 크고 강한 나라와 세계에서 가장 가난하고 작은 나라가 일촉즉발의 핵전쟁 위기를 이 작은 한반도 땅 위에서 벌이고 있다. 7,000만 한민족의 앞날이 불안하기 그지없다.

한반도 위기는 우리가 풀어야 한다

한반도 문제는 이곳에서 5,000여 년간 뿌리내리고 살아온 우리 모두의 문제이며, 그 위기 해소는 문재인 정부의 역사적 소명이다. 나는 감히 그 해법의 단초를 '쌀' 공여로 열어야 한다고 주장한다. 이에 대해서는 올 초 남북한 간 평화를 위해서는 '신뢰관계' 형성이 필수적이며 식량 및 농업 협력이 그 첫 번째 수단이라고 주장한 바 있다.

대저 분단된 나라에서 평화와 통일을 바라보려면 무엇보다도 먼저 서로 간 신뢰관계를 튼튼히 쌓는 일이 필요충분조건이다. 확실한 신뢰관계를 바탕으로 남북한 간 현안을 논의하고 협상을 해야 진정성 있는 양보와 타협이 가능하다. 신뢰관계는 단순히 말과 구호만으로는 불가능하다. 자주 오가고, 만나고, 주고받고, 나누는 과정에서 싹트는 것이다. 적게 가진 쪽에게 좀 더 많이 가진 쪽이 먼저 손을 내밀어 조건 없이 나누고 돕는 사이에 믿음이 싹트는 것이다. 그것은 만고불변의 인지상정이다.

다시 말하거니와, 신뢰는 인권과 인도주의의 가장 기본적이고 가장 보편적인 문제, 즉 배고픔과 가난으로부터 상대방을 배려하는 것에서부터 시작한다. 바꾸어 말해, 남북관계에서의 평화 정착을 위한 대화 재개는 인도주의 및 생태주의 차원에서 식량·농업 분야의 협력으로 시작되어야 한다. 그것은 남쪽에도 도움이 되고 북쪽에도 도움이 되는 농림수산 분야 협력사업을 가리킨다. 그중에서도 현 단계 남북한 경제·사회를 감안할 때 쌀이 첫째이며 으뜸이다.

남북한 모두의 골칫거리, 쌀

자의건 타의건, 남쪽은 쌀이 남아 골치를 앓고 북쪽은 모자라서 고통받고 있다. 남쪽은 지난 정권이 WTO 협상에 실패해 해마다 40여 만 톤의 외미(外米)를 의무적으로 사들여야 한다. 게다가 쌀시장이 완전히 개방됨에 따라 상대적으로 저렴한 외미가 홍수처럼 밀려들어 국내 쌀값은 한 가마당 13만 원대, 그야말로 25년 전 가격대로 뚝 떨어져 농가 경제는 해마다 큰 타격을 입고 있다. 재고량은 어언 200만 톤가량 쌓였고, 정부의 재고미 보관비용은 연간 10만 톤당 300억 원으로 천문학적인 수준이다. 주조용, 제과용, 심지어 가축 사료로 소비해야 하는 처지가 곤란하다 못해 골칫거리다.

문재인 정부는 쌀값을 최고 15만 원대로 회복하기 위한 해결책으로 올 수확기에는 쌀 75만 톤을 시장에서 격리하고자 하는데, 농민단체에서는 25만 톤을 더해총 100만 톤을 시장에서 격리해야 한다고 주장해 옥신각신하고 있다. 그 밖에도 정부는 2019년까지 쌀 재배면적을 10만 헥타르 감축하는 방안을 세우고, 이미 올해 벼 재배면적을 3만 5,000헥타르(자연 감소 1만 5,000헥타르 포함) 감축했다고 밝혔다. 휴경하거나 타 작물 재배로 전환한 논이 투기적 용도로 전환되고 있음은 공공연한 비밀이다. 일단 다른 용도로 전환된 후에 다시 논으로 바꾸기란 하늘의 별 따기다. 남북한이 갑자기 통일되거나 외국의 쌀 작황 및 수송 사정이 악화될 경우, 일반 서민이 맞닥뜨릴 식량 조달 애로 상황은 짐작하기조차 겁이 난다.

반면, 북녘땅의 식량 사정은 전혀 딴판이다. FAO의 최근 추정 자료에 따르면, 현재 북한은 총 식량 생산량이 정곡 기준 480만 톤 내외에 불과하다. 정상적인 식량 수요량 650만 톤에 크게 미달한다(그럼에도 식량자급률은 남한의 22.4%보다 훨씬 높은 약 73.8% 정도다). 북한 주민을 근근이 먹여 살리기 위해 최소한도로 필요한 양곡량을 550만 톤이라고 가정하더라도 연간 약 70만 톤 안팎이 부족하다. 그렇지만 외화 사정이 여의치 않아 부족한 식량을 제대로 사들이지 못하기 때문에 해마다 굶주리는 이가 속출하고 있다. 이명박·박근혜 두 대통령은 재임기간 내내 북한에 쌀 한 톨 지원하지 않았는데, 촛불혁명이 낳은 문재인 대통령은 이들과 다른 행보를 보여야 한다.

쌀은 한반도 위기 해소의 돌파구

때마침《농민신문》은 지난 9월 22일 존경받는 언론인이자《중앙일보》 국제문제 담당 김영희 기자의 '한반도 위기 해소에 쌀을 활용하자'는 칼럼을 실었다. 주된 내용을 간추리면 다음과 같다.

"군사적인 대치와 대결로는 한반도에 평화를 정착시킬 수도 없고 남북한이 경제적으로 상호보완하는 상생관계를 만들 수도 없다. 결국 기댈 곳은 풀뿌리 수준의 사회·경제 교류뿐이다. 쌀이 모자라는 북한, 쌀이 너무 많이 남아서 걱정인 남한이 쌀을 매개로 관계를 개선하는 것은 진공상태를 허용하지 않는 자연의 법칙과 같은 것이다."

탁론(卓論)이다. 필자의 평소 주장과 한 치의 차이가 없다. 현 단계 한반도 위기에 대한 유일한 해법이다. 남한도 살고 북한도 살며 미국에도 나쁘지 않은 조치다. 이외에도 남북한이 서로 이익이 되는, 그리하여 장차 남북 신뢰관계 형성에 근간이 되는 농림수산 분야 협력사업을 열거하자면 헤아릴 수 없이 많다. 북한에 식목사업과 양묘사업을 지원하는 다양한 산림 분야 협력은 국제적으로 탄소배출권을 우리나라가 행사하는 꿩 먹고 알 먹는 사례다. 남측의 선진 영농자재와 기술 지원, 비닐하우스 고등 원예사업 및 양돈 등 축산 분야에서의 협력 역시 상호 이익을 기대할 수 있다. 수산 분야 중에서는 공동 양식어장 사업이 대단히 유망한 협력 분야다. 남측의 기술 및 자재 제공과 북측의 노동력 및 오염되지 않은 바다 제공으로 막대한 어패류와 해조류 생산이 가능하다. 그 판매처와 수출 가능성도 무궁무진하다.

이 중에서도 당면한 한반도 위기를 당장 돌파할 출구로 남쪽의 쌀과 북쪽의 특산품의 맞교환 사업이 단연 으뜸이다. 문재인 대통령과 그 참모들이 이 계획을 대담하게 수용하고 실행하기를 바란다. 청사(青史)에 길이 남을 대통령과 정권이 되기를, 민족의 이름으로 간절히 소망하는 바다.

| 프레시안 2017년 10월 1일 |

나라를 나라답게 만들 최소한의 기본조건

지난겨울부터 올봄까지 수천만 촛불이 광화문을 비롯한 전국 방방곡곡에서 "이게 나라냐"를 외치며 행진한 끝에 박근혜 대통령이 탄핵됐고, 문재인 정권이 들어섰다. 그런데 어쩌나. 이전과 같은 정경유착에 찌든 정치인, 관료, 학자, 교수들이 아직 세상을 뒤덮고 있는 데다, 그들이 교언영색(巧言令色)으로 실권을 장악하려 든다면? 나라와 겨레를 형성하는 데 최소한의 기본조건인 안전한 먹거리의 안정적인 공급을 담보하는 농업·농촌·농민 등 3농의 존재가치가 부재하거나 부정된다면?

오늘날 신자유주의적 천민자본주의로 인해 시나브로 이명박·박근혜 정부 이후 우리나라 정치·사회·학계·언론계가 가볍고 천박한 비즈니스적 농업관을 마치 상식인 양 받아들이고 있지 않은가. 경쟁력이 낮은 산업은 도태되어야 하고 생산성이 낮은 업종은 퇴출

당하는 풍조가 국가의 기초산업인 식량 및 농업 부문에 무차별하게 적용될 때, 농정 주체인 농민생산자의 존재가치는 정치·사회 지도자의 시야에서 사라질 수밖에 없다. 또한 이윤 개념과 생산성, 경쟁력, 효율성만이 판을 치고 있다. 지극히 얄팍한 '영혼 없는 상인 정신'과 허울뿐인 이윤이라는 잣대가 농업·농촌·농민에 몰아쳐 바야흐로 한국 농업은 퇴출 대상 산업으로 전락하고 있다. 이것이 과연 온당한 국정 운영 결과이며, 현재와 미래에 용인될 모습인가?

국가와 민족 형성의 최소한의 기본조건

한국 사회가 산업화·정보화·세계화의 길에 빨리 진입했다지만, '농업의 기본 가치'는 변함이 있을 수 없다. 오히려 그 중요성이 더 커지고 단단해져야 한다. 국민의 생명을 지탱해주는 먹거리와 환경생태계의 소중함은 시공을 초월하여 변함이 없다. 일찍이 서구 유럽 사회에서는 비교역적 고려사항(Non-Trade Concerns)으로서 '농업의 다원적인 공익 기능'을 사회적 기간산업으로 떠받들어 왔다. 또한 지속가능한 친환경 농법과 공동체 상생 원칙은 농민은 물론 소비자 국민에게 변함없이 소중하고 중요하다.

친환경 생명산업으로서 농업은 ① 종(種)의 다양성을 보존하고 환경생태계를 보전하는 효과, ② 경관을 아름답게 살리는 효과, ③ 홍수를 막고 지하수와 맑은 공기를 제공하는 효과, ④ 공동체 전통문화 및 지역사회를 보전하는 사회·문화적 기능, ⑤ 식량안보를 비롯해 식품 안전성에 대한 고려, ⑥ 국토의 균형 발전과 지역

공동체 활성화를 보장해주는 기능 등 헤아릴 수 없이 다양한 공익 기능을 수행하고 있다.

현대 유기농법의 실천을 통해 학문적 이론을 정립한 영국의 알버트 하워드 경(Sir Albert Howard)이 1940년에 저술한 《농업성전(An Agricultural Testament)》은 거대했던 고대 로마제국이 멸망한 이유를 (요즘 말로 하면) 화학농법과 거대자본농업의 실패에 있음을 밝히고 있다. 동서고금을 막론하고 농업·농촌·농민이 쇠락할 때 국정을 제대로 운영하고 국민을 제대로 살게 한 나라가 어디 한 곳이라도 있던가.

로마제국과 영국 농업의 멸망: 로마클럽의 경고

하워드 경은 국가의 가장 중요한 자산은 농민 생산자이며 흙(땅과 대지)이라고 말한다. 농업과 농민의 건전성과 사기가 쇠퇴하도록 방치한다면, 일시적으로 다른 산업 부문에 기대 경제가 부유해질 수 있다 해도 결국 파멸로부터 나라를 구제할 수 없다. 이것이 로마제국 농업 멸망사다. 대토지 소유자와 지배계급의 이익을 위한 농지 사유화가 급속히 진행됐을 뿐만 아니라, 토지 이용 및 지력 유지가 자본가들의 이윤과 생산성 위주로 행해짐에 따라 로마제국은 필연적인 파멸로부터 구제될 수 없었다. 그것이 1972년 로마클럽의 '성장의 한계' 선언문에 경고로 등장했다. 세계 인류는 100년 이내에 안전한 식량 부족, 환경생태계 파괴로 성장에 한계를 맞을 것이라는 경고다.

다른 한편, 제2차 세계대전 이후 전승국 영국의 공장식 산업농업의 생산성과 품질은 1990년대까지 세계 여느 지역 못지않게 높아 유럽 농업과의 경쟁에서 이길 수 있다고 여겨졌다. 하지만 오늘날 공장식 영국 농업은 정부 농정체계의 탈선과 잇따르는 농축산업 대재앙 때문에 지구상에서 사라질지도 모른다는 비참한 가능성에 직면해 있다.

1996~2001년 사이 영국 전역에서는 잇단 구제역과 광우병, 달걀 속 살모넬라균 발생, GMO 범람 등 산업적 농업에 대재앙이 내려 국민의 안전성 히스테리 증상이며 식품 공포가 만연해 2000년 한 해만 해도 2만 2,000여 명의 농부가 이농하고 77명의 농부가 자살한 것을 신호로 농산물 가격이 40%나 폭락해 영국 농업 부가가치는 5년 전에 비해 3분의 1 이하로 급감했다. 농업의 GDP 비중은 0.6%로 농산물 무역수지 적자는 연 300억 달러, 식량자급률은 50%대로 가파르게 추락했다.

《영국농업의 붕괴》는 이 같은 몰락의 원인으로 영국 정부, 구체적으로 농정 당국의 안이한 대응 방식과 농업행정관료들의 경직된 태도, 무능을 꼽았다. 한국에서 농촌진흥청장을 역임한 김영욱 박사는 "한국 농업도 몰락한다면 그 주범은 다름 아닌 농림수산식품부 소속 공직자들"이라고 피를 토하듯 말한다. 그는 후배들에게 한국 농업을 파괴한 주역으로 지탄받지 않기 위해서라도 자신이 번역한 이 책을 읽고 반성과 변화의 계기로 삼을 것을 권하고 있다. 원저자 리처드 노스는 "이제 농업 문제는 90%가 정치고, 10%가 현실 응용 문제"라고 단언한다. 저자와 옮긴이의 고충이 묻어나는 이

대목을 문재인 대통령과 그 정부가 경청해야 할 것이다.

한국 농업도 몰락의 길을 걷는가

이명박·박근혜 정부 들어 구제역 사태, AI 조류독감 등 잇단 위해 사태가 발생할 때마다 농림축산식품부는 왜 존재하는가 하는 의심이 든다는 여론이 나온다. 아무리 대통령과 농정 당국이 창조산업이니, 6차산업이니, 미래성장산업이라고 나팔을 불어대도 생산 주체인 농민들의 가슴에는 와닿지 않는다. 정부 당국의 농정 성과 셀프 선전, 자화자찬도 농민들에게는 거꾸로 들릴 뿐이다.

농업 수출액이 수십 억 달러를 넘었다는데, 신선 농산물 수출은 줄어든 반면, 대부분의 수출 식품은 수입산 원료에 기반을 둔 커피·라면·초코파이·음료 등이다. 한국은 지난 10년 사이에 50여 개 국가와 FTA 협상을 체결했고, 쌀마저 완전히 개방했다. WTO 회원국 중 가장 짧은 기간 안에 가장 많은 국가와 FTA를 타결했음에도 정작 농민 당사자들은 협상 내용이 어떻게 결정됐는지 확인할 길이 없다.

해마다 농림축산식품부 신년 업무 보고는 윗사람만 기쁘게 하려는 현란한 말투성이일 뿐, 농민·소비자를 위한 현장 농정과 민생 농정은 보이지 않는다. 차라리 도나 시군 단위 신년 농정계획이 농민들에게 더 가까이 다가간다. 농정의 기본인 농지 소유 실태는 문란할 대로 문란해져서 헌법이 금하는 소작 행태, 임차농 실태에 관한 통계는 정부의 농업 통계 발표에서 언제부터인가 슬그머니

빠져버렸다. 농지의 투기적 소유 실태를 알 길이 없는 것이다. 우리 고유의 과수 묘목(왜성사과나무, 배나무 등)과 인삼 종자가 중국에 얼마나 수출됐는지, 그 과실이 부메랑처럼 되돌아와 얼마나 큰 타격을 주었는지도 확인할 길이 없다. 중국산 김치가 대한민국 식당과 식탁을 휩쓰는데, 지난 정권 국산 김치는 어째서 한 포기도 수출이 안 됐는지 몇 년째 묵묵부답이다. 100% 외국산 수입 곡물로 사양한 축산은 대기업농의 배만 불릴 뿐, 환경생태계와 영세 농민은 피폐 일로에 놓여 있다.

한국은 식용 GMO 농산물(콩, 옥수수, 카놀라, 면실, 사과, 알팔파 등)을 무지막지하게 수입하면서도 일상적인 식품 어느 한 품목에조차 GMO 함유 표시가 없다. 이제는 어느 부서, 어느 관료가 은밀히 수입을 허용한 것인가. 태백산 유채꽃 축제에서도, 홍성 유채꽃밭에서도 유전자조작 유채(카놀라)꽃이 발견돼 소동이 일어나고, 농촌진흥청은 전국 16곳에서 유전자조작 벼를 시험 재배하고 있다. 주식을 GMO로 재배하는 지구상 첫 번째 나라를 만들려는 것이다. 이뿐만이 아니다. 발암 물질이 함유된 제초제며 각종 농약을 허용하는 것을 넘어 '안전하다'고 말한다. 대체 누구를 위한 정책이란 말인가. 한마디로 농림축산'수입부', '농약 및 화학농업 진흥부', '대기업 농약 비료 기계 산업부' 등으로 부처 이름을 바꿔야 할 만한 행태다. 영국은 소 잃고 외양간 고친다고, 잇단 대재앙으로 인해 농축산업이 병들자 부처 이름을 '환경식품농촌부'로 고쳐 각오를 새롭게 했건만, 이미 농업·농촌·농민이 걷잡을 수 없이 무너지고 있는 한국에서는 이름이라도 고쳐 달아야 할 것이 아닌가.

새 정부의 시급한 농정 과제 다섯 가지

하나, 농정 수반은 농업의 기본가치를 존중하고 사람(농민) 중심의 농정을 펼 수 있는 실천적인 전문가를 영입할 것.

둘, 대선 공약대로 학교 및 공공급식에서 GMO 식품을 퇴출시키고, GMO 완전 표시제를 실시할 것.

셋, 농촌진흥청 GMO개발사업부를 즉각 폐지하고, 농촌진흥청 기구 및 예산을 대폭 재조정할 것.

넷, 농정의 획기적인 지방분권화를 실시할 것. 즉 농림축산식품부와 산하기관의 기능 및 조직을 축소 재정비하고, 그 권한과 예산을 지방정부로 대폭 이양하여 현장 농정, 지방 농정 체제를 강화할 것.

다섯, 농업 기본소득제도 실시 및 여성 농업인, 농촌 청년, 귀농·귀촌인에 대한 배려, 그리하여 국가의 기간산업에 종사하는 농업인이 그들이 기여하고 있는 다원적 공익 기능에 대한 합당한 대우를 받을 수 있도록 할 것.

그것이 현재 선진국들이 취하고 있는 '농지천하지대본'의 국가와 민족 경영의 백년대계다.

| 프레시안 2017년 6월 1일 |

사람이 먼저고
백성이 먼저다

⋮

나즉하고 그윽하게 부르는 소리 있어
나아가 보니, 아, 나아가 보니-
아렴풋이 나는 지난날의 회상(回想)같이
떨리는 뵈지 않는 꽃의 입김만이
그의 향기로운 자랑 앞에 자즈러지노라!
아, 찔림없이 아픈 나의 가슴!

변영로의 '봄비' 중에서

아, 찔림 없이 아픈 가슴들

지난겨울 내내 때론 혹독하고 때론 푸근한 날씨 속에서 대한민국의 풀뿌리 민생들은 참으로 어수선하고 심난한 세월을 보내야 했다. 꽁꽁 얼어 영원히 가망이 없을 것 같던 동토(凍土)에도 어느새 은빛 실 같은 봄비가 내렸다. 복수초꽃을 비롯 매실꽃, 살구꽃, 벚꽃의 개화 소식이 들려온다. 뜰 앞의 개나리와 목련도 피려는지 꽃망울을 틔우기 시작했다.

아, 대자연의 이치는 이렇듯 틀림없이 지켜지는데, 사람 사는 이 세상은 왜 도무지 변할 줄을 모르는가. 많이 가진 자, 크고 높은 자들의 행태를 보면 이게 사람 사는 세상인지, 이게 나라인지 정말이지 헷갈린다. 재임기간 4년 내내 민생은 나 몰라라 해온 대통령, 탈법적인 행동거지, 떳떳하지 못한 부로 호사를 누리는 재벌, 부유층의 비상식적인 횡포와 적폐, 그에 부화뇌동하는 낙하산 줄타기 명수 관료들의 뻔뻔함, 그리고 차마 마주 대하기조차 부끄러운 변호사 양반들!

우리 사회 다른 한편엔, 마냥 쪼아들기만 하는 저소득층, 폐지수집마저 힘들어져 고통받는 노인들, 고용절벽에 가로막혀 직장도, 결혼도, 희망도 포기한 채 길거리를 헤매는 젊은이들, 농사짓는 품목마다 가격이 폭락해 자포자기하는 농업인들, 애지중지 키운 닭과 소, 돼지를 미필적 방역 실패로 수천만 마리나 생매장해야 했던 축산인들, 시도 때도 없이 줄어드는 매출액 감소로 파리만 날리는 중소 상공업들과 재래시장 상인들이 99%다. 한때는 이 나라의 주춧돌이었던 중산층이 시나브로 1% 부유층들의 노예로 전락하고 있다. 이 엄청난 양극화와 부의 불평등 현상 앞에서 목놓아 통곡하는 은빛 실 같은 봄비만이 하염없이 내린다. 아, 찔림없이 아픈 풀뿌리 민생들의 가슴!

사람이 먼저고 백성이 먼저다

일찍이 괴테는 "국민 위에 국가가 있다. 그러나 그 국가 위에는 인간(사람)이 있다"고 갈파한 바 있다. 대한민국 헌법 제1조를 들먹이지 않더라도 사람이 먼저이고 백성이 첫째임을 누가 모르랴. 권력을 쥔 자, 부를 거머쥔 자, 그러려고 지금 사방팔방 뛰어다니는 예비 권력자들, 그와 결탁한 정상배들의 눈에는 민초들이 무엇을 먹고 어떻게 사는지, 그들의 염원이 무엇인지는 아예 보이지 않는다. 아니, 전혀 알려고도 하지 않는 무리들이 우리 사회의 상층 기득권의 주류를 이루고 있다.

일찍이 "백성은 나라의 근본(民惟拜本)이며 먹는 일은 백성들의 하늘(食爲民天)"이라 했거늘, 우리나라에서만 식·주·의(食·住·依)의 순서가 아니라 의·식·주(衣·食·住) 관념이 고착화되어 사람 문제와 먹거리 문제가 소외되고 있다. 식의 근본은 씨앗이며 그것을 자라게 하는 이는 농민이다.

그런데 보라. 토종 씨앗이 천대받아 사라져가고 그 빈자리에 외래 GMO 식품이 판치는 나라가 세계에 또 어디 있는가. 식품의 7할 가까이가 제초제 농약을 잔뜩 바른 외래 곡식이다. 그리고 또 보라. 우리나라만큼 농민생산자가 천대받고 폄훼당하는 나라가 또 어디 있는가. 그 보복, 그 재앙은 장차 우리 민생에 고스란히 돌아올 운명인가. 국회에서는 바야흐로 지금 농민이 가지고 있는 50%의 논밭마저 빼앗아갈 궁리(헌법 121조의 경자유전 원칙 폐지)를 획책하고 있다. 땅 부자 토건업자 기득권 세력의 재산 늘리기와 난개발 촉진이 숨은 의도다. 대저 농사(먹거리)란 하늘이 낳고 땅이 기르며 사람이 자라게 한다 했는데 이제 정치지도자들과 기득권 세력들이 농업을 이 땅에서 축출하고 환경생태계를 짓밟으려 한다.

좀비들이 판치는 세상

최근 우리나라를 온통 뒤흔들며 풀뿌리 민생들을 잠 못 이루게 하는 박근혜·최순실의 국정농단 사태로 인해 국회 청문회와 사법당국에 불려 나온 이들의 언행을 보면서, 그리고 명색이 이 나라의 대통령이라 하는 박근혜의 행태를 보면서 모두들 어안이 벙벙하다. 딱 한마디, "사람이 아니구나"만 나올 뿐이다.

그들이 사람다움을 제대로 갖추었는지 의문스러울 지경이다. 지위가 높을수록, 학력이 화려할수록 이 같은 의문이 더 커진다. 그들은 불리할 때마다 거짓말을 해대고 기억나지 않는다는 변명을 한다. 너무나 가소롭다. 돈과 권력의 유착이 지배하는 신자유주의 천민자본주의가 그동안 우리 사회, 특히 상층부에 너무 많은 좀비들을 배출한 듯하다. 이것이 이명박·박근혜 치하에서는 너무 노골화되고 있다. 심장에서 뜨거운 피를 더 이상 생산해내지 못하는 사람 모양을 갖춘 사람 같지 않은 사람을 흔히 좀비라고 부른다. 영혼이 없고 양심도 없는 좀비들이 판치는 세상이 지금 대한민국의 민낯이다.

일본 대사관 앞 위안부 소녀상 앞에서 철거를 막기 위해 울부짖는 할머니들에게 삿대질하는 어머니연합인지 어버이연합인지 하는 사람들, 일당을 받고 서울역 앞과 서울광장에서 태극기를 휘날리며 탄핵 반대를 외치는 자유총연맹이든가 고엽제 전우회원들이든가 하는 60~70대 노인들이 하는 짓거리들을 지켜보면서 성스러운 삼일절, 태극기를 게양할지 말지를 고민하게 됐다. 전경련 등 부유층 세력과 결탁한 좀비들의 배경에는 언제나 암우한 권력자와 무위무능한 정부, 그리고 천민자본주의 병폐가 작동하고 있다. 이쯤에서 우리는 인간의 조건과 자격에 대해 물어보지 않을 수 없다.

사람다움으로 돌아가자!

어떻게 하는 것이 '사람다운 것'인가, 어떻게 사는 것이 '사람다운 삶인가', 노상 고민했던 문제다. 이 과정에서 맹자의 가르침이 언제나 회자되었다. 사람의 본성에는 네 가지 마음이 있는데 측은지심, 수오지심, 사양지심, 시비지심이 그것이다. 이는 조선조 500년을 관통해온 우리 사회의 중심 사상이며 기본 수신(修身) 철학이었다.

첫째, 남의 불행과 고통을 차마 그대로 보아 넘기지 못하는 마음, 또는 차마 남에게 잔인하게 대하지 못하는 마음(惻隱之心, 측은지심)이 없으면 사람이라 할 수 없다. 둘째, 자기의 잘못을 부끄럽게 여기고 남의 옳지 않음을 미워하는 마음(羞惡之心, 수오지심)이 없으면 사람이라 할 수 없다. 셋째, 양보하고 사양하는 마음(辭

讓之心, 사양지심)이 없으면 사람이라 할 수 없다. 넷째, 옳고 그름을 가려내려는 마음(是非之心, 시비지심)이 없으면 사람이라 할 수 없다. 이들은 차례로 仁(어짐), 義(의로움), 禮(예를 지킴), 智(지혜로움)에 기반한 마음이다. 이 네 가지 마음은 인륜의 기본이며 필수적이라는 것이 맹자의 가르침이었고 조선조 사회의 지배계급 사대부들의 수련 지침이었다.

새삼 인문학이니 인문주의니 마치 새로운 학문이 나타난 듯 떠들어대는 세상이지만, 인문주의의 본질은 일찍이 사단지심에서 가르친 인본주의, 즉 휴머니즘이 아니던가. 휴머니즘은 인간 생명의 존엄성을 존중하는 데서부터 시작된다. 우리 모두 자기가 하는 말과 행동에 영혼이 살아 있고 양심이 살아 있어야 한다. 학문, 정치, 사회, 교육, 문화, 예술 등 모든 분야에서 '사람다움'을 되찾아가야 할 때이다. 사람이 먼저고 백성이 먼저다!

| 한국농정신문 2017년 3월 5일 |

천민자본주의 끝내자

병신년(丙申年)은 가히 난세(亂世)라 불러 부족함이 없는 한 해였다. 그 마지막 날인 12월 31일 광화문 광장에 모인 촛불시위대 말석에 참가해 박근혜 치하의 국정 문란과 최순실 일당의 국정 농단 사태를 규탄하던 중 어마지두에 새해 정유년(丁酉年)을 맞이한 소감은 착잡했다. 박근혜 통치하의 4년을 되돌아볼 때 이미 해마다 나라가 망할 징조가 곳곳에 나타나고 있었다. 2014년 세월호 304명 수장, 2015년 가습기 살균제에 의한 1,000여 명 살상 사건, 2016년 최순실과 문고리 3인방의 국정 농단 사태, 이외에도 2014년 코오롱의 경주 마우나 오션리조트 체육관 붕괴 사고(138명의 사상자)와 장성 효사랑 요양병원 화재 사고(28명의 사상자), 메르스 사태 등 참으로 많은 사람들이 애먼 죽음을 맞았고 수천 수백만 국민의 심장을 쥐어뜯어 엄동설한 심야에도 촛불을 들고 광장을 헤매게 했다.

한비자의 '나라가 망할 때 나타나는 징후'가 지금 이 나라에서

지금으로부터 2,300여 년 전 중국 진시황 치세하의 소국 한(韓)나라의 비(非)라는 법사상가가 제왕학(帝王學)의 정수라 일컬어지는 〈나라가 망하는 징조 47가지(亡徵篇)〉를 황제에게 바쳤다. 당시는 오늘날과 같은 백성이 주인인 민주주의 체제가 아니고 왕이 곧 나라인 군주제 체제라, 곧이곧대로 적용하기 곤란한 대목도 발견된다. 그럼에도 그 원칙, 그 징후는 여전히 유효하다. 동서고금의 정치 지도자 중에 그 이치를 애지중지 학습하고 행여 국정을 망쳐 나라를 망하지 않게 하려고 노심초사한 군왕도 부지기수였다. 훌륭한 구국치세의 대안서로서 그리고 도덕윤리와 양심의 수양서로서 공·맹의 유가적 가르침이나 불가의 대자대비(大慈大悲) 사상, 기독교의 구속(救贖, redemption) 사상은 모두 죄악과 비참함으로부터 인류를 건져내 자비와 사랑을 베푸는 가르침이다.

지면의 제약으로 한비자의 〈나라가 망하는 징조 47가지〉를 일일이 해설할 수는 없으나, 현재 대통령 치하의 사태는 그 전임인 이명박 정부의 국정 문란 사태와 겹쳐 나라가 온통 망할 징조로 꽉 차 있는 듯하다. 지금의 이 나라는 다행스럽게도 헌정(憲政)체제의 5년 단임제라, 대통령과 그 지도부 및 부화세력의 탐욕과 무위·무능·무원칙 그리고 비리와 부정부패가 있을 때 선거로서 책임을 물을 수 있어 민주주의 원칙이 무너지지 않고 있다. 그리고 나라의 진짜 주인인 풀뿌리 국민들이 깨어 있어 희망을 가지고 바라볼 수 있다.

다른 한편, 자신들의 기득권과 탐욕을 박근혜 정권의 운명과 동일시하는 '박사모'들과 나라가 망하고도 호의호식할 수 있다고 믿는 자들이 여기저기 산재한다는 사실은 그야말로 나라의 비극이다. 하기야 국치(國恥) 35년 동안 부귀영화를 누렸던 친일 매국노들처럼 나라가 망하든 말든 자기들 가족과 친지들만 잘 먹고 잘살면 그게 태평성대요 행복이라 여기는 족속들이 있었으니 한때는 '민족소멸론(萬世一家大和族)'이 횡행하기도 했잖은가. 그러나 다행스럽게도 이명박·박근혜 정부 8년간 한비자가 말한 망징들이 고스란히 드러난 시대임에도 지금 우리나라 국민들은 깨어 있다.

'이명박근혜' 정부의 망징

일찍이 공자께서 나라가 제대로 설 수 있는 근본 기둥으로 믿음(신뢰), 식량, 군대 세 가지를 들면서, 그중에 으뜸은 백성의 믿음이요, 그다음이 식량주권과 군대라고 순서를 매겼다. 무역자유화가 된 현 시점이지만 그 옳고 그름을 다시 한 번 겸손하게 물어보자.

첫째, 박근혜 씨가 '순수하게' 미르재단과 K스포츠재단을 나라가 번성하는 방도라고 믿고 재벌들에게 수백억 원을 거둬들였다고 말했을 때 '그렇고 말고요'라고 동의할 사람이 몇 명이나 될까. 장차관 임명과 대일·대북 외교문서에 최순실 씨의 가필 충고를 '순수하게' 받아들여 위안부 범죄 문제를 눈감아주고, 개성공단을 폐

쇄하고, 우병우·김종 일당을 임명했을까? 박근혜 씨의 순수성을 그대로 믿을 사람들이 몇이나 될까.

둘째, 우리나라에 식량주권이 지금 존재하는가. OECD 국가 중 식량자급률이 최하위(23.6%)이며 GMO 식품과 가공품 수입은 1위인 나라, 1인당 GMO 식품 소비량이 미국 다음으로 높은 나라, 유방암, 자폐증, 치매, 불임증 유병률이 두 번째로 높은 국가, 식품 완전 표시제를 정부가 앞장서 가로막는 국가가 다름 아닌 대한민국이 아니던가. 아직 나라가 망하지 않는 이유는 그나마 깨어 있는 국민들 덕분이다.

셋째, 눈만 떴다 하면 들리는 천문학적인 방산비리 사건, 군대사고, GMO 식품 일등 소비의 국군과 어린이 단체급식, 세월호가 가라앉는 동안에도 침묵을 지키고 있었던 해군 구조함 통영호, 대통령 선거에 동원된 군인들의 댓글, 이 모든 사실을 박근혜 정권은 없었던 일로 치부한다.

공자는 그 제자 자공에게 "백성들이 믿지 않으면 그 나라는 설 수 없다(民無信不位)"라고 했는데, 지금 우리나라를 보면 그 말만 되풀이할 것 같다. 더욱이 4대강의 녹조라떼와 이끼벌레가 녹색혁명이라고 우기는 전직 대통령 앞에선 차마 할 말을 잃을지 모른다.

천민자본주의를 끝내야

"피눈물이 난다는 말이 무슨 뜻인지 (이제야) 알겠다"라는 박근혜 씨에게 들려줄 충고가 하나 있다. 아무리 자기 아버지 박정희가 그립다고 해도 주변에 죽을 날이 살아갈 날보다 길지 않은 노욕(老慾)의 칠순, 팔순들의 득세가 너무 심하다. 그동안 쌓아온 재능과 재산을 사회에 환원하면서 살아가기에도 남은 인생이 바쁜데, 이들이 이래저래 사적 부역에 동원되어 노년을 먹칠해야 하는가? 그 잘못이 우리 사회 민생들을 더욱 고달프게 하고 병들게 했다면 그 폐해는 누가 갚아야 하는가? 고스란히 민생의 몫으로 돌아올 뿐이다. 그들의 '박근혜 찬양'이 드높은 곳에 백성들의 원성이 높아가고, 그들의 자축 파티장 촛대가 휘황찬란하게 타오르는 곳에 백성들의 피눈물이 고스란히 흘러내린다. 박근혜 씨는 피눈물을 운운할 자격이 없다.

한마디로, 박정희 시절부터 수출 주도의 고속성장체제로 산업화 정책을 몰아붙이며 삼성 등 재벌 우선주의, 매판자본들의 성장 제일주의, 민주주의 대신 대기업 천민자본주의를 앞세워왔던 과정에서 '돈이 최고'라는 물질만능주의가 우리 사회 곳곳에 뿌리내렸고 그것이 지금 서민들의 피눈물 나는 삶이 되었다. 정치가와 대자본이 유착하는 곳에서 돈에 눈먼 과학자들은 도덕과 양심을 내팽개치고, 교수와 학자들은 영혼을 팔았다. 종교집단도 십자가 위에 세종대왕 표와 신사임당 표를 덩달아 붙였다. 예수, 부처, 공자는 언제나 세종대왕 표나 신사임당 표의 뒷자리로 물러나야 했다.

이른바 천민자본주의가 60여 년 넘게 이 사회 전반의 의식을 지배하게 된 것이다. 민생은 부익부 빈익빈의 피눈물 쏟는 구도 속에 매몰되고, 환경생태계는 파괴되었으며, 종 다양성은 사라진 침묵의 봄(Silent Spring)이 찾아왔다. 천민자본주의가 '끝'나지 않으면 기업도, 국가도, 대통령과 정치꾼들도 '쫑(終)'이 나는 세상에 살게 된 것이다.

이제 거시 아닌 미시적 접근이 필요한 시대

미국 오바마 대통령은 백악관에 있을 때 가족의 식사 비용과 생활비를 자신의 월급에서 지급하는 원칙을 고수했다. 캐나다의 젊은 총리 트뤼도는 지난 한 해 자기 연봉 34만 캐나다달러 중에서 세 자녀 양육비(2명의 고용보모에게 지급)와 가족 생활비, 아홉 차례 휴가 시 전용비행기 사용비, 심지어 인터넷과 케이블 이용비까지도 국고에 반납했다. 도합, 연봉의 10퍼센트 이상을 반납한 것이다. 이는 일찍이 EU, 스위스 등 선진국의 공직자들이 불문율로 행하고 있는 관행이다. 잘 보이지 않는 작은 일부터 솔선해 챙기는 것이 민생·민권·민주주의의 시작이다.

우리나라에서 작지만 그냥 스쳐 지나칠 수 없는 미시적인 민생 문제를 몇 가지만 풀어보자. 예컨대, 박근혜 대통령이 청와대 관저에서 키우는 대여섯 마리의 진돗개 사육비는 누가 부담하는가? 사적인 식사비는 어디서 지출되고 있는가? 국민을 "개, 돼지"라고 부르는 장차관과 고위 관료들의 골프 요금, 점심식사 등 사적인 경비 지출은 누가 부담하는가? 대부분 국민의 혈세로 지출되고 있지 않은가? 범위를 확대해 대기업체 임원들의 각종 사적인 경비 지출은 어디서 감당하는가? 묻지 마라 갑자생이다. 정치인과 기업인의 공적 업무와 사적 업무를 구분하기 어렵다고 변명하려 들지 마라. 문제는 통치자들의 철학이요 양심이지, 미시적인 구분이 아니다.

마찬가지로 국민의 안전한 먹을거리와 그 뒷바라지가 중요한가, 아니면 기업들의 이윤과 수출입 문제가 중요한가? 기업체의 전기료를 낮춰주기 위해 일반 가정의 전기료를 올리는 정책이 민생보다 더 중요하단 말인가. 이를 일컬어 현대적 경영방법이라고 합리화하는 것이 국가란 말인가. 박정희식 수출 주도의 산업화 정책이 이명박·박근혜 정부로 전이되어 가족농 주도의 우리나라 농어업을 황폐화한 오늘날의 천민자본주의야말로 단두대에 올려야 할 암적인 존재가 아닌가. 우리 주변에 산적해 있는 갈등은 이처럼 매크로적이나, 이제 좀 눈높이를 낮춰 미시적 민생 위주의 구조로 전환할 진정한 사회개혁운동이 전국적으로 시작돼야 한다.

국민이 살아야 궁극적으로 나라가 살고 정부와 대기업도 살 것이 아닌가? 노동자, 농민, 서민, 자영업자들이 대기업과 함께 두루 잘 살 수 있는 세상을 만드는 과정이 진정한 보수개혁의 종착지가 아니던가. 그러기 위해서는 배려와 나눔과 협동의 문화, 대자연을 품은 따뜻한 사회공동체 세상이 실현되어 가능하다. 그것은 미시적으로 접근할 때 이를 수 있는 길이다.

| 프레시안 2017년 1월 1일 |

농지 제도의 문란과 국가의 몰락

“국가는 농지에 관해 경자유전(耕者有田)의 원칙이 달성될 수 있도록 노력해야 하며, 농지의 소작 제도(小作制度)는 금지된다.”

대한민국 헌법 제121조 1항에 나와 있는 명문이다. 2항은 “농업생산성의 제고(提高)와 농지의 합리적인 이용을 위하거나 ‘불가피한 사정’으로 발생하는 농지의 임대차와 위탁경영은 ‘법률이 정하는 바’에 의해 인정된다”고 부연하고 있다. 경자유전 원칙에 의한 소작제 금지는 1948년 제헌헌법 이후, 아니 고금의 역사에 면면히 이어져온 국가정신이었다.

그렇다면, 현재 위 헌법조항은 지켜지고 있는가? 광복 후 1949년 6월 농지 개혁법이 제정, 공포됐을 때의 소작 농지 면적은 전체 농지 면적의 32.4%였다. 1947년 말의 소작 농지 면적은 전국 농지의 60.4%에 달했으나 2년 사이 지주들의 농간 등 인위적인 공작 끝에 급격히 줄어든 것이다.

그로부터 66년이 지난 2015년 현재의 임차 농지(실질적으로 소작 농지) 비율은 전체 농지의 50.9%다. 전체 농가 중 임차 농가(=소작농)의 비중도 59.6%에 달한다. 1949년 농지 개혁법 제정 당시의 32.4%와 비교할 때 지금의 소작 농지 비율은 그때보다 훨씬 높다.

대한민국 정부 수립 직후 전국적인 농지 개혁 논의를 불러일으켰던 1947년 말 수준에 가까이 다가서고 있다. 서울 등 대도시 근교 지역의 농지는 이미 수년 전에 80~90%가량이 도시 거주 비농민 지주에 의해 투기 목적으로 점유되었는데, 지금은 90%를 상회할지도 모른다.

소작 문제는 현재까지 허울뿐인 임차농이라는 이름하에 사회적으로 크게 대두되지 않았지만 실제 농사 현장에서는 크고 작은 시비가 끊이지 않고 있다. 이들 임차농(소작농)은 실질적으로는 치외법권 지역에 내팽개쳐져 있다. 1986년에 「농지 임대차 관리법」을 제정했으나 현실성 없는 내용과 집행 의지의 부족으로 소작 금지 원칙은 흐지부지되다가, 1994년에 새로 제정된 「농지법」에 흡수되었다.

「농지법」은 엄연히 "농지는 자기의 농업 경영에 이용하거나 이용할 자가 아니면 소유하지 못한다"라고 규정하고 있다. 그러나 2016년 7월 영농 의지가 전혀 없는 청와대 우병우 민정수석 가족의 불법적인 농지 소유 사건이 불거진 것처럼, 현재 우리나라 고위 관료 및 부유층 사회에서는 법을 어기는 일이 비일비재할뿐더러, 세월이 지남에 따라 법 내용이 투기자 이익 보호 쪽으로 자꾸 개정되어 고위 관료 및 부유층의 탐욕을 마음껏 허용하는 방향으로 완화됐다. 합리적인 임차 농업인(소작인)의 권익 보호와 최소한의 중장기 영농 계획을 보장하는 근현대적 임대차 보호는 요원하기만 하다.

경자유전 원칙에 관해 대한민국 헌법은 '껍데기만 남은 쭉정이'고 「농지법」은 있으나 마나 한 '속 빈 강정'이 된 지 오래다. 최근의 친환경 농업에 대한 범국민적인 관심과 열기로 도시 젊은 층의 귀농·귀촌 행렬이 크게 늘어나고 있지만, 임대차든 소작이든 하등의 법적 보호를 받지 못하고 있다. 그 사이 농지 가격만 뛰어올라 부도덕한 부재지주들의 배만 불리고 있다. 소작 농민들에게 물어보라. 서면으로 3년 이상 임차 농업을 보장받고 있는 이가 몇이나 되느냐고.

동서고금의 국가(정권) 흥망사를 보면 한 가지 공통점이 있다. 토지 제도의 문란이다. 권력과 부를 가진 1%의 사회 지배 세력층에 의한 토지 침탈과 농지 겸병으로 99%의 빈곤층을 양산하는 사회 양극화를 초래했다. 마침내 많이 가진 자와 못 가진 자 간의 갈등과 대립으로 사회 혼란과 민란이 일어나 나라가 패망의 길로 치달았다. 중국의 5,000년 왕조들의 역사가 그러했고, 가까이는 우리나라 역대 왕조들, 고려·조선 왕조도 그래서 몰락했다. 일제의 토지 수탈 지주 과보호도 패망했다.

조선 시대 실학자들은 "삼정이 문란하면 그 나라(정권)는 망한다"고 했다. 농지 제도(농정), 군사 제도(군정), 환곡(還穀) 제도, 그 중에서도 만고에 불변한 재산으로서의 땅을 무한정 많이 소유하려는 탐욕으로 멸망을 자초했다.

재계와 정부 관료, 정치권, 언론계, 종교계, 학계, 일반 사회에 걸쳐 웬 놈의 땅 욕심이 그렇게 공고하게 뿌리박혀 있는지, 농림직은 그들의 유혹과 위협으로부터 편할 날이 없다. 그중 단골 요구는 용도 변경을 허하라, 소유 규모 상한제를 폐하고 임대차(소작)를 자유화하라 등으로 공적, 사적 유혹과 압력이 끊이지 않는다.

설상가상으로 우리나라에는 규제개혁위원회라는 초법적인 정부 조직이 있어 해당 부서의 의견에 구애받지 않고 규제를 완화한답시고 토지, 환경, 식품 정책을 마구 휘저어놓는다. 그들의 뒤에는 '규제는 쳐부숴야 할 암 덩어리'라고 생뚱한 주장을 덮어놓고 아무데나 들이대는 대통령도 있다. 그리고 언제나 언론을 등에 업은 자본 권력이 도사리고 있다.

대한민국 정부 수립 이후, 특히 재벌 기업의 탄생기인 박정희 시대부터 재벌들이 땅 투기로 망외의 돈을 크게 벌어들여 성장했음은 잘 알려진 사실이다. 예컨대, 공장 용지를 필요의 몇 십 배 이상을 구입하고 주변 농지마저 부하 직원들과 나눠 사들인 다음, 정부가 인프라를 갖춰주면 가격을 수백 배 부풀려 되파는 수법이 성행했다. 그래서 시중에는 "재벌 기업은 땅을 좋아한다. 농지를 사랑한다. 특히 값싼 절대 농지를 아주 좋아한다"는 농담 반 진담 반의 우스갯소리가 회자됐다. 현대가 그러했고 삼성, LG, SK도 예외가 아니었다. 지금도 마찬가지다.

재벌 육성에 적극적이었던 박정희 전 대통령도 이들 재벌 기업의 땅 투기가 도를 넘고 일부 권력층과 사회 엘리트 계층, 나아가서는 일반 부유층과 복부인 등 어중이떠중이마저 땅 사재기와 땅 투기에 뛰어드는 사회적 병리 현상에 적잖이 당황했던 것 같다. 특히 민정 시찰을 자주 하던 박 전 대통령은 농촌 현장에서 농지를 빼앗기다시피 몰락한 소작농들이 급격히 늘어나는 참상을 목격하고 더 이상 방치할 수 없다고 결심한 것 같다.

갑자기 청와대 경제수석실(수석 정소영 박사, 농림건설비서관 윤근환 박사)에서 연락이 왔다. 미국에서 농업자원경제학 박사학위를 받고 귀국해 지방 국립대학교 교수직에 재직하던 나를 비롯, 건설부 국토계획국장, 농촌경제연구원의 토지 문제 전문가 김모 박사, 세 사람이 긴급 소환됐다. 비서관은 대통령의 친필 메모를 보여주며 우리나라 토지 제도와 정책을 전면적으로 개혁할 청사진을 만들라고 주문했다. 사회주의 국가 포함, 세계적인 토지 제도를 모두 섭렵하고 정부 관련 부서와 한국은행의 기존 자료들을 죄다 뒤져서라도 획기적인 토지 정책을 만들어내라는 명령이었다. 청와대 사정 담당관실 옆방에 작업 공간을 마련해 주야장천 비밀리에 토지 개혁 방안을 강구했다.

그렇게 하여 탄생한 것이 서구 사회, 특히 유럽식 사회민주주의 국가들에 오래전부터 보편화된 '토지 공개념'과 조준, 정도전, 정약용 등 조선 시대 학자들이 주창한 토지의 공적 사상에 기반을 둔 '경자유전'과 '용자유전(用者有田)'의 토지 정책 개혁안이었다. 토지의 소유 자격과 규모, 사용 목적과 의무사항을 명문화해 토지 투기와 그로 인한 불로소득은 원천적으로 봉쇄하는 제도다.

토지 공개념 도입에 따른 구체적인 정책은 그다음 해에 시행하기로 하고, 우선 토지 공개념에 입각한 토지 제도 개혁 조치를 단행하겠다는 정부 의지부터 건설부 장관 명의로 먼저 밝혔다. 그러나 그해(1979년) 말 박정희 전 대통령의 갑작스러운 서거로 획기적인 토지 제도 개혁과 제2의 농지 개혁 조치는 한여름밤의 꿈으로 끝났다.

지금 박근혜 정부의 농림축산식품부는 전국의 농지 소유 운용 실태와 위장 임대차 농업, 즉 소작농 상황을 제대로 파악하고 있는지조차 의심스럽다. 대도시 근교의 농경지와 산림은 대부분 이미 농민의 손을 떠나 투기 목적으로 소유·운용되고 있는 상황에 대한 인식 여부도 의심스럽다.

농림부는 재벌 기업에게 더 많은 땅을 퍼주려고 안달복달하지 않는가. 시화호 간척지를 D그룹에 특혜 분양해 대단위 토마토 온실 농사를 짓게 하려다가 농민들의 반대로 주저앉더니, 다시 LG그룹에게 새만금 땅 수십만 평을 특혜로 내주려 한다. 아니나 다를까, 삼성도, 카카오그룹도, 몬산토 등 다국적 GMO 기업도 너도나도 새만금 간척지 확보에 혈안이다.

이제 우리나라 곡창 지대인 전라북도는 농촌진흥청의 유전자조작 쌀 시험 재배에 이어 토마토, 파프리카 등까지, 다국적 기업과 재벌 기업의 주 활동 무대로 탈바꿈할 전망인가. 일단 화려한 계획으로 농림 당국을 현혹시켜 간척 개발 농지를 사들이기만 하면 나중에 정부가 수도·전기·도로 등 인프라를 갖추어주니 재벌 기업은 야금야금 땅 장사할 날을 손꼽아 기다리면 된다. 아버지 박통 때도 그러했지 않나.

진정 박근혜 대통령이 박정희 대통령의 정신을 이어받으려면 그의 치적 하나인 농업, 농촌, 농민 살리기와 토지 공개념 실현에 전력투구해야 할 것이다. 토지 투기를 발본색원해 그로 인한 불로소득을 사회에 환원해야 함은 물론이다. 그러나 박근혜 대통령은 농지 및 토지 제도 개혁 따위는 생각조차 하지 않는 듯하다. 임기는 이제 1년 반밖에 남지 않았는데 해놓은 일이라곤 뭐 하나 내세울 것 없는데도 말이다.

이제 남은 임기 동안이라도 그 아버지가 못다 이룬 꿈, '제2의 농지 개혁'에 매진하길 간곡히 바라마지 않는다. 부디 '토지 공개념'이라도 이 땅 위에 우뚝 세운 대통령이 되시라.

| 한국농정신문 2016년 8월 8일 |

코퍼라토크라시 시대,
민초의 삶

⋮

"내 애인을 가로챈 사람은 용서할 수 있다. 내 아버지를 죽음으로 몰고 간 사람도 용서할 수 있다. 그러나, 그러나 내 재산, 내 소득(돈)을 축내거나 빼앗아간 놈들은 결코 용서할 수 없다!" 이 말은 르네상스 시대 〈군주론(The Prince)〉을 써서 사후 500여 년이 지난 지금까지도 세상을 다스리는 뭇 정치지도자들에게 회자돼온 이탈리아 피렌체 출신의 외교관 니콜로 마키아벨리(1469~1527)의 말이다.

이는 지난 8년 동안 이명박·박근혜 정권하에서 쌀값 등 각종 농축산물 가격의 연쇄추락으로 농업소득이 쪼그라질 대로 쪼그라진 오늘을 사는 대한민국의 농업인들이 매일같이 느끼는 심정일 것 같다. 그래서 농민들에게도 지옥 같은 세상이라고 '헬조선'이라는 신조어까지 생겨났는지 모른다. 몇 년 전까지만 해도 쌀 한 가마(80kg)를 판 값으로 짜장면 60여 그릇을 주문할 수 있었는데, 2015년 현재 들녘의 농민들은 36그릇밖에 사 먹을 수 없었다. 쌀 1kg 판 돈으로 껌 1통, 개 사료 0.25kg밖에 사지 못한다. 이래저래 농심은 가히 '터지기 일보 직전'인 것이다.

보즈워스 주한 미국대사의 추억

1997년에서 2001년까지 주한 미국대사를 역임한 스티븐 보즈워스 대사가 지난 2016년 1월 3일 미국서 타계했다 한다. IMF 환란으로 온 나라가 고통받고 있을 때 보즈워스 대사가 미국 무역대표부(USTR) 피셔 부대표를 대동해 농림부 장관실을 찾은 것이 엊그제 같은데 벌써 그리됐다. 당시 현안이었던 미국산 수입 쇠고기의 판매 자유화(농림부는 미국산 쇠고기를 한우 판매대와 별도로 두어 팔도록 조치했다)와 미국산 수입곡물의 GMO 표시 의무화(비의도적 혼입 허용치 3%) 등 껄끄러운 통상 문제를 담판하러 미국에서 날아온 것이다.

나는 왜 그런 조치들을 취할 수밖에 없는가에 대해 그 타당성을 설명하고 IMF 치하의 우리나라 농업과 축산 농민의 어려운 사정을 부연했다. 도저히 안 되겠다 싶었던지 피셔 부대표는 누런 갈피의 파일을 열더니 나를 향해 "당신이 《미국 통상정책의 기만성》이라는 책을 써서 출판한 사람인가?"라고 심문조로 힐난했다. 마침 접견실에 있던 내 책장을 뒤져 그 책을 찾아냈다. "미국의 저명한 저널리스트 제임스 보바드(James Bovard) 씨가 쓴 책(*The Fair Trade Fraud*)의 한국어 번역판을 두고 하는 말인가? 교수시절 정식으로 미국 저자와 출판사의 허락을 받고 번역 출간한 것이 무슨 잘못인가?"라고 되물었다. 아주 조용히, 그러나 지극히 낮은 목소리로 점잖게 되물은 것이다.

부대표는 낯빛이 변한 채 벌떡 일어서더니 그 누런 갈피의 파일을 보즈워스 대사 면전의 책상 앞으로 휙 던지며 "대사 당신, 파일(기록)을 제대로 만드세요!"라며 고함을 내질렀다. 그리고 나에겐 미안하다는 말 한마디 없이 그 자리를 떠나버렸다. 다음 날 미국 대사로부터 정중한 점심 초대를 받고 미 대사관저에서 공식적인 사과의 말을 받아들인 내 심정은 실로 씁쓸하기 그지없었다. 약소국의 비애, 바로 그것이었기 때문이다. 그 사건으로 인해 부대표의 시정 요구는 깨끗이 물 건너갔다. 최소한 내 재임기간 동안은.

이 사건에서 나는 큰 정책적 교훈을 얻었다. 명색이 선진국의 공직자라면, 농림직이든 통상직이든, 자국의 이익, 구체적으로 축산 농민의 이익, 농업 문제라면 자국 농민의 관료구나 하는 사실이었다. 역설적으로 자국 농어민의 이익은 뒷전으로 미루고, 높은 분 심기나 큰 나라 사람들의 비위나 맞추려는 태도는 후진국 관료의 사대 모습이었다. 우리 모두는 알게 모르게 코퍼라토크라시의 노예로 전락했구나 하는 심정이 복받쳐 잠을 이루지 못했다.

델파이 기법으로 살펴본 10년 후 민초의 삶

연초 어느 날 TV에서 박근혜 대통령이 "10년 뒤 우리는 무엇으로 먹고 사느냐"고 한탄하는 말을 듣고, 처음에는 '아, 마침내 우리 대통령께서도 해마다 낮아지고 있는 식량자급률과 홍수처럼 밀려 들어오는 GMO며 농약 묻은 농산물을 걱정하며 밥상의 안전 문제를 염려하는구나' 하고 반가워했다. 나중에야 그 뜻을 잘못 해석했음을 깨달았지만.

사실인즉 국내엔 제대로 보도되지 않지만, 프란치스코 교황과 세계보건기구가 인체와 환경생태계에 유해함을 경고한 GMO 식품의 범람과 제초제(글리포세이트), 살충제 등 농약의 피해 상황 등은 한국에서 특히 심각하다. 이미 국민 건강과 생명전선에 적신호가 켜진 지 오래다. 최근 수년 사이 증가한 난임·불임 부부, 자폐증, 비만 어린이, 유방암 환자, 파킨슨병 및 치매 환자들 대부분은 그 직접적인 원인이 밝혀지지 않은 채 먹는 음식에 기인한 병, 즉 식원병(食源病)이 아닌가 의심하며 두려워한다.

세계 52개국과 FTA를 맺어 최대 FTA 체결국이 된 우리나라 농업계의 현실과 미래, 농업·농촌·농민의 안위는 물론, 국민소비자들의 건강 생명은 풍전등화다. 게다가 국내 수요 76%의 곡물을 비롯한 농축산물 수입이 봇물을 이루는 가운데, 정부 일각에서는 공공연히 주식인 쌀마저 GMO로 만들려는 악마의 손길을 뻗치고 있다. 가뜩이나 줄어드는 농산물 생산기지인 농토를 그중에서도 절대농지 농업진흥지역의 10%, 즉 10만 헥타르를 기획재정부 장관이 태연히 곧 해제해 다른 용도로 쓰겠다고 발표하는가 하면, 농약계의 여망을 받아들여 농림부가 앞장서 제초제, 살충제, 맹독성 농약과 GMO 농산물마저 세척만 잘하면 우수농산물이라며 GAP(Good Agricultural Practices)를 오역하고 있다. 중국과 일본에서는 '양호한 농업기술'이라고 번역하는 것을 대한민국 농림부에서만 '우수농산물관리'라고 번역하고 있으니 대기업, 다국적 기업, 거대식품기업, 화학회사들만 살판났다.

이런 것을 가리켜 미래성장산업, 6차산업이라고 큰소리로 홍보한다. 대기업들의 잔치만 벌어지는 것이 대한민국 농정의 현주소다. 따지고 보면, 오늘날 농업이 국내총생산(GDP)에서 차지하는 비중은 그동안 내외공략으로 쪼그러들어, 삼성전자 한 개 회사가 차지하는 비중 3.1%보다도 훨씬 낮은 2.1%(2013년)에 불과하다. 이제 농업은 돈 많고 배부른 높으신 분들, 정치가들, 대기업가들, 언론의 눈에는 있으나 마나 한 존재가 된 지 오래다.

10년 후 우리 밥상의 모습은 어떻게 변해 있을까. 델파이 기법으로 지금과 같은 추세를 예측해본다. 미래성장산업이라고 드높이 소리 내며 생명의 농업이 아닌 대기업 자본주의 농정이 연달아 헛발질하는 사이 식량자급률은 17~18% 수준으로 떨어지고 그 9할 이상이 수입 또는 국산 GMO, 아니면 농약 범벅으로 키운 농산물이어서 학교 급식과 소비자 밥상이 위태로워진다. 농가 수는 90만 호가 될까 말까, 농가 인구는 170만 명이나 붙어 있을까, 전국의 농경지는 140만 헥타르나 남아 있을지마저 의문이다. 농민들은 사라질 존재로 분류될지, "갑오세(甲午歲) 가보세, 을미적(乙未的) 을미적, 병신(丙申)되면 못 가리." 동학 농민들이 부르던 노랫말 신세가 되고 있다.

| 프레시안 2015년 12월 2일 |

4.13 총선, 진박-친박-좀비들의 이상한 선거

대한민국 제20대 국회의원 총선거가 4월 13일로 다가왔다. 하지만, 전국의 농어민 유권자들의 표정은 어둡다.

농어촌 지역 선거구가 네 자리 줄면서 공룡 선거구(홍천, 철원, 화천, 양구, 인제)가 탄생했다. 국회의원 50명을 뽑는 서울보다 10배나 넓지만, 해당 지역을 대표하는 국회의원은 단 1명이다. 이상한 지역구 조정 결과 때문만은 아닌 것 같다.

또 여야 정당들이 공식으로 추천한 비례대표 의원 후보 가운데 농어민 대표가 당선 가능권에 배치된 정당은 더불어민주당 한 곳뿐이다. 눈을 씻고 봐도 새누리당 비례대표 후보 45명 중 농민 대표는 단 1명도 포함되어 있지 않다.

이번 총선 공천 후보와 비례대표 후보 중에 실생활 면에서나 학문적으로 농정(農政)에 전문성을 갖춘 농어민의 진정한 대변자가 보이지 않는다. 그리고 각 당이 발표한 '10대 정책' 가운데, 새누리당과 더불어민주당의 경우 '농정' 관련 정책이 빠져 있다가 뒤늦게 하위직 당직자들이 나서 3월 21일과 17일 '농정 공약'이라며 형식적으로 발표했는데, 그 내용이 터무니없이 빈약하다.

일부는 실행되지 않았던 대선 때 공약을 그대로 베끼거나 농어민들의 숙원과는 거리가 먼 구체성이 결여된 공약이다. 현재 이 시대 '이명박근혜' 정권을 살면서 우리나라 농업·농촌·농민 등 3농 부문이 무분별한 FTA 체결로 몰락하고 있는 비참한 현실하고는 동떨어진 쭉정이 공약뿐이다.

여당의 공천 결과를 보면, '진박'(진실한 박근혜 사람)과 '친박'(박근혜와 친한 사람)만 남고, '비박·짤박·탈박'과 농어민 대표는 가라는 것이다. '당신들만의 천국'을 만들면, 과연 국민은 행복할 것인가!

이런 농업 소외, 농정 외면, 농어민 경멸 현상이 왜 공공연히 그리고 태연히 벌어질까. 나라를 경영하는 최고위 지도자들의 초고도 근시와 난시성 리더십이 제일 먼저 떠오른다. 그들은 농업·농촌·농민의 존재가 지속 가능한 나라와 민족의 유지·발전에 필요불가결한 요건임을 애당초 깨닫지 못한 채 '영원할 것'이라는 착각으로 권력만 틀어쥐고 있다.

백남기 씨가 박근혜 대통령의 대선 공약이었던 '쌀 한 가마당 21만 원 인상'을 지키라고 요구하다 경찰의 물대포를 맞고 사경을 헤매고 있지만, 정부 관료 중 누구도 그를 위로하지 않고 있다. 측은지심이라고는 전혀 없는 정부 아닌가. 농민을 'IS 테러리스트'로 단정하지 않은 것만도 감지덕지하다.

정부나 농협 등 농업 관련 기관들의 지원을 받는 각종 농어민 단체와 농업계 학자들 모두 대기업이나 국가 권력의 하청 하부 조직이다 보니, 떡고물이나 더 얻어먹으려고 입을 다물 수밖에 없다. 행여 국회의원 비례대표 후보에 발탁될까, 농업 관련 공공 기관의 사외이사 자리나 꿰찰까 로비하며 전화를 기다린다. 이미 정치권이나 권력자 입장에서는 그들이 있으나마나 한 존재라는 사실을 그들만 모른다. 그렇다 보니, 농어민 지도자와 학자들은 정부가 농민의 바람과 희망에 역행하는 조치를 펴도 감히 덤비지 못한다. 그나마 얻어먹던 떡고물마저 끊길지 모르기 때문이다.

지금 우리나라에는 자칭 정부 권력 및 대자본의 장학생인 학자와 농업 단체가 부지기수다. 정부 기관에서 보조금 또는 용역으로 조직을 꾸려나가는 단체에 무슨 대안이 있겠는가. 농어업인의 고충이 해소될 것이라는 기대조차 하지 못한다. 지금 농어민의 대표 조직인 이들이지만, 돈이나 권력으로 찍어누르면 찍소리 한번 내지 못한다는 것을 그들은 안다. 오늘날 정치권에 의한 농정 기피 및 폄훼는 이렇듯 자업자득의 성격이 짙다.

우리나라 선거판에 공자의 《논어》 '위정' 편의 가르침[人生七十而 從心所慾 不踰矩: 인생이 칠십에 이르면 마음이 욕망하는 바를 따라도 세상의 법도를 거스르지 않는다]을 정면으로 뒤엎는 기이한 정치 현상이 나타나기 시작했다. 인생 칠십이면 세상을 살 만큼 살아온, 그리하여 세상에 자기의 '재능과 재산'을 환원하면서 탐욕을 버리고 세상을 밝게 하는 데 성심성의를 다해야 할 사람들인데, 선거 때가 되니 꾸역꾸역 기어 나와 세상을 어지럽히고 있다. 마치 '좀비'로 되살아나 세상을 어지럽히는 꼴불견을, 최근 여야 핵심 간부와 선거 참모들이 한 편의 재연 드라마로 보여주고 있다. 좀비들에 의한 공천 파동 또는 선거 캠페인 행태가 그러하다. 그들의 전성기에 각인된 관상(觀象)이 일흔 살을 훌쩍 넘긴 지금, '강시(좀비)'로 비치는 것은 불초만의 착각일까? 노욕(老慾)이 탐욕(貪慾)이 된 그들의 일거수일투족과 언행이 상궤에서 벗어나 상식을 흩트리고 있기 때문이다.

이들에게 생명과 생태, 5000만 국민의 생존권은 안중에 없다. 이들이 현행 선거판을 좌지우지하는 한 나라의 안녕과 평화, 그리고 국민의 행복은 발붙일 틈이 없다.

이제까지 정경유착의 대기업 자본주의 정책은 민족공동체의 안정과 민생·민주·민권의 신장을 도모할 수 없다. 세계 신자유주의 체제 곳곳에서 확연하게 파열음을 내고 있다.

생명과 생태의 기본 가치와 평등과 공평성, 지속가능성을 보듬지 못하는 '코퍼라토크라시' 일변도의 정치와 정책은 결국 불평등과 양극화, 약자의 파멸만을 부른다. 가격, 경쟁력 그리고 이윤의 크기로만 표현되는 이윤 극대화 행위와 불공정한 경쟁은 생태와 생명 그리고 지속가능성의 악화만 부른다. 경제 악순환이 반복하는 가운데, 빈익빈 부익부로 사회 양극화는 심화된다. 농업, 노동자, 중소상공업 등 취약 부분이 먼저 무너지고 사라질 뿐이다.

이미 지구촌 경제 메커니즘이 코포라토크라시의 심화로 국가 간, 지역 간, 산업 간 균형을 잃은 채 약육강식과 승자독식의 문화로 대체됐다. 더 크고 경쟁력 있는 대기업 자본주의 논리에

WTO-FTA-TPP 등 불균형과 불평등이 심화돼 국가 간, 지역 간, 산업간 균형이 무너질 것이다. 그것은 결코 평화의 길이 아니며, 공존공영의 인류 행복의 길도 아니다.

인류는 코포라토크라시의 파국적인 병폐를 완화할 새로운 체제를 갈망하고 있다. 그래서 '사회적 시장경제(Social Market Economy)'와 생명주의/생태주의의 부활이 북유럽 사회를 시작으로 전 지구적으로 확산되고 있다. 공생과 공영, 신뢰에 기반을 둔 협동조합 운동이 떠오르고 있는 것도 반(反)코퍼라토크라시의 움직임이다.

이제 지구상의 착한 정부는 그 정책 방향을 이윤의 극대화 대신, 사회적 후생의 최대화를 겨냥한다. 유엔이 앞장서 생명과 생태의 공존과 상생을 담보할 지속가능한 발전(Sustainable development)의 메시지를 담은 '가족농의 해', '흙의 해'를 연달아 선포했다. 2016년 올해는 지력(地力)도 살리면서 환경 생태계와 생산성을 공히 살릴 수 있는 '콩의 해'로 지정했다. 사람이 살고, 환경생태계와 뭇 생명을 살리는 '지속가능한 발전'의 목표는 최근 세계사조의 흐름이며 시대정신이다.

'박근혜 정부가 지난 3년간 한 일이 무엇인가?'라는 질문을 받을 때마다 남은 임기 동안 '사람을 살리고 자연을 살리며 경제공동체를 살리는' 코페르니쿠스적인 정책 변화를 시도한다면 아버지인 박정희 시대를 뛰어넘는 위대한 지도자로 남을 것이라고 말했다. 국민의 진정한 행복이 무엇이며, 어떤 경제·사회체제가 그 목표를 담보할 것인지 심각히 고민해야 할 때다.

구체적으로 생명과 생태 그리고 소농을 살리기 위해서는 농업

부문이 수행하고 있는 다양한 공익적 기능에 대한 보상 차원에서도 직불제를 확장한 농가기본소득제를 스위스와 북유럽 국가들처럼 기초 단계부터 실시하는 것이 바람직하다. 이와 함께 생태와 생명을 살리는 농정에 대해 새로운 논의를 다시 할 때다. 화학농법, 공장식 농업, 대기업 단작농법에서 벗어나 환경생태계와 생명을 중시하는 친환경 유기농법이 날개를 달 수 있도록 공동체의 지속가능성에 대하여 집중 토론해야 한다. 환경도 살리고, 민초들의 건강 생명도 살릴 모든 방법을 모색해야 한다.

지금처럼 대기업 위주의 수출 경제 성장 일변도에 매달린다면, 박근혜 정부의 임기가 빨리 끝날수록 국가와 국민에 도움이 될지도 모른다. 총선을 계기로 재탄생한 진박·친박 정권과 정당도 그리 오래 살아남지 못할 것이다. 대한민국은 '당신들만의 천국'이 아니기 때문이다.

| 프레시안 2016년 4월 6일 |

사료 값만도 못한 쌀값, 농민들은 왜 분노했나

2015년 11월 14일 서울광장에서 개최된 농민대회는 경찰 수뇌측 입장에서는 흡사 '살수대첩'을 방불케 했다. 근거리에서 정조준한 물대포로 고희(古稀)의 백남기 옹을 무참히 쓰러뜨림으로써 대회를 종식시킬 수 있었기 때문이다. 백 씨는 두개골 개봉 수술을 했으나 아직 닫히지 못한 채 3주째 식물인간으로 사경을 헤매고 있다. 박근혜 대통령은 시위대를 IS에 비유하며 질책만 했지, 백남기 가족에 대하여는 사과 한마디 없이 훌훌히 출국했다.

전국의 2만 5,000여 명의 농민들이 "바쁜 수확 철인 만큼 정부를 믿고 생업에 매진해달라"는 농식품부 최고위관료의 담화에도 불구하고 서울로 올라와 애꿎은 물대포 세례를 받아야 했던 이유가 무엇인지 아무도 묻지 않는다. 농민들의 주 소득원인 쌀값이 매년 40만 톤이 넘는 외미 수입과 추가적인 밥상용 쌀 수입으로 개 사료값만도 못하게 폭락한 배경이 슬프기만 하다. 현재 개 사료는 1kg에 5,330원인 데 반해 농민이 쥐는 산지 쌀값은 2,000원도 채 안 된다. 지난 10년째 산지 쌀값은 제자리걸음이다. 아니 20년 전의 값과 비슷하다. 그뿐만 아니다. 박근혜 정부 들어 3년째 고추농사, 배추농사, 사과농사, 토마토농사 등 줄줄이 곤두박질하고 있다. 풍작으로 값이 떨어진 것이 아니다. 이명박·박근혜 정권 8년 동안 50여 개 국가와 잇단 무관세 FTA를 체결해 각종 농축산물이 홍수처럼 넘쳐 들어오기 때문이다.

터지기 일보 직전의 농심

불행하게도 농가소득 역시 덩달아 10년 내내 제자리걸음이다. 모든 물가는 뜀박질로 올랐는데 농산물가격과 농가소득만은 전혀 늘어나지 않는다. 농업소득은 명목소득으로 따져도 후퇴했다. 2005년 호당 연간 1,181만 5,000원에서 2014년에는 1,030만 3,000원으로 151만 원이 줄어든 것이다 농민 생산자에게는 그야말로 불임 농정이다. 그런데도 대통령과 농식품부는 입만 열면 '농업이 미래성장산업'이라며 '희망차고 행복한 농촌'을 외친다. 농업이 '6차산업'이라는데 현장에서는 과거 1차산업 때만 못한 무의미한 행정이 되고 있다. 판로와 적정 가격이 뒷받침되지 않는 '립 서비스', 그냥 해보는 소리에 머물고 있기 때문이다.

2012년 12월 제18대 대통령 선거 기간 박근혜 새누리당 후보를 지지하는 라디오 연설을 했던 경북 안동의 농민 고태령(34) 씨는 "지금 농심은 터지기 일보 직전"이라고 말한다. 그는 지난 11월 21일자 《경향신문》 인터뷰에서 "가뭄 탓에 생산비는 더 들어갔지만 수입 농산물로 인해 가격은 되레 내려가고, 재고는 쌓이고 (…) 대통령도, 주무 장관도 관심이 없으니 농민들 마음만 다치고 있다"고 말한다. 대통령이 후보 시절 "농업을 직접 챙기겠다"고 여러 차례 한 말을 믿었다며, "요즘 사람들은 먹거리 선택에 신중한 만큼 원산지 표기라도 정확히 하도록 정부의 관리 감독"을 엄격히 하고 "유전자조작 농산물 표기도 의무화해 국민이 안전한 농산물을 드실 수 있게 해야 한다"고 덧붙였다. 한마디로 대통령과 국회, 주무 장관의 무심함에 실망을 감추지 못했다.

박근혜 대통령의 농업을 직접 챙기겠다던 약속은 그 말이 무색하게 실제 국가 총지출 중 농림축산식품부 예산 및 기금 비중이 5.4%(2013년), 5.3%(2014년), 5.1%(2015년) 그리고 5.0%(2016년)로 해마다 줄어들고 있다. 그중 농식품부 예산 비중은 4.0%(2013)에서 3.7%(2016)으로 쪽박 신세가 되었다. 절대 금액 면에서도 물가 상승률을 감안하면 실질적으로 감소했다.

2012년 대선 당시 박근혜 대통령 후보가 한 가마에 17만 원인 쌀값을 21만 원대로 높여 유지하겠다고 공약했는데 막상 올 가을 추수 가격은 수입 쌀에 밀려 15만 원대로 떨어졌다. 이번 백남기 옹 사건만 해도 이런 현실에 크게 자극받아 빚어진 참사다. 지난 11일 전주 혁신 도시 농촌진흥청에서는 황교안 국무총리, 이동필 농식품부장관 등 1,000여 명이 참가한 가운데 제20회 농업인의 날 행사가 화려하게 개최되었다. '마음 모아 희망농촌, 행복 담아 미래농업'이라는 거창한 주제로 교육·문화·복지·환경·노동·경제 6개 분야의 강령을 담은 '국민농업헌장'도 선포했다.

쌀·고추·배추·과일·축산물 가격 폭락을 불러온 농산물 수입개방 정책에 대해서는 어떤 보상 대책도 보이지 않자 농민들은 축하받을 일 없다고 외면하며, 11월 14일 서울로 향했다. 그리고 오는 12월 5일 제2차 농민대회를 예고했다. 거짓말 정부의 불임 농정에 대한 범농민적인 탄원 시위를 서울 도심지 아스팔트 위에서 또 펼칠 모양이다. 정부는 농민들의 생존권을 위한 처절한 몸부림과 울부짖음에 더욱 세심한 주의를 기울여야 할 것이다. 기왕이면 박근혜 대통령이 직접 챙겼으면 싶다. 주무 장관은 진실을 제대로 보고하지 않을지 모르기 때문이다.

관료 따로, 농민 따로, 대기업 따로

이명박·박근혜 정부의 '농민이 빠진 농정, 소득을 낳지 못하는 불임 농정'은 필연적으로 교육·문화·복지·의료 모든 분야에 영향을 미쳐, 농촌에서는 자식을 교육시킬 학교가 줄어들고, TV 외에는 이렇다 할 문화생활이 없으며, 복지 수준도 도시에 비해 턱없이 낮다. 특히 농촌 주민의 유병률은 2014년 현재 31.8%로, 도시주민의 23.2%를 훨씬 상회하고 있다. 그리고 이 같은 도농 간 유병률 격차는 해가 갈수록 커지고 있다. 1999년에는 도농 유병률 격차가 1.8%였는데, 2014년에는 8.8%로 5배 가까이 늘어났다. 농어촌의 유병일수 역시 1999년의 6.7일에서 2014년 10.3일로 3.6일이 늘어난 반면, 도시의 유병일수는 5.8일에서 8.5일로 2.7일 느는데 그쳤다. 이처럼 농어촌의 유병일수가 도시보다 길어진 것은 치료기간이 상대적으로 긴 만성질환과 고령인구가 급속히 늘어난 데 기인한다. 요컨대 우리나라 농어촌 주민은 더 빠르게 늙어가고 더 큰 병에 오래 시달리고 있다.

농업인에 대한 정부의 직접지원 예산액도 OECD 선진국 평균에 비교하기도 부끄럽게 훨씬 못 미친다. 식량자급률도 24%대로 OECD 국가 중 최하위다. 북한만도 못하다. 말로만 "희망찬 농촌, 행복한 미래농업"이라고 노랫소리 드높다. 말 따로, 농민정책 따로, 대기업 경제정책 따로인 박근혜 대통령의 임기는 아직 2년이나 더 남아 있다.

독일은 패전 국가임에도 10년 만에 경제를 복구하고 1954년 의회 결의를 통해 농업에 대한 녹색 계획(Green Plan)을 세우고 다음의 네 가지 기본목표를 설정해 지금까지 그 계획을 실천하고 있다. 첫째, 농민도 일반 국민과 동등한 삶의 질을 공유하며 발전에 참여해야 한다. 둘째, 농민들은 일반 국민에게 건강한 식품을 적정한 가격에 안정적으로 공급할 수 있어야 한다. 셋째, 농업을 통해서 국제 식량 문제 해결 및 국제 농업 교역에 기여하도록 한다. 넷째, 농업을 통해 아름다운 자연경관 및 문화유산을 보전하고 다양한 생물의 종을 보존하도록 한다.

스위스는 아예 연방헌법(104조)에 농업이 첫째, 국민에게 식량을 안정적으로 공급하고, 둘째, 자연자원과 환경 생태계 및 지역 경관을 보존하며, 셋째, 주민의 지방 분산으로 지역 간 균형 발전에 기여하게 해야 한다고 명시하고 있다. 그러기 위해서는 농업의 다원적인 기능 수행과 환경, 자연, 전통 문화 보전 기능의 유지를 위해 범국가적 농업 지원을 사회적 동의를 바탕으로 전개하고 있다.

그리하여 스위스, 오스트리아, 독일 등의 농촌 지역은 국민 휴양지가 될 만큼 자연 경관이 뛰어날 뿐만 아니라 지역 특유의 전통 문화를 관광 자원으로 활용하는 한편, 지속가능한 농축산업 발전과 농가소득 보전을 위한 국가적 지원을 국민 대다수의 동의하에 계속하고 있다. 자녀 교육의 지원, 농민 주도의 지역 농업 발전 계획 추진, 농민의 농축산 가공 판매를 적극 지원한다. 오지일수록, 조건이 불리한 지역일수록 지원 규모가 커진다. 그리하여 이들 지역의 농가소득 40~60%가 정부의 직접 지원(Direct Payments)으로 이루어진다. 우리나라 농민의 입장에서 보면 꿈 같은 이야기다. 게다가 지방자치제의 분권화가 잘 되어 있어 WTO 수입개방이든 FTA 무역 자유화든 외부 정책으로부터의 영향을 지방 정부가 든든하게 막아주는 방파제 구실을 하고 있다. 외부 요인으로 재미를 보는 기업은 그 이득을 정부의 정책 조정을 통해 농업·농촌·농민 지원에 무리 없이 환류(feed-back)된다.

이 같은 정책적 농업 지원 배경에는 국민 사이에 공고하게 '농업·농촌·농민이 잘살아야 우리나라 우리 국민도 잘살 수 있다'는 공감이 뿌리박혀 있기 때문이다. 정부도 이러한 공감을 확산시키고 공고히 하는 데 한눈팔지 않는다. 국민 모두가 골고루 잘사는 나라를 만드는 것이 국가와 국민의 사명이며 존재 이유이기 때문이다.

그러기 위해서는 우리나라도 대통령부터 정치가, 기업인, 언론인에 이르기까지 정신적으로 재무장되어야 한다. 농업·농촌·농민이 망하고서는 국가도, 도시도, 기업도 지속할 수 없기 때문이다. 먼저 재정 분권화를 통해 지자체의 주요 내정과 내치를 농업·농촌·농민 살리기 방향으로 지속적으로 전개해야 지역이 산다. 낮은 법인세와 부유층의 세금부담률을 높여 지방자치 예산을 확보하고, 현재 예산낭비를 자행하고 있는 중앙부서, 특히 농림축산식품부와 보건복지부 예산을 권한과 책임과 함께 지방자치단체에 대폭 이양해야 한다. 더 나아가 농식품부와 행안부 예산 상당 부분을 농가기본소득 보전을 위한 지원금으로 전용해 농가당 최소한 월 50만 원을 지급하도록 하자. 농민이 잘살아야 농업·농촌이 살고, 농업·농촌이 살아야 대한민국과 국민이 살 수 있기 때문이다.

의식불명이 되어 인공호흡기로 겨우 명맥을 유지하고 있는 백남기 농민 가족을 가해기관 부서의 어느 관계자나 농식품부 고위관료가 찾아가 위문했다는 소식도 들리지 않는다. 참으로 비정한 정부다. 오죽했으면 천주교 주교회의 의장 김희중 대주교가 서울대병원을 방문해 가톨릭 신자이자 가톨릭농민회 전국 부회장인 백남기 씨의 가족을 문병하면서, "도대체 생존권을 위해 싸우는 이들에게 어떻게 그렇게 할 수 있는가. 생명에 반하는 그 어떤 행위도 용납되어서는 안 된다"며 박근혜 정부를 개탄했을까. 그러나 박 대통령은 프랑스 파리에서 IS 테러 희생자 묘역을 방문, 비통한 표정을 지으며 꽃다발을 바쳤다. 경찰의 과잉진압으로 20일째 사경을 헤매고 있는 백남기 농민에게는 단 한마디의 위로도 사과도 하지 않았던 대통령, 세월호 유가족에 대해서도 사건 한 달 후에나 '할 수 없이' 눈물을 보였던 대통령이 외국의 테러 희생자들에게 바친 꽃다발을 보면서 한국 농민은 과연 어떤 심정일까.

| 프레시안 2016년 1월 10일 |

살아 있는 경제학자들의 죽은 경제학

신고전학파 주류경제학은 이제 더 이상 인류를 빈곤과 불평등으로부터 구하는 학문이 아니다. 부국강병책도 되지 못한다. 오로지 대기업과 독과점 재벌이 지배하는 자유시장과 금융시장의 효용성만을 옹호하는 실패한 학문에 불과하다. 자유주의 및 신자유주의 경제 정책의 보편화로 나라마다 시장 실패, 정부 실패 그리고 국민 실패 현상을 빚어내고 있다. 피가 있고 살도 있고 혼도 가진 인간을 경제 주체로 삼지 않고, 가격과 이윤에 따라 이기적으로 반응하는 호모 에코노미쿠스(이기적 경제인)만을 대상으로 분석·예측하는 기술공학에 불과하다.

경제학자들은 현실과 동떨어진 승자독식의 경제 효율주의만을 앵무새처럼 되풀이할 뿐이다. 그들은 우리나라에 IMF 환란이 올 줄도 몰랐고, 2008년 미국발 세계 금융위기도 예측하지 못했다.

우루과이라운드, WTO, FTA 등 세계 자유무역이 좋다는 말만 하지, 그 폐해를 제대로 예측하고 대비하는 방안에는 관심이 적다. 난개발과 막개발로 환경생태계가 파괴됐다. 삶의 질이 얼마나 떨어지는지, 무리한 4대강 개발과 원전의존 정책이 장차 얼마나 큰 재앙을 가져올지에 대해서는 아무도 말하지 않는다.

지금 우리 사회는 정치가 경제를 주도하고 경제의 대부분은 독과점 재벌기업이 지배하며 나머지는 지하경제가 판을 치고 있다. 자유시장 경제는 말뿐이지 실제로는 눈에 띄지 않는다.

명색이 경제학자라는 사람들이 이처럼 왜곡돼 있는 자유시장 구조를 조정하려는 노력은커녕 그를 옹호하고 독과점 재벌과 수출대기업의 시장경제 만능주의를 찬미하기 바쁘다. 그러다 보니 다가오는 세계 식량 위기, 식품안전성 위기, 환경생태계 위기, 기후변화 위기, 내성이 강화된 슈퍼 바이러스, 슈퍼 해충, 슈퍼 잡초 발생의 위기와 정면대결하려 들지 않는다.

작은 정부, 규제 완화의 자유시장 경제에 맡기면 모든 것이 자동적으로 이상적인 균형상태에 도달할 것인가. 자유시장 경제 일변도의 신고전학파 주류경제학은 이제 경제학 교수들의 '밥벌이' 수단 말고는 쓸모가 별로 없다.

지금 미국, 유럽 등 선진국에서는 제2차 세계적 금융위기 이후 '신자유주의는 죽었다'며 인간 중심 사회적 시장경제, 생명주의(생태학 및 공동체) 경제 정책이 대안으로 떠오르고 있다. 빈익빈 부익부 사회양극화로 대변되는 '시장 실패' 현상에 대해 규제 완화 일변도로 이를 부추겨온 신자유주의 정책에 제동이 걸렸다. 환경 문제와 복지 문제를 과감히 제도화하려는 주장 역시 먹혀들고 있다.

그런 주장, 그런 사람을 대한민국에서는 '종북'이라 매도한다. 일부 경제학 교수들은 자진해서 대기업과 특정 정부기관의 장학생이 돼 신자유주의 정책을 찬양하는 레코드판만 되풀이해 틀고 있다. "우리나라에서는 신자유주의가 절대 죽지 않는다"고.

경제학이 살아남기 위해서는 이제 새로운 대안을 내놓아야 할 때다. 우리 실정에서 대안으로 떠오르는 건 북유럽 모델인 휴머니즘에 입각한 사회적 시장경제다. 시장경제의 장점을 살리되 모든 사람의 행복과 환경생태계의 소중함을 중시하고 약자에 대한 배려도 유념하는 깨끗한 정부와 사람 중심의 경제학, 골고루 잘사는 시장경제의 새 패러다임을 찾아내야 할 때다.

시장경제의 가장 큰 적은 지금 이 순간에도 자유시장 경제만이 경제를 살릴 수 있다고 흰소리하는 이들, 바로 독과점 대기업과 극우언론, 토건개발주의자와 앵무새 강단 경제학자들이다.

| 교수신문 2015년 6월 15일 |

식량 그 이상의 가치, 농업의 다원적 공익 기능에 주목하라

2015년 새해가 밝았지만, 우리 농업과 농촌을 바라보는 시각은 여전히 암울하다. 농업을 '이윤을 창출하는 산업'으로만 접근하는 천민자본주의적 태도가 우리나라 정치, 사회, 학계, 언론계에 자리 잡고 있기 때문이다. 가격경쟁력이 낮은 산업은 도태되고, 국제경쟁력이 낮은 업종은 퇴출되어야 한다는 천박한 인식이다. 허울 좋은 '경쟁력'이라는 잣대가 식량자급률 23.3%의 국내 농업을 '퇴출 대상 산업'으로 전락시키고 있다.

다산을 통해 본 '천지인' 3농 철학

다산 정약용(1762~1836) 선생은 임금께 드리는 〈농책〉(農策, 농업 발전에 관한 방책)에서 "대저 농이란 천하의 근본으로서 때(天時)

와 땅(地利)과 사람(人)이 화합을 기해야 그 힘이 온전하게 천지에 가득해 심고 기르는 것이 왕성하게 된다. 그래서 '낳는 것이 하늘이고, 기르는 것은 땅이며, 키우는 것은 사람'이다. 이 삼재(三才)의 도가 하나로 모인 다음에야 농사일과 나랏일에 모자람이 없게 된다. 그런데 천하 사람이 차츰 나랏일의 근본(本)을 버리고 끝(末)만 도모하니 기름진 논밭과 살찐 흙이 묵히게 되고, 높은 모자, 좋은 옷을 입은 놀고 먹는 사람이 늘어난다"고 말한 바 있다.

다산은 농업이 태생적으로 자연현상 등의 제약점을 가지고 있기 때문에 이를 극복하기 위해 농업, 농촌, 농민을 살리는 3농 정책을 펼칠 것을 아래와 같이 역설했다(응지론농정소應旨論農政疏).

첫째, 대저 농사란 장사보다 이익이 적으니 정부가 각종 지원 정책을 베풀어 '수지맞는 농사'가 되도록 도와주어야 한다(厚農).

둘째, 농업이란 원래 공업에 비해 농사짓기가 불편하고 고통스러우니, 경지 정리, 관개 수리, 기계화를 통해 농사를 편히 짓고 사는 농촌이 되도록 해야 한다(便農).

셋째, 일반적으로 농민의 지위가 선비보다 낮고 사회적으로 대접을 제대로 받지 못함에 비추어 농민의 사회적 위상을 높이는 정책을 펼쳐야 한다(上農).

다산은 농업과 농민을 우대하지 않으면 농업과 민생이 도탄에 빠지고 사회기반이 무너져 나라와 민족의 존립이 위태로워진다고 말했다. 이는 동서고금의 역사에서 나라와 겨레가 발전하는 데 농업·농촌·농민이야말로 필수적이고 기본적인 조건이라는 만고불변의 진리를 증명한다.

'사람이 살기 위해 농업이 필요하다'는 EU의 농업관

오늘날 선진국 대부분은 농업·식량 강국이다. 토지자원이 풍부한 미국, 캐나다, 브라질, 아르헨티나의 농업은 일부 다국적 기업에 의한 '독과점적 이윤 창출 산업'으로 변질되고 있으나, 독일, 프랑스, 노르웨이 등을 비롯한 유럽 국가와 중국, 일본에서는 '국민농업' 형태로 발전하고 있다. 건전한 가족농(지역공동체)에 기반을 둔 친환경 농법과 농정 철학이다. 이들 국가는 농업을 단순히 곡류나 채소, 과일, 육류를 생산하는 산업만이 아니라, 크고 다양한 공익적 기능을 수행하는 국가 기본산업으로 인식한다. 국가와 민족의 형성 및 유지, 발전에 필수적인 다원적 공익 기능을 수행하는 국가 기간산업으로 존중한다.

독일농업 전문가 황석중 박사가 《대산농촌문화》 2008년 가을호에 소개한 〈독일 연방정부의 농업관(농업의 10가지 기능)〉을 보자. 이 글은 독일 정부가 공식적으로 발간한 안내서인데, 제목이 '농업, 우리가 살기 위해 그것이 필요하다(Unsere Landwirtschaft. Wir brauchen sie zum Leben)'이다. 그 내용을 보면, 농업은 안정적인 식량 공급을 보장함으로써 국민 삶의 질을 높이고 가계지출을 줄여줄 뿐만 아니라 지역산업, 국민산업의 기반이 된다. 또한 아름답고 살기 좋은 자연경관을 보전하고 농촌 마을을 유지하고 환경생태계를 보전하는 데 이바지한다. 국민에게는 휴양 공간을 제공하며 값비싼 공업 원료 작물을 생산할 뿐 아니라 대체에너지 등을 통해 에너지 문제를 해결하는 데 기여한다. 그리고 다양한 직업을 제공한다는 내용이 사례와 함께 자세히 소개되어 있다. 농업과 농촌이 농민의 것이 아니라 국민 모두의 것이며, 농업과 농촌의 존립이 곧 국민의 삶과 연결된다는 견고한 국정운영 철학을 담고 있다.

국제사회가 주목하는 농업의 다원적 공익 기능

우리나라도 가입해 있는 경제협력개발기구(OECD)는 1993년 우루과이라운드 협상 타결이 임박하자 농축산업의 절대적 중요성을 강조하는 '농업의 다원적 공익 기능(Multi-functionality)'을 공식 선포했다. 농업이 단지 식량과 섬유작물을 생산하는 1차 산업으로서의 기능만이 아니고, 생태계 및 전통문화를 보전하고, 지역사회 공동체를 형성하며, 식품 안전과 국민 생존권을 보장하는 등 다원적인 공익 기능을 수행하는 국가 형성의 기본산업, 기간산업, 기초산업임을 재확인한 것이다.

이에 따라 우루과이라운드 협상은 농업의 다원적 공익 기능을 '비교역적 관심사항(NTC: Non-Trade Concerns)'이라고 표현했다. 농업을 국가와 민족이 형성되는 데 최소한의 기본요소라고 공인한 것이다. 그래서 각국은 사정에 따라 우루과이라운드 협상에서 농축산업을 품목별로 예외를 인정받기도 했다. 한국, 일본, 노르웨이 등 6개국은 'NTC그룹'을 꾸려 WTO 발족 후 2000년까지 긴밀한 공동 대응을 펼치기도 했다.

우리나라에서도 우루과이라운드 협상 타결을 전후해 농촌진흥청 프로젝트로 '우리나라 논(쌀)농업의 다원적 공익 기능'을 계측하는 연구를 수행한 바 있다. 산림청도 공식적으로 산림의 다원적 공익 기능을 측정해 발표했다. 해가 갈수록 농림업의 다원적 공익 기능은 점점 더 높게 평가되고 있다. 대체로 교역 상품으로서의 농산물 값보다 농업이 국민경제에 기여하는 비교역적 관심사항(NTC) 평가액이 3~7배의 가치가 더 높은 것으로 밝혀졌다. 산림은 비교역적 관심사항이 목재 등의 생산액보다 13배 높은 가치를 나타냈다.

쌀의 경우, 교역 상품으로서의 평가액이 10조 원으로 계측되었던 해의 논농사에 대한 비교역적 관심사항 가치는 홍수 방지 효과, 수질 정화 및 지하수 공급 효과, 산사태 방지 효과, 이산화탄소 흡수 및 산소배출 효과만 해도 최소 30조 원에서 70조 원으로 계측되었다. 여기에는 계량화하기 어려운 문화 및 전통의 보전, 농촌 지역사회 발전과 자연경관, 먹거리보장 및 안보 등이 포함되지 않았음에도 그러하다.

여타 밭작물과 과수 및 축산업, 농기자재 등 농업 관련 산업의 전방 효과와 농산물 제조, 가공, 유통, 무역 등 후방 효과를 평가에 포함해 계량화한다면, 농업 부문이 현 농축산물 생산액인 45조 원보다 몇 배 이상의 다원적 공익가치로 경제에 이바지하고 있음을 알 수 있다. 바꾸어 말해, 우리나라 농축산물의 시장가격이 비싸다고 무조건 수입개방할 경우, 가격경쟁에서 탈락한 우리 농축산물이 식탁에서 사라질 뿐만 아니라, 그동안 농업 부문이 국민에게 베풀었던 다양한 공익적 기능이 이 땅에서 영원히 사라짐을 뜻한다.

농가 기본소득 보장은 국가와 국민의 의무

일찍이 EU, 스위스, 중국, 러시아, 일본 등은 물론 기업적 대량생산 농업을 추구하는 미국과 캐나다도 농업의 다양한 공익 기능의 중요성에 대한 국민적 합의에 근거해 어떤 형식으로든 농업인의 기본소득과 권익 보장에 앞장서고 있다. 국민이 농업과 농촌에 종사하면서 인간의 삶을 유지하는 데 필수적인 '기본소득'이 보장되고 교육·문화·의료·복지 등에 차별이 없도록 배려하는 데 정책의 중점을 두는 것이다.

우리 정부도 국가경제가 총체적으로 부도 난 IMF 외환위기 치하의 서슬 퍼런 WTO의 감시에서도 친환경농업 직접지불제, 논(쌀)농업 직불제, 조건불리지역 직불제를 도입했고, 이어서 밭농사 직불제를 최근 실시했다. 물론 건당 지원 규모가 대단히 작고 미약해 2013년 현재 직불금 총 지원액은 평균 농가소득의 4.3%에 불과하다. 반면, EU의 평균 지원액은 농가소득의 40~60%에 달한다. 미국은 40% 안팎이다. 캐나다는 아예 최저농가소득을 보장한다. 선진국은 조건이 불리한 지역이나 오지에 자리한 농가를 더 많이 배려한다. 경쟁력이나 소득 증대만을 추구하면 여건이 유리하거나 투자가치가 높은 특정 지역, 특정 작목에 능력 있는 농가가 몰려 대다수 소농이 도태되고 농촌을 떠나게 되는 것을 염려하는 것이다.

우리나라에서 농민들이 최저생활수준을 유지하는 데 어느 정도의 기본소득이 보장되면 적정할 것인가에 대한 연구 결과는 아직 보이지 않는다. 편의상 법정 최저임금의 50%를 농가에 보충 지원한다고 가정할 경우, 농가 호당 약 월 50만 원, 연간 600만 원이다. 이 기본소득 수치를 전국 농가 110만 호에 일괄 지급한다고 가정할 경우, 연간 총 6조 6,000억 원 정도가 필요하다. 이는 2013년 평균 농가소득의 17.4%이며, 농업 총생산액의 14.6%에 해당한다. 그럼에도 이 금액은 농업의 다원적 공익 기능 평가액의 1%도 될까 말까다.

재원은 정부의 의지 여부에 달려 있다. 즉, 기존의 각종 직불금 예산액(단, 친환경 직불금은 제외) 합계, 농가 110만 호 대비 약 10%에 달하는 중앙정부 지방정부 및 농업 관련 공공기관과 농·축·수협 등에 대한 대대적인 구조개혁 절감 비용, 현 농림축수산예산액 중 비농어민 조직과 기업에 지출되고 있는 지원비 삭감, 기존의 농림축수산식품 예산과 기금 및 농특세(우루과이라운드 사후대책) 예산액 중 일부 급하지 않은 항목의 절감, FTA 이익공유제(신설) 수익금 등을 합치면 거뜬히 마련할 수 있다.

그리하여 국가의 기본이자 기간산업에 종사하는 농업인이 그들이 이바지하고 있는 다양한 다원적 공익 기능에 대한 합당한 대우를 받을 수 있어야 한다. 그것이 현재 선진국이 취하고 있는 현대판 '농자천하지대본'이며, 국가와 민족 경영의 백년대계다.

|《대산농촌문화》 2015년 신년호 |

민생 경제와 3농의 새 패러다임을 찾아서

이제 한 달이 지나면 갑오년(甲午年)이 가고 을미년(乙未年)이 온다. 그다음 해는 병신년(丙申年)이다. 을미년에는 쌀 시장이 전면 개방되고 한·중 FTA까지 완전히 체결된다. 그래서인지 우리나라 경제영토가 세계의 73퍼센트로 확대됐다는 흰소리가 박근혜 정부 일각에서 흘러나오고 있다. 40여 개 나라와 동시다발적으로 FTA를 추진했던 이명박 정권이 떠오른다.

갑오년의 기시감

새 정부가 들어서고 이태 동안에 벌써 호주, 뉴질랜드, 캐나다 등 영연방과 터키, 중국과 FTA를 타결했다. 미국, EU, 중국, 인도 등 세계 최강국들과의 FTA가 타결된 데 이어 환태평양 12개국과의 동반자 협정(TTP)마저 가입한다면, 대한민국은 실질적으로 세계 최다 FTA 체결 국가로 우뚝 선다. 그만큼 우리 경제가 세계 농업 강국들에 완벽하게 포위, 예속된다는 뜻이기도 하다. '농업·농촌·농민' 3농 부문을 이들의 단골 사냥감으로 내주고서도 농업을 가리켜 '미래성장산업'이라 하는 것이 우리나라 국정운영의 리더십이다. '창조경제의 문'을 열고 들어가 학습한 결과가 그러하다. 사람을 놓치고 민생을 생략한 것이 창조경제의 실체다.

그렇다면, 장차 우리나라 민생경제와 3농의 운명은 어떻게 될까. 10년 후 2025년쯤에는 식량자급률이 15% 수준이나 유지될까. 60년 후 다시 갑오년 2074년에는 우리 민생의 모습이 어떻게 변해 있을지 자못 궁금하다. 이 궁금증은 이미 갑오농민혁명 때 백성들이 즐겨 불렀던 노랫말("가보세(甲午歲), 가보세, 을미적(乙未賊) 을미적 대다가, 병신(丙申)이 되면 못 가리") 속에 고스란히 담겨 있다. 그리고 그 노랫말은 예언처럼 이루어졌다. 사대 당쟁과 암우(暗愚)한 지도층, 그리고 외세의 각축으로 민생은 날로 피폐해지고 국력은 쇠약할 대로 쇠약해져, 마침내 500여 년 역사의 조선 왕조가 망국의 길로 접어들었다.

동학농민혁명 진압을 구실로 일본과 청나라의 군대가 한반도에 진주했고, 일본제국주의 침략자들은 청일전쟁을 일으키고 연달아 노일전쟁까지 승리함으로써 조선반도를 삼킬 수 있게 되었다. 나라 안에서는 일본제국에 부화뇌동하는 정치집단이 생겨나고, 나라 밖에서는 1905년 6월 일본 총리 가쓰라 다로(桂太郎)와 미국 루스벨트 대통령의 특사 W. H. 태프트 미 육군장관 사이에 이른바 '가쓰라-태프트 비밀협약'이 체결됐다. 미국은 필리핀을, 일본은 대한제국을 지배한다는 밀약이었다. 일사천리로 1905년 11월 17일 을사늑약(乙巳勒約)이 체결되고, 마침내 1910년 8월 22일 한일병탄이 이루어졌다. 나라와 백성 할 것 없이 병신(病身)이 돼버린 것이다. 그런데도 이완용 당시 학무대신(후에 총리) 등 친일파는 "선진국 일본에 합병 귀속되는 것이야말로 국익에 크게 도움이 된다"고 역설했다.

역사는 되풀이되는가

불후의 역사학자 토인비는 "역사는 되풀이된다"고 설파했다. 최근 일본 아베 정권은 미국 케리 국무장관을 만나 대망의 '집단자위권'을 허락받고 유사시 한반도에 진격할 명분을 얻어냈다. 한국은 미군에게 '전시작전권'을 더 오래 맡아달라고 '군사주권'을 내주었다. 이 와중에 중국은 법을 고쳐서라도 유사시 해외파병을 합법화하려 들고 있다. 우리 사회는 바야흐로 정·경·학·문화·생활 전 부문에 대미 일변도의 분위기가 대세를 이루고 있다.

이럴 때 만약 우리나라에서 '대한민국을 미국의 51번째 주(州)'로 합병하자는 안이 국민투표에 붙여진다면 어떤 결과가 나올까? 과연 이완용식 "국익에 큰 도움이 된다"라는 주장을 잠재울 수 있을까? 섣불리 그런 제안(국민투표), 그런 결과를 예단한다는 것은 국가 주권과 애국심에 불타는 대다수 선량한 국민에게 모욕감만 안긴다.

그러나 잇달은 FTA 체결로 인해 우리나라 민생과 3농 부문의 국정 운영은 바야흐로 방향타를 잃고 몰락의 길에 들어서 대한제국 말기 때의 쇠약해진 모습을 노출하고 있음이 정말 안타깝다. 특히 농촌 방방곡곡 도처에 젊은이들은 보이지 않고 노령층과 부녀자의 한숨소리만 높다. 쌀을 비롯한 각종 농산물 가격과 농가소득은 10여 년 전이나 지금이나 제자리걸음이다. 농업을 정보통신기술과 연계해 복합화·스마트화하자는 사설이 '농업을 직접 챙기겠다'는 말의 실체인지, 허약한 농민들을 무한경쟁 속으로 몰아넣는 것이 '농업문제는 시장 경제에 맡길 수 없다'는 후보 시절의 말과 어떻게 다른지 도무지 종잡을 수가 없다.

사료곡물을 포함한 식량자급률은 23%대로 떨어졌고 주곡인 쌀의 자급률은 86%대로 물러났다. 축산업 또한 영연방 국가들과의 FTA 체결로 인해 그야말로 풍전등화 격이다. 그나마 돈이 되는 식품 제조·가공·무역업은 대부분 대기업 독과점 자본에 장악되어 식품 제조·가공산업이 80조 원대로 크게 신장했다. 그러나 소위 국산 식품이 많이 수출될수록 외국 농수산물과 식재료의 수입 물량만 천문학적으로 늘어나는 구조다. 실제 우리나라 농업·농촌·농민의 발전과는 완전히 유리된 채 외국의 농부들, 외국의 농업 메이저와 국내 수입·가공·무역업자들만 살찌운다. 그리고 그것을 '창조농업'이라고 읽는다. 예컨대, 쌀 개방에 따라 중국·미국산 수입 쌀로 가공한 떡볶이 기업이 200만 달러를 수출한 것이 이 정권하에서는 '창조경제'의 좋은 사례로 거론되고 있다. 라면, 믹스커피, 초코파이, 떡, 막걸리 등을 수출하는 것과 3농의 민생 증진 사이에 희미한 연결고리마저 보이지 않는다.

그리하여 민초들은 묻는다. 정부의 각종 경제정책은 누구를 위한 것이며, 누구의 이익 증대에 보탬이 되는가? 단순히 국민총생산액에의 기여도를 높이고 외국산 GMO 식재료를 사용한 식품산업이 우리 농가소득을 얼마나 높였는가를. 도대체 낙수 효과라도 일어났는가. '국익'이란 허울뿐이고 농어민들에게는 그림 속의 떡이다.

도리어 GNP와 수출액이 높아가는 곳에서 민생은 도탄에 빠지고, 농촌경제는 신음하게 된다. 숨 쉴 공기, 마실 물만 탁해지고 국민이 먹는 음식의 안전성이 위협받는 현실이다. 국내 소비자 서민들의 가계와 소득 그리고 식생활의 안전망마저 바람 앞의 등불이다. 대기업, 기득권자들만 잘살게 하는 정책이 과연 국가 이익이며 미래성장산업이란 말이던가. 민생경제와 삶의 질로 따져본 참다운 민생 지표는 뒷걸음질을 칠 수밖에 없다. 역사는 과연 되풀이되는가!

달라져야 할 농정기구와 농정 패러다임

이제 새 농정, 새 비전, 새 패러다임이 나와야 한다. 농가 인구는 이제 총인구의 5.7%로 줄어들었고, 농림업 생산액은 국가 총생산액의 2.1%로 추락했는데도 농림축산 관련 행정 및 공적기관은 왜 그렇게도 넘쳐나는가? 쓸데없이 벌이는 전시 위주 사업과 조직분화 그리고 조직 인원은 왜 그렇게 늘어나기만 하는가? 어차피 우리 농업이 미국, 유럽, 중국과 하나의 경제 통상권으로 통합돼가는 마당에 그들이야 여전히 월급 수당 연금을 챙기겠지만, 농업·농촌·농민 3농은 명맥이나 유지될 수 있을까?

이들 농업 관련 기관을 개편하고 축소해 절약되는 각종 비용과 예산을 WTO가 허용하는 농가직접지불 방식으로 되돌리는 것이 더 효과적인 대안이 될 수 있다는 주장이 제기되고 있다. 구체적으로 시민단체들이 신자유주의의 횡포에 대안으로 내놓는 '농가호당 월 50만 원 기본소득안'의 실현이 가능할지 검토해볼 일이다. 이 길이 오히려 효율적이고 효과적인 구농(救農) 대책일지 모른다. 갈수록 민생과 3농 발전과는 거리가 멀어지는, 영혼마저 없는 공직자들이 국민 세금을 좀먹게 해서는 안 된다는 주장이 먹혀들고 있다.

국내 농축산업 자급률이 가파르게 낮아지고 수입량은 그 몇 배로 폭증하면서 농촌에 농가와 농민마저 급속히 줄어 사라지고 있는 마당에, 농림축산식품부는 아예 농식품수입부로, 농협은 NH은행으로, 그리고 기초 지자체 단위 농업협동조합과 농수산물유통공사는 그냥 개별 회사체제로 전환하자는 주장이 더 창조경제적으로 들린다. 농촌진흥청과 농어촌공사 사업 중에 비(非)농업, 비농민, 비농촌 부문을 과감히 도려내 본래 설립 때의 이름에 걸맞은 고유 기능만 남기고 대폭 축소 개편한다면, 비록 고육책이지만 농가 기본소득 재원(財源)을 더 손쉽게 확보할 수 있다는 주장이 설득력 있다. 마치 15년 전 외환위기 때 농조·농조련·농업진흥공사를 축소 통합해 이 땅에 수세(水稅)를 완전히 폐지하고, 농·

축·인삼협 중앙회를 축소 통합해 농업 금리를 대폭 인하했듯이, 현재의 농림축산·식품 관련 모든 공적 조직과 기능을 엄정히 재평가해 새로이 재단(裁斷)해야 할 때라는 것이다. 그것이야말로 명실공히 3농 부문의 창조경제가 아니겠는가.

동서고금에 농정이란 본래 현장(local) 중심, 농민 중심 행정이었다. 따라서 농림축산 관련 예산과 권한을 지방자치단체에 대폭 이양해 지역주민의 자치에 맡겨야 옳다. 중앙 농정을 축소 정비, 절약해 지역 농정에 이양함으로써 농가 실질소득을 높이자는 주장은 도리어 WTO 체제에 부합한다. 중앙정부와 지방정부의 예산과 세원(稅源)을 현재와 같은 8:2 체제에서, 선진국처럼 2:8 체제, 아니면 적어도 5:5 체제로라도 만들어 진정한 지방자치제를 정립해야 한다. 이른바 지방분권제 확립이 3농을 살리는 길이기도 하다.

그런데도 지금 미래성장산업으로 농업을 육성한다는 명목하에 대기업을 불러들여 기업적 농축산업과 종자사업, 6차산업마저 맡기려는 시도가 도처에 나타나고 있다. 그럴 바에야 아예 사람(농민) 중심의 행정과 권한, 예산, 세수를 지자체에 넘기고 중앙정부는 기업적 공장식 농축산업과 유통, 식품 제조·가공업, 특히 수입업무나 관장케 하는 것이 더 타당하다는 주장에 겸허히 귀를 기울여야 할 때다. 그리하여 잔류 농민들은 월 기본소득을 보장받으면서 중앙정부의 획일적 농정에 구애받지 않고 다양한 사회경제적 협동농업, 즉 진정한 농민협동조합으로 거듭나게 해야 한다. 깨어 있는 소비자와 연대를 통해 직거래, 꾸러미 사업, 로컬푸드, 슬로푸드, 기타 농외소득 사업으로 3농을 자생케 하는 것이 선진국형 창조 농정의 바람직한 모양새다.

이 땅에 농부 서민으로 태어나

대외경제정책연구원과 정부의 발표대로라면, 45여 개국과의 FTA 체결과 최근의 대형 FTA 타결로 순 국민총생산액은 추가적으로 매년 3~4%씩 늘고 순 수출액도 크게 늘었어야 했다. 그러나 웬일인지 GDP나 수출액 증가는 FTA를 체결하기 전보다 더 더디고 수입량만 빠르게 늘어나고 있다. 경제 영토가 73% 더 늘어난 것이 아니고 도리어 수입 영향이 92% 이상 확대돼 농촌경제의 파탄을 불러들이고 있다.

그 결과가 다름 아닌 안전성이 결여된 수입 농식품의 범람이며, 농촌경제 침체, 서민경제 악화다. 순풍순우(淳風淳雨)해 고추·마늘·양파·배추 농사를 잘 지어봤자 뭐하겠는가. FTA가 아직 체결되지 않았는데도 중국산 김치가 20여 만 톤이나 수입돼 관련 농산물 가격이 풍비박산, 2년째 반토막이다. 이제 FTA 좀비들이 판치는 완전 수입개방 세상이 되면 농민들에겐 돈 되는 것이 뭐 하나 남아 있을 리 없다. 한중 FTA가 국회 비준도 되지 않았는데 벌써부터 올해 가을 쌀값과 농산물 가격이 우수수 떨어지고 있다. 심지어 고사리, 도라지, 더덕, 약초 농사마저 추락 직전이다. 현행 40% 관세하에서도 외국산 쇠고기와 돼지고기, 낙농제품들이 이미 시장의 과반을 점령했는데, 영연방 국가들과 FTA가 발효되면 우리나라 농축산업은 사라질 날만 카운트다운 해야 하는 처지다. "뭐 돈 되는 것 없소?" "해볼 만한 품목은 뭐가 남았소?" 농부들은 산과 내와 들에서 서로 묻고 있다. 이 땅에 농부 서민으로 태어나 요즘처럼 무기력하고 무위무능한 신세가 된 적이 또 언제 있었던가! 농민들은 차라리 '자조, 자립, 협동'의 새마을 깃발 아래 "우리도 이제 잘살아보세"라고 아침마다 곡괭이 들고 들과 밭에 나가 노래 부르던 박정희 시대가 그립다. 그 딸이 대통령이 되었는데 봄볕은 커녕 엄동설한이 1년 열두 달 365일인가!

"을미적 을미적대다가는 병신된다" 하더니 2015~16년 을미·병신년이 오기도 전에 밤 보따리를 싸야 하나? 아니, 싸야 할 보따리도 없는 고령층·부녀자 농민은 송두리째 밀려나야 하나? 국내 농업과 유리된 농산물 수출 100억 달러 달성을 위해 정부가 대기업을 불러들여 정부 보유의 쌀, 보리, 콩 등 곡물 종자사업마저 GMO로 만들어 황금 종자사업이라며 널리 퍼뜨린다면, 그것이야말로 3농을 더 빨리 망하게 하는 지름길이다. 그런데도 우리 사회의 '농(農)' 자 붙은 좀비족은 행여나 하고 개방 찬가를 읊조리며 정부와 국회, 기업 언저리를 어정대고 있다. 가련할손 농투성이 농민들일랑은 태평가나 부르며 텅 빈 가슴을 달래야 할까 보다.

| 프레시안 2014년 12월 2일 |

다산의 개혁사상과 3농 정책

다산 정약용의 사상의 요체는 '개혁(改革)'이다. 그가 살던 18세기 후반과 19세기 전반은 조선 봉건사회의 해체기로서, 누적된 봉건적 병폐가 도처에 드러나 있었다. 이러한 총체적 위기 상황에서 나라를 구하고 바로 세우는 길은 개혁밖에 없다는 사실을 다산은 깊이 통찰한 것이다. 그 시작은 모름지기 관료와 정치지도자들의 마음과 몸가짐의 쇄신에서 비롯되어야 한다고 믿고, 구체적인 개혁 대안서인 《경세유표》의 완성에 이어 《목민심서》를 내놓은 것으로 해석된다.

구원의 개혁사상

33세(1794년) 때 그는 경기도 암행어사로 임명되어 몇 개 고을을

암암리에 순찰하고 탐관오리를 탄핵했다. 이 순찰길에서 그는 토지와 환곡과 군포, 즉 3정(三政) 문란을 둘러싼 관료 세족들의 협잡과 농민들의 비참한 생활상을 목격하는데, 이것은 그의 전 생애를 일관하는 민중 지향적인 사고의 출발점이 된다.

"우리나라를 새롭게 하자(新我之旧邦)"라는 다산 정신은 500여 권의 방대한 저서 가운데 그 3분의 1이 정책 관련 개혁론이라는 점에서 잘 드러난다. 조선 왕조는 임진·정유왜란(1592~98)과 병자호란(1636~37) 등 엄청난 규모의 국난을 겪으면서 왕조 재정과 민생 파탄, 그리고 3정의 문란이 극도에 달했다. 시대적으로는 봉건왕조 체제의 무능과 당쟁의 병폐가 끝이 없었고, 나라의 운이 특정 정파의 정략과 실정으로 크게 기울고 있었다(강만길 외, 《丁茶山과 그 時代》, 민음사, 1990; 고승제, 《다산을 찾아서》, 중앙일보사, 1995 참조).

백성들로부터 받아들이는 토지 조세 제도와 군대 관련 징포(徵布) 제도 및 정부 양곡을 봄에 빌려주었다가 가을에 받아들이는 환곡 제도를 시행함에 있어서 각종 횡포와 병폐가 극심해 그 원성이 하늘을 찌르고 땅을 꺼지게 할 정도였다. 남부여대(男負女戴)의 이농·이촌 행렬이 줄을 잇고, 남은 사람들은 백골징포(白骨徵布)에, 묵은 밭(白地) 세금, 어린이 어른 똑같이 매긴 세금(黃口簽丁) 등 갖가지 세목(稅目) 비리와 국정 문란으로 산업 생산은 위축될 대로 위축되고, 민생은 문자 그대로 도탄에 빠져 있었다. 다산은 사회시를 통해 이 같은 서정의 불의(不義)를 고발하고 1표 2서를 통해 그 개혁방안을 제시한 것이다.

다산은 조선 초기 개혁가 삼봉(三峯) 정도전(鄭道伝)과 마찬가지로 "군주와 목민관 등 통치자가 백성(民)을 제대로 사랑하고 위하지 않으면 백성들이 존경하고 따르지 않을 것이고, 그러면 통치자로서의 자격을 상실하는 것이 하늘의 뜻이다"라는 민본사상(정약용, 《湯論, 李翼成 訳註》, 을유문화사, 1984, pp. 89~92)을 주장한다. 무위무능하고 부패한 군주나 목민관을 백성들이 바꿀 수 있다는 역성혁명적(易姓革命的)인 사상을 피력한 배경이 이러하다.

다산 선생이 강진에 유배 중이었을 때(1797년), 그가 도호부사로서 선정을 베풀었던 황해도 곡산에서 다시 폭동이 일어난 데 이어 홍경래의 난(洪景来 乱, 1811~1812)이 일어났다는 소식을 접한다. 다산은 즉시 전라도 유생들에게 이를 토벌할 것을 주장하는 통문을 띄웠다. 그 내용을 일별하면, "주권(主権)은 원칙적으로 백성에 있고, 그 담당자는 국왕을 비롯한 양반 관료층이다. 백성이 나라의 주인인 이상, 국가의 반란을 진압하는 데에도 백성이 선봉에 서야 한다"는 주장(고승제, 《다산을 찾아서》 pp. 465~476)을 폈는데, 이는 앞에서 밝힌 바와 같이 나라의 원래 주인인 백성들이 임금과 목민관도 바꿀 수 있다는 뜻이기도 하다.

일찍이 다산은 1797년 36세의 나이로 곡산부사로 부임해 과감한 행정 개혁을 단행하고 백성들의 고통을 덜어준 바 있다. 곡산에서 천연두 기술서인 《마과회통(痲科会通)》 12권을 완성하게 된 계기도 바로 백성을 살려내려는 충정이었다. 곡산부사로 재임한 1년 7개월 동안 다산은 여러 가지 중요한 경험을 했다. 그로서는 지방행정 실무를 처음 맡아본 셈인데, 이 기간 동안 그는 백성들의 뼈저린 생활을 직접 목격할 수 있었고 하급관리들의 비행이 어떻게 국가와 백성의 삶을 멍들게 하는가를 파악할 수 있었다. 이런 경험은 후일 지방관의 행정지침서라고 할 수 있는《목민심서》를 저술하는 데 크게 기여했으리라고 생각된다.

여기서 곡산부사 시절의 유명한 일화 하나를 소개하자. 그가 부임하던 날 이계심(李啓心)이라는 자가 10여 항목의 건의서를 가지고 다산 앞에 나타났다. 이계심은 전임 부사 때 그곳 백성 1,000여 명을 이끌고 관가로 쳐들어가 사또의 부정에 항의하다가 쫓겨나 도망자의 신분이었다. 요즘 말로 하면 지명수배 중인 농민 데모대 대장 격이었던 인물이었던 것이다. 이런 그가 다산 앞에 스스로 나타난 것이다.

당장 체포하자는 주위의 권유를 물리치고 다산은 "한 고을에 모름지기 너와 같은 사람이 있어서 형벌이나 죽음을 두려워하지 않고 만백성을 위해 그들의 원통함을 폈으니, 천금은 얻을 수 있을지언정 너와 같은 사람은 얻기가 어려운 일이다. 오늘 너를 무죄로 석방한다"라 했다. 다산의 한 면모를 뚜렷이 보여주는 일화다.

《목민심서》에서도 "백성(民)과 관리(牧)는 근본적으로 평등하며 牧이 그 자리를 제대로 관리하려면 봉공(奉公)과 애민(愛民)을 잘 해야 한다." 국가의 기본은 백성이며, 국가는 백성들에게 어진 정치(仁政)를 펴야 한다는 민본주권론(民本主權論)을 펴고 있다. 이 같은 개혁 사상이 시종 여일하게 다산의 모든 저작과 주의주장의 기조를 이루고 있다.

다산의 3농 철학과 산업진흥론

일찍이 다산 선생은 임금에게 올리는 〈농책〉에서 "대저 농이란 천하의 가장 큰 근본으로서 때와 땅과 사람의 화합을 기해야 그 힘이 온전하게 되고, 심고 기르는 것이 왕성하게 된다. 그렇기 때문에 낳는 것은 하늘이고, 기르는 것은 땅이며, 키우는 것은 사람이다. 이 삼재(三才)의 도(道)가 하나로 모인 다음에야 농사일과 나라일에 모자람이 없게 된다. (…) 그런데 천하 사람이 차츰 (나랏일의) 근본을 버리고 끝만 도모하니 기름진 논밭과 살찐 흙을 모두 묵히게 되고, 높은 모자, 좋은 옷을 입은 놀고먹는 사람이 늘어난다. (…) 농사일의 고통스러움을 근심하지 않고서 어찌 왕업의 터전이 굳건하길 바랄 수 있으며, 농민의 고달픔을 어루만지지 못하면서 어찌 모든 백성의 평안함을 기대할 것인가? 차라리 대막대기를 끌며 바다를 건너 이민하는 것만 같지 못하다"라고 크게 한탄했다.

불행하게도 다산의 예언은 적중하고 만다. 입으로만 개화를 부르짖던 구한말 조정은 계속된 서정(庶政)과 농정 실패에 더해진 외세의 강압에 의해 강제로 개항했을 뿐만 아니라 이에 슬기롭게 대처하지 못해 민생은 더욱 도탄에 빠지고 외세는 발호했다. 그 결과 동학농민혁명과 을사늑약이 이어졌다. 대한제국의 몰락을 전후해 이 땅의 뭇 선남선녀들이 대도시로, 만주대륙으로, 하와이로 한 많은 유랑길에 나서게 되었다.

다산은 일찍이 지주제도의 폐해를 혁파하는 토지개혁론(田論)을 주창한다. 그는 반계 유형원의 공전론(公田論)과 성호 이익의 한전법(限田法)을 뛰어넘어 '경자유전'과 '협동경영'의 원칙에 입각한 여전법(閭田法)을 제안한다(정약용, 《田論》, 이익성 옮김, 을유문화사, 1984, pp. 15~29). 다산은 농민이 농민으로 존재하려면 농지를 가지고 있어야 한다는 경자유전의 원칙을 확고히 하되 공동경영(협업)의 중요성도 함께 강조했다. 농민을 농지의 주인으로 삼는 입민지본(立民之本)은 오로지 농지의 재분배를 통해서 세울 수 있다는, 당시로서는 혁명적인 주장이었다. 이처럼 다산의 농업관은 대단히 원칙적이면서도 오늘날에도 그 시사성과 실천성이 뛰어나다.

원래 농업이란 하늘과 땅과 사람이라는 3재가 어울려 농업의 도를 일구는 것이라는 사상은, 오늘날 용어로 말하면 친환경적·친자연적 농업관을 피력한 것이다. 특히 농업은 태생적으로 세 가지 불리점이 있는 바, 이를 극복하기 위해서는 다음과 같은 농업·농촌·농민 살리기 3농 정책을 펴야 한다고 주장한다.

첫째, 대저 농사란 장사보다 이익이 적으니, 정부가 각종 정책을 베풀어 '수지맞는 농사'가 되도록 해야 한다.

둘째, 농업이란 원래 공업에 비해 농사짓기가 불편하고 고통스러우니 경지 정리, 관개 수리, 기계화를 통해 농사를 편히 지을 수 있게 해야 한다.

셋째, 일반적으로 농민의 지위가 선비보다 낮고 사회적으로 대접을 제대로 받지 못함에 비추어 농민의 사회적 위상을 높이는 정책을 펼쳐야 한다.

다산은 농업·농촌 문제를 나라와 겨레 발전의 필수기본조건으로 인식하고 있었다. 농민에 대한 관료와 토착세력들의 수탈을 고발한 〈애절양(哀絶陽)〉이나 〈기민시(飢民詩)〉 같은 수많은 시문을 통해 사회정의 확립과 민생의 바른 길을 깨우쳐준 것도 그 일환으로 보인다.

다산은 또한 상업을 발전시켜 생산과 부(소득)를 늘리되, 특권을 갖는 상업이나 매점매석은 억제하고, 중소생산자와 소상인을 보호해야 한다는 현대적 상업관을 주창했다. 즉 정부는 도매 상인들의 과도한 독점권(禁乱廛権) 행사를 일정하게 제한하는 통공(通共) 정책을 펴야 한다고 역설했다. 정조 당시 좌의정 채제공이 건의하고 국왕이 여러 신하에게 물어서 채택한 '신해통공' 개혁 정책에 다산의 기여가 적지 않은 것으로 판단된다.

다산은 영원히 살아 있다

다산이 강진에 귀양 온 지 3년째 되던 1803년과 14년째 되던 1814년, 중앙 정치무대에서 해배가 될 수 있었는데도, 그때마다 정적들의 악랄한 반대로 시행되지 않는다. 그러는 사이 세월은 흘러, 꿈에도 잊지 못하던 둘째 형 약전(若銓)이 절해의 고도 흑산도 유배지에서 《자산어보(玆山漁譜)》(우리나라 최초의 물고기 도감) 한 권을 남기고 1816년 외로이 병사하고 만다. 다산이 가장 사랑하고 따르던 형을 잃은 시름을 달랠 수 있는 방법은 고인 생전에 뛰어난 학식으로 그를 격려, 자문해주던 저술 활동을 더욱 강도 높게 계속하는 일뿐이었다. 마침내 1817년 불후의 명저인 《경세유표》

를 끝내고, 그 이듬해 《목민심서》를 마무리하자 18년간의 귀양살이가 끝난다.

귀향길에 오르기 전 8월 그믐날, 다산은 열여덟 제자와 함께 다신계(茶信契)를 만들고 강진 다산초당의 뒤치다꺼리를 신신당부한다. 그러고 나서야 18년 전 귀양 올 때는 형(약전)과 함께 걸었던 길을 홀로 걸어 고향으로 돌아간다. 돌아가는 걸음마다 눈물자국이 서려 차마 길을 재촉할 수 없었다. 2주를 걸려 9월 13일, 마현 고향집에 도착했으나 노처와 아이들의 얼굴빛이 굶주림에 처량하다. 그런데도 귀양길을 떠날 때 기록해두었던 재산 목록과 비교해 더 불어난 여유분 재산은 주변 친지들에게 나누어주도록 조치한다. 다산은 여생을 주로 고향집에 칩거하며 우리나라 제례(祭礼) 모음 책인 《흠흠신서》를 완성하고 나머지 시간에는 먼저 떠난 옛 친구와 지인들의 묘지명 지어주기, 산수 유람하기 등으로 자유인이 되어 나비 따라 청산을 오르고 냇물은 건너며 다음 세상을 조용히 준비하고 기다린다.

그리하여 부인 홍씨와의 결혼 60주년이 되는 회혼일 아침, 즉 1836년 음력 2월 22일 진시(아침 7~9시), 다산 정약용 선생은 마재 자택에서 고요히 눈을 감았다. 그가 이승을 하직하는 날 마지막으로 남긴 회혼시(回婚詩)는 지금도 우리의 옷깃을 여미게 한다.

60년 세월, 눈 깜짝할 사이 날아갔으나
복사꽃 무성한 봄빛은 신혼 때와 같구려.
살아 이별, 죽어 이별에, 사람은 늙었지만

슬픔은 짧았고, 기쁨은 길었으니, 성은에 감사하오.

– 정약용, 《뜬 세상의 아름다움》, 박무영 옮김, 태학사, 2001

유언에 따라 두 분은 지금 마재 여유당(与猶堂: 겨울 시내의 살얼음판을 건너듯 조심하고 삼간다는 뜻) 뒤 언덕의 한 무덤에 나란히 누워 있다. 마지막으로 남긴 시는 너무나 아름답다.

님은 갔어도, 님의 정신과 사상은 영원히 살아 있다. 지금도 우리 가슴속에 살아 숨 쉬고 있다. 앞으로도 다산의 정신과 사상은 오고 올 후손들의 가슴속에 영원히 살아 숨 쉴 것이다.

| 다산연구소 다산 정약용 선생 서거 178주기 묘제 및 헌다례 특강(2014년 4월 7일) |

3부

상생,
더불어 살며
미래를 그리다

내 인생의 책 – 잡학의 인생살이

지인들로부터 종종 전공이 무엇이냐는 생뚱한 질문을 받는데, 그럴 때면 망설임 없이 사람이 먹고사는 문제, 즉 '잡학(雜學)'이라고 답하곤 한다. 정치, 경제, 문화, 역사 등 거의 모든 분야에 끼어들어 의견을 말하고 글 쓰며 나서기를 주저하지 않는다. 그러면서도 밥벌이 전공 분야인 농업·농촌·농민 연구는 한시도 내려놓지 않았다. 아무튼 이 같은 잡학 인생살이가 선천적인 것이었는지 후천적인 것이었는지 알지 못한 채 살아오다가 《녹색평론》으로부터 '내 인생의 책' 시리즈 원고 청탁을 받고 나서야 새삼 내 인생을 회고하는 과정에서 명백해졌다. 나의 잡학 인생은 소싯적부터 아무것이나 집어 뒤죽박죽 독서하면서 시작됐던 것 같다.

초등학교 4학년 무렵에는 이런 일이 있었다. 당시 반장 겸 도서반장으로 학부형들로부터 구해 받은 수십 권의 책을 관리하는 책임을 맡고 있었는데, 한국전쟁이 터졌다. 이 책들을 부반장과 나눠 각자의 집에 가져가 보관하기로 했다. 하지만 책을 정리할 겨를도 없이 피난길에 올라야 했다. 40여 리 떨어진 산골 동네까지 책들을 이고 지고 이모님 댁으로 피난을 갔다. 거기서 매일 아침 영웅전 시리즈에서부터 성인용 책에 이르기까지 손에 잡히는 책을 들고 언덕 위 저수지로 올라가 읽어치웠다. 지금 생각해보면 무슨 뜻인지도 제대로 알지 못하면서 말이다. 그런데 어쩌나, 두 달이 지나자 눈이 충혈되고 눈곱이 끼고 눈물이 줄줄 흐르기 시작했다. 나중에 알게 된 사실이지만 뙤약볕 아래에서의 독서로 내 시신경이 크게 상해버린 것이다.

중학생인 나를 울린 이무영의 《농민》

글 읽는 습관은 내게 있어 거의 맹목적이었다. 누가 시켜서도, 추켜올려주어서도 아니었다. 책이든 신문 쪼가리든 심지어 길거리 간판이든 무조건 읽어야 했다. 한자투성이면 어떤가. 누구에게든 물어 읽으면 됐다.

그 무렵 내 손에 들어온 소설 한 권이 있었다. 소설가 이무영(李無影)의 《농민》이었다. 당시 나의 독해력은 제법 문맥을 짚을 줄 알고 의미도 조금씩 곱씹을 수 있었다. 유년기를 제외하고는 나고 자란 곳이 농촌 지역이다 보니, 보고 듣고 만나는 사람들이 대부분 농사와 관련된 일을 하고 있었다. 그들의 삶이 얼마나 열악한지, 또 그들의 사회적 지위가 얼마나 비통한지 일상적으로 보며 살왔다. 그때 알았다. 가난은 구조적인 문제에서 비롯된 것이지, 개개인의 잘못에서 비롯된 것이 아니라는 사실을.

"장쇠가 들어왔다!"로 시작하는 이 소설은 동학혁명을 배경으로, 부패하고 포악한 양반인 김 승지와 박 의관의 인면수심적인 악행에 대해 원장쇠라는 순박한 농민을 필두로 농투성이들의 통한을 풀어내는 일종의 계급 갈등을 다루고 있다. 형식과 형태만 다를 뿐, 내가 살았던 6.25 전후 농촌·농민의 실상과 너무도 흡사해 읽고 또 읽으며 눈물지었다. 참고로 장편소설《농민》은 5부작 중 제1부에 해당한다. 이무영 선생은 2부《농군(農軍)》, 3부《노농(勞農)》까지 출간한 후 4·5부는 미완으로 남겨놓은 채 돌아가셨다.

어쨌든《농민》은 어린 내게 내 주변의 농촌·농민 문제에 대한 관심과 비판적인 인식을 갖게 해주었다. 그렇지만 그다음 해결책을 찾아 나서는 길은 더 외롭고 고단했다.

농대로 이끈 류달영 선생의《새 역사를 위하여》

중학교 3학년일 때, 일제 강점기부터 협동조합운동을 하셨던 아버지로부터 당시 찰스 앤더슨 대령이 한국에 전파한 4-H 클럽(구락부) 운동을 소개받았다. 우리 동네도 4-H를 시작하면 어떻겠느냐 해서 전국에서는 꽤 일찍 '산정 4-H 구락부'가 조직됐다. 미국에서 시작된 보이스카우트 같은 농촌 청소년 클럽 운동으로, 농업인과 민주시민을 육성하자는 운동이었다. 4-H는 Head, Heart, Hands, Health, 즉 지·덕·노·체(智德勞體)를 뜻한다. 내가 초대 회장을 맡아 고등학교 2학년까지 4-H를 이끌었다.

"어둡고 답답한 우리 농촌을, 밝고 환하게 새로 세우려, 묵은 것을 샅샅이 털어버리고, 새 빛과 새 얼로 가꿔나가세"라고 노래하며 우리 손으로 우리 농촌에 흙의 문화를 일으키자는 4-H 깃발을 높이 들었다. 1인 1과제를 택해 배우고 실천했다. 문자 그대로 배우면서 실천하는 'Learning is by Doing(知行合一)'이었다. 당시 4-H 구락부 지도자는 박식하고 실천력이 뛰어난 한창수(韓昌洙) 선생님이셨다. 내 과제는 리트머스 시험지로 우리 동네 논밭의 산성도를 일일이 측정해, 해당 논밭 농민들에게 알칼리성 석회를 얼마만큼씩 시비하라고 권하는 것이었다. 이후 소출이 눈에 띄게 늘어나자 칭찬을 듬뿍 받기도 했다. 하지만 미국 잉여농산물이 과잉 도입되어 농산물 값이 똥값으로 떨어지고 농민 빈곤 문제는 더욱 심화되고 있었다.

당장 고민이었던 것은 진로 결정이었다. 애초에는 법대에 가 변호사가 되어 농민들의 권익을 대변하려던 계획이었는데, 갑작스러운 학내 스트라이크 사태로 심경에 변화가 일었다. 세속적인 출세 지향의 진로 설정이 너무 속물스럽게 느껴졌다. 이때 나를 일깨워 준 책이 성천(星泉) 류달영(流達永) 선생의 《새 역사를 위하여》였다. 불세출의 지도자 그룬드비히의 영도 아래 불모의 사막지대를 낙원으로 일으켜 세운 덴마크 농촌 부흥사는 뭇 청년들의 가슴을 뛰게 했다. 나도 그러했다. 결국 마음을 바꿔 농대를 지원하기로 하고 시험 과목을 부랴부랴 독파했다. 그리고 서울대 농대에 입학했다. 그때부터 내 인생의 스승이신 류달영 교수님으로부터 많은 가르침을 받을 수 있었다. 나의 삶은 서울대 농대에 입학한 순간부터 새로 시작된 것이다.

잡학의 동반자, 깨복쟁이 친구 원동석 교수

(사)민족예술인총연합 대표직을 역임한 원동석(본명 甲喜) 교수는 나의 중·고등학교 동기이자 동네 이웃이었던 깨복쟁이 동무다. 그 아버지가 수산업에 종사하여, 농업이 생업이었던 우리 집에 비해 가세가 넉넉했다. 1년 사계절 학교에 갈 때는 따로따로여도 방과 후에 귀가할 때는 언제나 함께했다.

귀갓길에 하루도 거르지 않다시피 늘 들른 곳이 있었다. 학교 옆 헌책방이었다. 가정집 1층 거실을 뼁 둘러 헌책들이 꽂혀 있었는데, 각자 한 권씩 빌려 집에 가서 읽은 다음 이튿날 아침 학교에서 책을 교환해 수업시간이 끝날 때까지 두 번째 책을 읽어치웠다. 수업시간이 끝나면 다시 헌책방에 들러 읽은 책을 반납하고 새로운 책을 빌렸다. 이 같은 '1일 2권' 독서 습관은 졸업할 때까지 계속되었다. 마음이 급할 땐 수업을 빼먹고 책방에 처박힌 적이 한두 번이 아니었다. 졸업할 무렵 헌책방에 있는 책들에는 거의 다 우리의 손때가 묻었고, 빌려볼 책이 별로 남아 있지 않을 정도였다. 책을 빌리는 값은 언제나 갑희의 몫이었다. 귀갓길에 간혹 붕어빵집에 들러 단팥죽을 사 먹었던 추억도 물론 갑희의 덕이었다.

그렇게 책을 읽다 보니 독서 범위는 아주 다양하고 광범위해졌다. 나중에는 우리의 지적 수준을 훨씬 뛰어넘는 책들을 빌려 보기도 했다. 지금도 기억이 생생한 칸트의 《순수이성 비판》이라든지 니체의 《짜라투스트라는 이렇게 말하였다》 등 도저히 이해가 안 되는 책들도 상당수 있었다. 많은 책을 무슨 말인지도 모르면서 읽어치웠다. 하지만 아직까지 기억에 남는 명구(名句)들을 꽤 건져냈던 것은 다독 덕분인 듯하다. 예컨대 목사 집안에서 태어난 니체의 그 유명한 명제, 'Got ist tot(신은 죽었다)'라든지, 괴테의 '눈물 젖은 빵을 먹어보지 않은 자와는 인생을 논하지 말라'라든지, '국민 위에 국가가 있지만, 그 국가 위에는 인간(사람)이 있다' 등은 그때 읽었던 헌책들을 통해 배웠다.

원 교수는 최근 영면하기 전 《우리 예술의 미학》이라는 책을 냈다. 그 책을 읽으며 처음엔 중·고등학생 때부터 거의 같은 책을 읽고 자랐는데도 헤어져 있는 동안 천착하는 바가 이렇게 다를 수 있는가 자탄을 금치 못했다. 같은 샘물을 독사가 마시면 독이 되고 사람이 마시면 피와 살이 된다더니. 그러나 원 교수의 예술 미학론을 더 깊이 파고들어가 찬찬히 음미해보니, 오늘날 우리 사회 곳곳에 그리고 예술과 미학 분야에 전염병처럼 번져나가고 있는 서방화의 물결과 자본의 횡포에 대한 분노에 공감하는 바가 적지 않았다. 잡학도 보기 나름이고 깨닫기 나름이 아닌가, 다시 생각하게 됐다.

학문의 길을 바로잡아준 김준보 선생님

농대의 여러 학과 중에서도 농업경제학과를 지망한 것은 그놈의 시력 때문이었다. 농업경제학과는 시력에 대한 제약이 없는 유일한 학과였다. 그런데 그 선택은 내 생애 최고의 결정이었다. 평생에 한 번 뵐 수 있을까 말까 싶은 김준보(金俊輔) 선생이 농업경제학과 주임으로 계셨다. 우리나라 초기 경제학계의 거목 중 한 분으로, 농업경제학 말고도 수리, 물리, 경제이론, 경제사 분야에 통달한 분이셨다. 또한 과묵하시지만 인정과 애정이 넘치고, 비전과 정열을 갖춘 어른이셨다.

대학에서 선생으로부터 일반경제학을 배울 때, 현대경제학의 시초인 애덤 스미스와 알프레드 마셜을 익혔고, 농업경제학을 수강할 때는 '현장에 문제가 있고, 현장에 해답이 있다'는 소박한 진리를 깨우쳤다. 매 학기마다 선생은 우리 제자들을 이끌고 농촌 현장에 나가 실태조사를 실시하셨다. 농가 부채 현황, 농산물유통시장, 농정 현장을 사전에 준비한 조사표에 따라 기록하게 했고, 그것을 분석해 논문을 쓰도록 독려하셨다. 해답을 찾으려면 언제든 직접 현장에 가서 조사해보라는 소박한 주문이 선생이 주신 가르침이었다.

이 점에 있어 선생의 역저 《농업경제학 서설》은 더 심오하다. 이 책에서 선생은 아시아적 소농 경제하에서의 농업·농촌·농민의 3농 문제는, 농업 고유의 자연적·기술적 제약과는 별도로 자본주의의 지배조건과 피지배조건, 즉 한국적 소농관계를 비판적으로 인식하지 않으면 문제의 본질을 찾아내지 못한다고 갈파한다. 이때 그가 강조하는 것은 연구자의 문제 해결을 지향하는 정열과 공감 능력이 비판적인 문제인식과 같이 가야 한다는 점이다. 알프레드 마셜의 명구, "Warm Heart, Cool Head(따뜻한 가슴에 냉철한 두뇌)"를 상기시킨다.

윤리와 도덕, 신뢰와 협동을 강조한 애덤 스미스

한국 농업은 지난 이명박·박근혜 정권하에 시장이 완전히 개방되면서 몰락에 몰락을 거듭하고 있을 뿐만 아니라 정부와 언론, 국민의 무관심 속에서 나락의 길을 헤매고 있다. 낮은 식량자급률에 부족량 대부분을 수입산 GMO와 제초제·살충제로 범벅된 유해 식품으로 채우고 있다. 국민은 원인 모를 각종 질병에 시달리고 있다.

이 같은 현상은 그간 농업 및 식량 문제를 자유시장경제 원리에 맡긴 채, 관련 정책들이 대기업 자본의 로비와 영향력에 좌우되는 정치구조에 주된 책임이 있다. 말만 자유시장경제일 뿐, 실제로는 대기업 자본에 의한 시장왜곡, 이른바 '코퍼라토크라시' 현상이 이를 묵인 내지 방조했으며, 언론 및 학계도 그 책임을 다하지 않거나 오히려 대기업 자본의 편에 섰기 때문이다. 그동안 지나치게 생산성, 효율성(능률), 가격경쟁력 따위만을 부각하여 부분적인 자료와 불완전한 가정에 입각한 계량경제학적 분석 모델로 헛된 해답을 구하고 처방해왔다. 농업의 다원적 공익 기능이라든지 역사적·

문화적 중요성, 무엇보다도 피가 있고 살이 있는 사람을 빼놓은 채 가상의 합리적 경제인(Homo Economicus)만을 분석 대상으로 삼아온 데 문제가 있다. 소농과 가족농의 중요성, 품질경쟁력과 안전성경쟁력 문제는 분석 대상 밖으로 내팽개쳐졌다.

주지하다시피 시장경제학의 근원으로 거슬러 올라가면 현대경제학의 시초, 애덤 스미스의 《국부론》에 도달한다. 하지만 스미스는 《국부론》보다 먼저 《도덕감정론》을 저술했으며, 《도덕감정론》에 더 심혈을 쏟은 것으로 알려져 있다. 말년에 보완한 《도덕감정론》에서 애덤 스미스는 "시장경제가 제대로 작동하기 위해서는 윤리와 도덕이 수반되어야 한다"고 주장한다. 또 "일반 사회 발전과의 상호관계에 대한 인문학적인 지식이 있어야 하며, 경제 주체 간 '신뢰'와 '협동'이 있어야 한다"고 강조한다.

그런데 우리나라 경제학계에서는 《도덕감정론》의 요소들, 즉 신뢰, 협동, 인문학적 지식에 대해서는 거의 취급하지 않고 자유시장경제 원리에 기반한 《국부론》만 가르치고 있다. 미국에서 학위를 받은 학자나 정치가일수록 더욱 그러하다.

동대문 고서점에서 대어를 낚다

태초에 인류가 집단을 이루어 공동체적 삶을 영위하면서부터 가장 먼저 시작한 경제활동이 다름 아닌 교환 행위다. 서로에게 넘치거나 모자라는 필요(needs)를 해소하는 유일한 방법이었기 때문이다. 그런데 시장에서의 교환 행위는 현대적 통신장비가 제대로 발전하지 않았거나, 거래 규모가 크지 않거나, 교통조건이 불편한 시기에는 어느 일정한 계절이나 기간, 기일을 정해 이뤄질 수밖에 없다. 이른바 2일장, 5일장, 10일장 등 정기시장(periodic market)이 생겨나고 발전한 계기가 여기에 있다.

우리나라 정기시장의 역사는 경제사 연구에서 자주 인용된다. 그 중요성과 역사적 가치 때문이다. 주목할 만한 사실은 일본 제국주의가 한반도를 침탈하자마자 정부 차원에서 제일 먼저 착수한 것이 시장조사사업(1913~1917년)이었다는 것이다. 이어 토지조사사업이 1918년에 완성됐다. 시장과 토지는 침략 자본의 가장 먹음직스러운 '먹이'였던 것이다.

그리고 조선총독부에 의해 최초의 전국적 시장조사보고서가 발간됐다. 젠쇼 에이스케(善生永助)가 쓴 《조선의 시장경제》였다. 필자는 1972년 12월 어느 날 동대문 고서점을 기웃거리다 우연히 이 책을 발견하고는 뛸 듯이 기뻐했다. 조사 범위가 방대하고 정교할뿐더러 역사·문화까지 기록되어 있어, 당시 한국경제를 이해하는 데 큰 도움이 되었다. 일제의 조선 침탈사를 비롯, 조선 상고사(上古史) 연구에 평생을 바친 문정창(文定昌) 선생이 쓴 역저 《조선의 시장》(1941년 판)도 있다. 그 후로는 유사한 저서나 자료를 찾지 못해 광복 이후 한국 시장경제의 변화를 알 수가 없었다.

결국 나는 국립농업경제연구소(현 한국농촌경제연구원)에 계약직 연구위원을 자원해 들어가 1975년부터 2년간 전국의 정기시장을 망라한 실증적 조사보고서 《한국의 정기시장》을 완성했다. 문정창 선생 이후 35년 만에 나온 것이었다. 지금의 서울대 농생대 김

완배(金完培) 교수를 수석연구원으로 삼아 둘이 함께 또는 각각 전국의 1,047개 정기시장 대부분을 직접 찾아가 심층 조사했으며, 객관적인 센서스 조사는 농촌진흥청(김문헌 청장)의 도움을 받아 실시했다. 조사 및 연구 항목도 조선총독부의 것보다 더 넓고 깊게 파고들었다. 공판으로 친 이 보고서는 2006년 12월 한국농촌경제연구원에 의해 4.6배판 저서로 재출간되어 전국의 도서관에 배포되었다.

"미련이 남아 다 버리지 못했네."

참으로 많은 책을 사 모았고, 머리말과 목차만 읽고 덮어둔 책도 많았다. 책 도둑질은 용서받는다는 옛말에 따라 빌렸다가 돌려보내지 않은 책도 부지기수다. 언제부터인가 귀한 책은 많은 사람들과 나눠 읽을수록 좋다는 사실을 깨닫곤 남에게 많이 빌려주기도 했고, 필요로 할 만한 곳에 많이 기증하기도 했다. 시골 학교에, 지방 도서관에, 외국 연구기관에, 국내 신생 역사연구소에 그럭저럭 3,000여 권을 기증했으나 아직도 집에는 책들이 즐비하게 쌓여 있다. 내년이면 팔순, 이제는 다 버릴 때도 되었건만 무슨 미련이 남았나. 요즘은 종종 내 귀에 "책 좀 내다버려, 이사 좀 편히 가게" 하는 환청이 진실처럼 들리곤 한다.

| 녹색평론 2017년 9/10월호 |

남북한,
나도 살고
너도 사는 길 있다

박근혜·최순실의 국정농단에 따른 국민탄핵으로 새 대통령을 뽑는 대선이 일찍 다가올 모양이다. 출사표를 밝힌 후보가 벌써 일곱 명을 넘어섰다. 그런데 무엇을 어떻게 개혁하겠다는 콘텐츠가 잘 보이지 않는다. 어떻게 한반도의 현안인 남북 간 평화체제 구축과 공정사회 건설을 이룩하겠다는 것인지, 새 세상을 꾸릴 청사진도 보이지 않는다. 국내 정치개혁 과제 못지않게 심각하고 중요한 과제가 한반도에 평화체제를 확고히 하는 일이다. 그래서 앞으로 후보들의 공식적인 정책 준비와 공약 발표에 도움이 되기를 바라는 뜻에서 남북한 간 신뢰 회복과 교류협력 증진의 기본방향을 필자의 10여 차례 방북 경험에 기반해 소개하고자 한다.

실낙원의 별: 금강산과 개성에서 거둔 성과

이명박 정권이 출범하기 전 2007년까지, 필자는 북녘땅에 갈 때마다 직업의식이 발동해 기어코 농업기관, 묘목원, 농촌, 농가, 농장 등에 들르곤 했다. 그중에도 금강산 일대와 개성공단 인근의 남북한 농업합작사업장을 방문한 일이 있다. 민간 차원에서 정부의 간접지원을 받은 통일농수산사업단(남측 대표 이우재, 이병호)이 2005년부터 북측 농업성 농업과학원의 후원으로 금강산 삼일포와 금천리 등 2,500여 헥타르, 4,000여 가구의 11개 협동농장에서 농업협력 사업을 펼치고 있던 현장도 금강산 나무 심기를 겸해 수차례 방문했다. 그곳에서는 남측 전문가의 기술 지도 및 자재 지원 아래 벼농사를 비롯해 보리와 밀 재배, 옥수수와 콩 농사, 봄감자, 김장채소, 과채류와 고등원예, 양돈, 양잠, 양봉 등이 진행되고 있었을뿐더러, 유기농 전문가 이○○ 선생을 파견 농부로 모시고 비닐하우스 농법과 유기농 농법도 전수받고 있었다. 삼일포 일대의 협력사업이 초기부터 기대 이상의 큰 성과를 내 2007년부터는 개성 송도리 협동농장 등으로까지 확대되었다. 2008년 이명박 정권이 등장하면서 전면 중단되기까지 3년간의 성과는 실로 눈부셔서, 장차 북쪽 식량·농업 발전의 가능성과 전망에 대해 획기적인 희망을 갖게 했다.

비교적 농사짓기가 불리한 동해안의 금강산 지역과 서해안의 개성 지역에서의 벼농사 협력 성과를 보면 단위면적당 생산성이 30~33%나 증가했고, 밭작물은 거의 50%의 증산을 기록했다. 이는 단위면적당 토지생산성이 세계적으로도 최고 수준인 남한 농업의 토지생산성의 약 90% 수준이었다. 이외에도 이모작이 가능한 면적이 금강산 지역에서만 세 배나 늘어났다. 선진농법과 농자재 그리고 농업기계화에 의한 적기적산(適期適産)의 효과다. 양돈사업을 통해서는 자체적인 유기질 비료(퇴비) 조달도 가능해졌다. 문자 그대로 실낙원에 별이 뜨고 있었다.

그러나 UN FAO 최근 추정자료에 의하면, 북한은 현재 식량 총생산량이 정곡 기준 480만 톤 내외에 불과하다. 정상적인 식량 수요량 650만 톤에 크게 미달한다. 그래도 식량자급률은 남한의 22.4%보다 훨씬 높은 약 73.8% 정도다. 북한 주민을 근근이 먹여 살리기 위해 필요한 최소한의 양곡 수요량을 550만 톤이라고 가정해도 연간 약 70만 톤 안팎이 부족하다. 그러나 외화 사정이 여의치 않아 부족한 식량을 제대로 사들여오지 못하기 때문에 북한 주민들은 해마다 굶주리는 사람이 속출하고 노약자와 어린아이들의 영양상태가 아주 심각하다고 UN 세계식량계획(WFP)은 보고하고 있다. 그럼에도 이명박·박근혜 두 대통령은 재임기간 동안 비료 한 바가지, 쌀 한 톨 지원하지 않았다.

이러할 때 금강산과 개성의 협동농장에서 3년간 거둬들인 성과는 남북협력의 큰 가능성과 전망을 보여준다. 이 같은 협력사업을 북한 전 지역의 논밭에 적용할 때 북한은 필요한 식량을 거뜬히 자급할 수 있을 뿐만 아니라 협력 상대방에게도 일부 돌려줄 수 있을 것으로 추정된다. 북한은 남한에 비해 논 면적이 적지만, 밭 면적은 훨씬 커서 총 경지면적이 남한보다 21만 헥타르(12.5%)

나 더 넓다. 거기에 기후온난화로 이모작이 확대될 가능성을 고려한다면, 남한 인구의 절반에도 못 미치는 북한 주민들에게 '이팝에 고깃국'을 배불리 먹게 해줄 날이 머지않았음을 전망할 수 있었다.

신뢰 형성의 근본: 식량·농업 협력

대저 분단된 나라에서 평화와 통일을 바라보려면 무엇보다도 신뢰관계를 튼튼히 쌓는 일이 필수적이다. 신뢰관계는 단순히 '비핵 3000'을 운운하며 "나를 믿어주세요" 같은 헛된 구호로는 쌓기가 불가능하다. 자주 오가고, 만나고, 주고받고, 나누는 과정에서 신뢰의 싹이 트고 자라는 것이다. 없는 측에 대하여 있는 측이 먼저 손길을 내밀어 조건 없이 나누고 돕는 곳에 믿음이 싹튼다는 것은 만고불변의 인지상정이다. 불화하던 형제 간에도 또는 서로 싸우던 지역, 조직, 모든 인간관계에서 배려와 나눔이 먼저여야 신뢰관계가 형성된다.

남북 간의 신뢰관계를 바탕으로 현안을 논의하고 협상을 해야 진정성 있는 양보와 타협이 가능하다. 신뢰는 인권과 인도주의의 가장 기본적이고 가장 보편적인 문제, 즉 배고픔과 가난에 시달리는 상대를 지원하는 것에서부터 시작된다. 바꾸어 말해, 남북관계의 평화를 위한 대화 재개는 인도주의와 생태주의 차원에서, 식량·농업 분야의 협력에서 먼저 시작되어야 한다는 뜻이다. 이는 대북 농림수산 분야 협력사업을 가리킨다.

남북한 간의 신뢰 회복이 선행되어야 핵, 인권 등 좀 더 크고 장기적인 정치적·군사적 문제에 대한 합의도 이룰 수 있다. 이는 기본적으로 인도주의와 민생 살리기에 기반한 남북 간 식량·농업 협력이 우선돼야 함을 뜻한다. 고기 낚는 방법과 수단의 제공은 그다음에 뒤따라야 한다. 남북정상회담 개최나 남북경제연합 또는 북핵 문제와 한반도 평화체제 문제 등도 그다음, 다음에 협의될 사안이다.

남북한 간 상호이익이 되는 분야부터 시작해야

이미 통일농수산사업단이 금강산과 개성 지역에서 시범을 보인 식량·농업 협력사업을 북한 전역으로 확대할 의지를 남측이 확실히 보일 때에 비로소 '신뢰 프로세스'가 형성되고, 문재인, 안철수 등 여러 대선 후보가 역설한 5대 협력사업 또는 '평화로운 한반도' 구상도 지속적인 남북한 간 식량·농업 협력의 바탕 위에서만 선순환의 탄력을 받을 수 있다. 왜 이런 기본을 모르고 있는가. 너무 작은 사안이라고 깔보다가는 1% 부족으로 모처럼 엮은 남북 간 협력 무드가 깨지기 일쑤다.

중국이 북한의 각종 광산과 광물성 자원을 독점적으로 장악한 것은 식량 및 농업 협력 분야에서 중국이 북측의 신뢰를 먼저 얻은 데서 가능했다. 이미 나선경제무역지대에서는 중국의 베이다황(北大荒) 그룹이 560헥타르의 농지에 고효율 농업시범지구를 지원하고 있다.

남북한 간 상호이익이 되거나 도움이 되는, 그리하여 장차 남북 신뢰관계 형성에 근간이 되는 농림수산 분야 협력사업은 헤아릴 수 없이 많다. 북한에 식목사업과 양묘사업을 지원하는 등 다양한 산림 분야 협력은 국제적으로 탄소배출권을 우리나라가 행사하는 꿩 먹고 알 먹는 사례가 될 것이다. 국내 환경오염 대처 차원에서 남한에 넘쳐나는 가축분뇨와 남은 음식 등을 활용해 만든 유기질 퇴비를 북한에 보내는 운동 역시 서로에게 도움이 되는 환경 및 농업 분야 협력사업이다. 그 밖에 남측의 선진 영농기술 지원, 비닐하우스 고등원예 사업 및 양돈 등 축산 분야(한우 및 산양 등 풀사료 가축)에서의 협력은 서로 간에 이익을 기대할 수 있다. 전통적으로 남북은 남쪽의 쌀농사, 북쪽의 밭농사로 서로 보완관계를 이뤄왔으나, 지금은 둘 다 저조하다. 보완적인 협력이 절실하다. 공동 양식어장 사업은 서로에게 이익이 되는 대단히 유망한 협력 사업이다. 남측의 기술 및 자재 제공과 북측의 노동력 및 오염되지 않은 바다 제공으로 막대한 어패류와 해조류 생산이 가능하다. 그 판매처와 수출 가능성도 막대하다.

'나도 살고 너도 살리는' 길

이렇듯 농림수산 분야에는 서로 이익이 되는 사업이 수두룩하다. 2008년에 중단된 남북 간 농림수산 분야 협력사업만 재개해도 그 확대 지속가능성은 무궁무진하다. 지구온난화로 한반도 기온이 세계 평균의 두 배 속도로 상승하는 추세에서 장차

20~30년 후에는 남한의 농림수산업 상당부분이 북쪽으로 이동할 것이다. 그에 대한 대책 차원에서라도 농수산업 협력사업을 지금부터 시작해야 한다.

특히 친환경 생명농법의 공동 활용과 협력은 당장 시작해도 늦지 않다. 농약과 화학비료를 외부에서 조달하기 어려워진 북한은 일찍부터 친환경 미생물농법과 자재 개발에 힘써왔다. 지금 환경 생태계 보전 과제와 안전한 농산물/식품에 대한 범세계적 수요가 날로 증대하고 있다. 안전한 먹거리 생산·공급은 남북한 간에 긴요한 생명농업 협력 방안이다.

걱정은 소소한 미시 분야 협력사업 등 기본에는 취약하고 거대 담론에만 몰두하는 근시안적인 지도자들이 혹시나 차기 정권의 대권을 잡고 또다시 이명박 식 허세와 박근혜 식 고집을 계속하지 않을까 하는 것이다. 대권을 잡아 한반도를 통치하고픈 대망에 불타고 있는 이라면 마땅히 남북이 서로 이익이 되는 교류협력 사업에 대한 비전과 책략이 준비되어 있어야 한다. 그것은 생명 농수산업 협력을 통한 남북한 서로 돕기의 길이다. '나도 살고 너도 사는(Live and Let Live)' 것이 정답이다!

| 한국농정신문 2017년 1월 30일 |

누가 백남기 옹을 죽게 했는가

국민은 부모의 연이은 '서거 사태' 때 며칠씩 밤낮으로 통곡하며 거리에 뛰쳐나와 저승길을 떠나는 님들을 곱게 배웅하는 수고를 마다치 않았다. 세월이 흘러 그 딸이 대통령에 입후보하자 원래부터 천성이 착한 이 땅의 서민들, 특히 순박한 농민들은 선친이 생전에 베푼 은고(恩顧)를 잊지 못해 열렬히 지지하고 나섰다. 금상첨화, 그 무렵(2012년 11월경) 가마당 17만 원에 머물러 있던 추곡 가격을 "내가 대통령에 당선되면 가마당 21만 원까지 끌어올리겠다"고 공개적으로 약속까지 하니, 농민들 마음이 그에게 쏠린 것은 물론이다.

당선 3년 후인 2015년 11월 박근혜 정부에서 추곡 가격은 가마당 15만 원대로 곤두박질쳤다. 2008년 이명박 정권이 들어선 이래, 이전 정권들이 연례적으로 시행해오던 잉여곡 40만~50만 톤의 대북 쌀 지원(장기대여)을 중단한 데다 WTO 협약에 따라 미국·중국·태국 등 외국산 쌀을 의무적으로 매년 40만~50만 톤을 수입하다 보니, 가까스레 유지돼오던 국내산 쌀의 수요·공급 균형이 공급과잉으로 크게 기울어 추곡 가격은 해마다 폭락할 수밖에 없다. 올해(2016년)의 추곡가 역시 더 추락해 가마당 13만 원대로 20여 년 전 가격이 되었다. 이런저런 출하경비를 제하면, 실제 농민 수중에 떨어지는 수입은 가마당 11만 원 정도가 될까 말까다. 호당 농가소득이 도시근로자 수입의 60% 수준으로 몰락한 원인 중 하나다. 순박한 농민들은 하늘을 원망하랴, 오매불망 박근혜 대통령의 언약에 기대할 수밖에 없었다.

백남기 옹이 쓰러진 이유

그중에서 가장 못난 노인이 고(故) 백남기(70세) 옹이었다. 서울에서 대학을 다니다가 마음먹고 고향 땅에 내려가 천주님의 가르침대로 친환경 농법에 따라 쌀과 밀 농사를 짓던 백남기 씨는 2015년 11월 14일 서울에서 개최된 전국 농민동지들의 쌀값 보장 촉구 모임에 참가한다. 박근혜 대통령에게 탄원하는 시위 도중 청와대 가는 길이 차단당하자 그 길을 열려다 경찰이 직사로 쏜 물대포를 수십 초 동안 얻어맞고 쓰러져 영영 일어나지 못한 채 317일을 버티다가 지난 9월 25일 오후 2시 15분 선종(善終)했다.

그동안 직접 당사자인 경찰청 간부와 수뇌부인 행자부는 물론, 농림 당국, 청와대 관료 중 누구 하나 서울대병원으로 걸음해 위문 한 번 하지 않았다. 경찰 총수는 한술 더 떠 불법시위자가 죽는다고 공권력이 사과해야 하느냐고, 전 국민이 보는 TV 앞에서 당당하게 답변했다. 쌀값 21만 원을 약속했던 박근혜 대통령은 지난 1년 동안 그 숱한 언행 중에 백남기 옹의 비참한 사태에 대해서만은 단 한마디도 하지 않았다. 비상시국이라면서 유언비어 단속을 강조하면서도 충성스런 장차관들에게는 내수 진작을 위해 골프를 치라고 독려한 대통령이, 백남기 씨 유가족에 대해서는 사과든 위로든 한마디도 없는 것이다. 하기야, 정부의 늦장 대응과 무능으로 304명의 무고한 생령(生靈)을 수장시켜놓고 애타게 울부짖는 유족을 외면한 참으로 냉정한 분이 박근혜 대통령 아니던가. 단식하며 통곡하는 유족들 농성장 앞에서 어디서 일당을 받았는지 모를 이들이 치킨과 피자로 파티를 열면서 인간으로서는 차마 하지 못할 망나니짓을 해대도 박근혜 정부의 공권력은 못 본 체했다. 시국은 바야흐로 '배신의 계절'임이 분명하다.

맹자는 일찍이 인간의 본성은 선천적으로 다음 네 가지 덕성과 능력을 갖추고 태어났다고 했다. 이른바 심성의 네 가지 기본 실마리(사단[四端])를 두고 한 말이다. 조선 왕조 500년을 통치해온 성리학의 기본철학이 이 '4단 7정(四端七情)론'에 함축되어 있다. 나라를 통치하고 백성을 다스리려는 자가 반드시 갖춰야 할 네 가지 기본 덕목이기도 하다. 그것은 예나 지금이나, 동양이나 서양 모두를 관통하는 기본 통치철학이다. 이 네 가지 덕목이 결여된 지도자에게는 통치자의 자격이 없다. 그것이 결여된 정치사회는 미래가 없다. 동서고금의 정치·사회·역사가 증명하고 있다.

그러면 백남기 옹은 누가 죽였는가? 경찰인가, 물대포인가? 백남기 씨가 병들어 죽었다고 수상한 사망진단서를 작성한 의사들인가? 모두 맞다. 그러나 이들은 원인 제공자가 아니다. 쌀값 21만 원을 약속하고도 국정 실패로 17만 원에서 15만 원, 13만 원으로 떨어지게 한 박근혜 정부의 무위, 무능, 무관심이 원죄 아니던가! 그러니 이 정부 어느 누구도 한마디 위로를 하지 못하고 위문하지도 못한다. 오히려 박근혜 대통령의 공약을 성토하는 농민들이야말로, 비상시국의 불순 세력임이 틀림없다고 몰아대지 않던가. 그러면 엊그저께 백남기 옹의 죽음을 애통해하며 "우리가 백남기다"라고 외치던 대학로의 3만여 명의 시민들과 농민들의 추모 행진도 '종북좌파' '불순세력'이라는 말인가. 박근혜 씨가 대통령이 된 지난 3년 반 동안 왜 그리 많은 불순분자가 생겨났는지 알다가도 모를 일이다. 그 아버지 박정희 대통령 치하의 유신 시절, 많이 들어본 일이 아닌가.

자기가 한 말과 행위를 기억했다가 후에 잘못했음을 판단할 줄 아는 것이 인간이다. 이를 가리켜 의롭지 못함을 부끄러워하는 '수오지심'이라 한다. 박근혜 대통령이 후보 시절 문서와 공개 연설로 약속한 '농정 공약'은 수없이 많은데 그중 일반 국민이 기억하는 말만도 수두룩하다.

"농어업인의 땀이 헛되지 않도록 희망찬, 행복한 농어촌을 만들겠습니다."

"농업·농촌 문제만큼은 제가 직접 챙기겠습니다."

"쌀값을 가마당 21만 원으로 올리겠습니다."

지난 9월 29일 열린 농림축산식품부의 국정감사에서 드러난 지난 3년 반 동안의 농정 공약 이행도는 한심하다 못해 과거로 후퇴한 모양새다. 이 추세대로라면 쌀값은 박정희 시대 가격으로 회귀할 날이 머지않은 듯하다.

정부 예산은 박근혜 정부 치하의 2013~16년에 대략 13%가 늘어났으나, 농업 예산은 그 반토막도 안 되는 6% 오르는 데 그쳤다. 청장년이면 너도나도 농촌을 떠나 농림어업 가구는 지난 5년 사이 11만 호나 줄었고, 농림어업 인구는 사상 최저를 기록했다. 또 고령화 비율은 37.8%로 국가 전체 고령화 비율보다 3배나 높다. 총 경지 면적은 5년 전에 비해 9.6% 줄었으며, 농가당 경지 면적은 2.3% 줄었다. 농축산물 연간 판매액이 1,000만 원 미만인 농가가 68%에 달한다.

한 달에 농가당 판매한 액수가 채 100만 원도 안 된다. 식량자급률은 사상 최저인 23.6%로 OECD 국가 중 최하위다. 부족한 식량은 미국·브라질·아르헨티나 등 외국에서 들여오는데, 70% 가까이가 GMO로, 식용 GMO 수입은 대한민국이 세계에서 1위다. 사료 곡물을 포함하면 세계 2위 수준이다. 제초제와 살충제에도 끄떡없는 박테리아 등 이종 생물의 DNA 유전형질을 인공적으로 이식한 괴물 식품을 대한민국 어른과 어린이가 매일 먹고 마신다. 요컨대 우리나라는 'GMO 가공식품 천국'이다. 바야흐로 대한민국 국민은 실험실 속의 쥐 신세처럼, 목하 GMO 시식 생체 실험 중이다.

누구를 위한 국가인가

한 술 더 떠 골치 아픈 농업 문제의 원인을 아예 제거해버리려는지, 한민족의 주식인 쌀마저 농촌진흥청이 앞장서서 김제평야 들머리 완주군 이서면을 비롯해 전국 주요 지역에서 유전자조작하여 시험 재배하고 있다. 고위관료 출신 모 여당 의원은 쌀 과잉공급 대책이랍시고 절대농지 격인 농업진흥지역을 아예 줄이거나 없애버리자고 노래를 부른다. 바야흐로 박근혜 대통령 치하에서 버젓이 막장 드라마가 펼쳐지고 있다. 이를 부끄러워하는 사람이 이 시대 우리 지도층 가운데 아무도 없단 말인가.

이러할 때 북녘땅 함경도에 물난리가 났으니, 이를 계기로 다시 북쪽에 쌀을 지원하면 국내 쌀 수급 균형 달성(쌀값 안정)은 물론 북핵 문제로 골치 아픈 현 시기의 남북 화해 진작에도 도움이 될 것이라는 국민의당 박지원 의원의 국회 대표 연설은 차라리 신선하다 할까. 이것이야말로 우리의 오래된 미래가 아니던가!

박근혜 대통령은 지난 8월 24일 장차관들을 모두 청와대로 불러 "대통령에 취임하면서 국민들에게 드렸던 약속을 지금 이 순간까지 한시도 잊어본 적이 없다"면서 "3년 반 동안 역사적 책무를 다하기 위해 한순간도 소홀함이 없이 최선을 다해왔다"고 말했다. 그러면 대통령 취임 전 약속은 깨끗이 잊었단 말인가? 모두들 의아해한다.

그러면서 무슨 억하심정인지, 박근혜 정부는 중앙 단위에서 국가 예산의 80%를 쥐고 있으면서 20%를 쥐고 있는 지방자치단체들이 고용절벽 앞에서 신음하고 있는 이 시대의 불운한 청년들에게 임시고용수당을 지급하려고 해도 '안 된다', 농촌·농민·농업에 중앙정부가 안 하거나 못 하는 소득지원 사업도 '안 된다'며 틀어막는다. 우리나라가 진정 선진국이라면 국가 예산과 권한을 20 대 80 정도로 나눠 갖는 명실상부한 '지방자치 분권제'를 실현해야 마땅하지만, 당장 그러하지 못할 사정이 있다면 60 대 40 또는 50 대 50이어도 좋고, 그것도 어렵다면 소외계층과 소득취약계층을 위해 빈약한 지방재정 한도 안에서라도 교육·의료·복지·농어민 소득지원사업을 허(許)하는 것이 순리일 것이다.

농업이 환경생태계 보전, 땅과 흙, 물의 보전, 자연경관 보전, 전통문화 보전, 전국의 균형 발전 담보 등 보이지 않는 공익 기능 수행에 따른 대가로, 농가의 기본소득을 보장하고 민생복지를 부양하는 것이 오늘날 선진 각국의 추세다. 중앙정부가 앞장서서 그렇게 하지 못할망정 지방자치단체의 쪽박일랑은 깨뜨리지 말아야 할 것 아닌가. 맹자 왈, 그것이 '사양지심'이다.

전국 소농민들의 협동조합인 농협중앙회 비상임 회장이 8년 임기 동안 받아간 근로소득 보수가 무려 50억 원이 넘었고, 지난달 받은 퇴직금은 무려 11억 원이 넘는 것으로 알려졌는데도, 박근혜 정부는 이상하게도 모른 체한다. 농민은 죽어나도 농협 임직원만 잘살면 된다는 심보란 말인가. 마찬가지로 정부기관 또는 공공기관 및 은행 임직원들의 보수가 선진국 수준의 고액인 것은 용인하고, 정부 지원을 받는 사기업 임원들의 천문학적인 고액 보수도 모르는 체하면서 부자와 대기업 감세 조치는 이명박·박근혜 정부 들어

한결같이 관대하다. 그 대신 서민들의 애환을 달래는 담뱃값은 턱없이 두 배 넘게 올리고, 자동차 운행 범칙금 수입을 높이는 데 혈안인 정부는 옳고 그름을 제대로 가릴 줄 모른다. 아무리 영어·중국어·프랑스어를 잘한다 해도 맹자의 '시비지심'을 더 공부해야 할 것 같다.

농업·농촌·농민을 살려 우리나라 환경생태계와 국민의 건강을 살리려면, 지도층과 관료 목민관들이 사단의 네 가지 기본 덕목을 제대로 갖추게 하는 것이 급선무다. '누구를 위한 국가이고 정부인가'부터 다시 공부시켜야 한다. 사람을 먼저 살리고 농민을 중심에 두는 정부와 통치자가 나와야 하지 않겠는가! 없으면, 외국에서 수입해서라도 대체해야 한다고들 말한다.

| 프레시안 2016년 10월 8일 |

메르스 사태와 안전한 밥상

"도대체 어떤 음식을 어떻게 먹고 살아야 하나요?" 안전한 밥상과 온전한 식품(Whole Food), GMO 등에 관한 글을 발표하는 과정에서 심심치 않게 받는 질문이다. 그런 질문을 받으면 장관 초임시절 국무회의 석상에서 김대중 대통령이 느닷없이 "농림장관, 무엇을 안심하고 먹을 수 있는가?"라며 꾸짖듯 질문해 당황했던 기억이 새삼 떠오른다.

친환경 농업 정책의 계기

어리둥절하는 순간 퍼뜩 떠오른 것이 그날 조간신문 사회면의 톱기사, '가락동 도매시장, 깻잎 등 채소류에서 맹독성 농약 검출'이었다. 엉겁결에 "예, 무농약 유기농업을 정책적으로 적극 권장,

지원해야 합니다"라고 대답했다. 예정에 없던 즉문즉답은 "그럼, 그렇게 하시오"라는 대통령의 지시로 결말이 났다.

그리하여 1998년 11월 11일 제3회 '농민의 날'에 대통령과 총리가 참석한 행사장에서 '대한민국 친환경 유기농업 원년'이 선포됐다. 그 후속조치로 친환경 유기농 판매를 전문하는 「생협법(소비자협동조합법)」이 제정되고 저농약, 무농약, 유기농 인증 지원을 골자로 하는 「친환경농업육성법 시행령」이 실시됐다. 농림부 조직 안에 친환경농업정책과와 국립농산물품질관리원이 설립됐으며, 정부 인증 친환경 농업에 대한 직접지불(소득보조) 제도가 최초로 도입됐다. 정부가 친환경 유기농업을 제도적으로 뒷받침하는 첫 사례가 된 것이다.

그 결과 지난 십수 년 동안 우리나라에 다시 친환경 농업 시대가 열렸고 비약적으로 성장했다. 특히 온전한 식품, 유기농 식품에 대한 국민 소비자의 인식이 크게 높아졌다. 이전까지는 식품의 가치를 칼로리 양으로만 판단해왔는데, 최근 선후진국을 막론하고 잇단 신형 질병사태에 임해 안전성과 면역력, 자연치유와 복원력의 입장에서 찾게 된 것이 '온전한 식품' 개념이다. 칼로리 영양가치 차원을 넘어서 생명, 건강, 안전, 환경생태계 차원으로 확대된 것이다.

면역력을 증강시키는 온전한 식품

필자는 언제부턴가 '도시 농부'라고 자랑 삼아 자기소개를 한다.

비록 내 소유의 농지는 없지만, 20년 전부터 농사일을 놓지 않고 살다 보니 꽤 이력이 붙었다. 지금 살고 있는 아파트 옥상에서도 6년 전부터 상자화분 40여 개에 각종 채소 농사를 지어 자급자족하고 있다. 유기농 퇴비는 괴산의 흙살림연구소 것을 사서 쓴다. 처음에는 110개 상자 농사로 제법 규모를 키웠으나 재작년 폭우를 맞아 혼쭐이 난 후 규모를 대폭 줄였다. 지금은 42상자에 상추, 쑥갓, 고추, 부추, 깻잎, 토마토, 오이, 고구마를 심고 뽕나무, 두릅나무, 블루베리 나무도 기른다. 물론 주민들에겐 누구나 자유로이 솎아갈 수 있음을 공지했다. 나는 기본적인 묘종과 재료 조달을 비롯해 심고 가꾸고 하루 두 차례 물을 주는 수고를 자원할 뿐이다.

메르스 사태가 터지고 면역력이 약한 노약자들이 메르스에 걸려 쓰러져간다는 소식이 들렸지만 나는 내 건강에 대해서는 전혀 염려하지 않았다. 옥상에서 가꾼 유기농산물뿐만 아니라 인근 한살림 생협에서 나머지 친환경 식품재료를 조달해온 덕분인지 몇 년째 감기 한번 걸리지 않을 만큼 건강했기 때문이다. 내 주변의 도시농업인들과 농촌의 유기농부들 역시 의연한 행동거지를 보여줬다. 유기농 흙에서 유기농업으로 자라면서 각종 병충해와 변덕스런 날씨에 내성이 강화된 농산물 자체가 면역력 덩어리이기 때문이다. 더 많은 수확량을 거두고 더 많은 돈을 벌기 위해 각종 농약과 극독성 제초제, 화학비료를 남용하다 보면 식물의 면역력과 회복력이 쇠퇴하고 환경생태계가 망가져 흙 속의 유용 미생물까지 없애버리는 대신 내성이 강화된 슈퍼 잡초, 슈퍼 해충을 불러들여 더 독한 농약을 살포해야 하는 악순환에 내몰린다. 안타깝게도 현재 우리나라 관행농업이 이 지경이 되었다.

벌레 먹고 못생겨도 더 맛있고 더 안전해요!

도시농업 20년에 터득한 또 하나의 진실은 벌레들이 용케도 살충제든 제초제든 농약을 친 농산물에는 가까이 가지 않고, 설사 접근하더라도 전혀 입을 대 먹으려 하지 않는다는 사실이다. 장난 삼아 상추나 깻잎 한쪽에 모기약을 뿌려봤더니 눈도 없고 귀나 코도 없어 보이던 애벌레란 놈이 쭈뼛거리다가 농약을 뿌리지 않은 쪽으로 슬금슬금 자리를 옮긴다. 아! 그러고 보니 우리는 이제까지 벌레도 위험하다고 기피하는 농약으로 뒤범벅된 농산물을 예쁘고 잘생겼다고 애호해오지 않았던가.

말이 나온 김에 한마디 덧붙이면, 우리 가족은 쌈채소류 중에 깻잎을 제일 좋아한다. 그 많은 채소 중에 벌레가 제일 먼저 덤벼드는 것이 깻잎이기 때문이다. 몇 밤만 지나면 곳곳에 구멍을 내고 야금야금 갉아 먹어버린다. 다 같은 쌈채소류인데 벌레가 깻잎을 제일 먼저 공략한다는 것은 필시 미식가인 벌레의 취향에 깻잎이 딱 맞는 모양이다. 생각해보니, 1998년 초임 장관 시절 국무회의에서 대통령의 질타를 받게 만든 장본인도 맹독성 농약이 검출된 깻잎이었다. 미물인 벌레가 좋다고 덤벼드는 맛 좋은 채소가 깻잎이라는 사실은 우리 가족들에게 의미하는 바가 대단히 컸다. 요즘엔 유기농업용 생물농약이 많이 보급됐고 심지어 미생물농약까지 개발돼 벌레 먹지 않은 유기농 깻잎과 채소류, 곡물들이 시장에 많이 출하되고 있지만, 개중에는 종종 벌레 먹어 구멍 나고 못생긴 농산물도 있다.

다시 한 번 자작 구호인 "벌레 먹고 못생겨도 더 맛있고 안전해요!"라고 말할까. 게다가 면역력까지 잔뜩 품은 '온전한 식품'에 이르러서야.

'살림운동'의 선구자, 박재일 선생

- 농업이란 하늘이 낳고 땅이 기르며 사람이 자라게 한다.(茶山)
- 좁쌀 한 알 안에도 우주가 있다.(장일순)
- 예수님께서 마른 생선, 빵 몇 조각으로 수많은 구도자를 나눠 먹였듯이, 콩 한 쪽이라도 배고픈 이들과 나눠 먹으며 살아야 한다.(원경선)
- 농부는 자연을 돌보아 먹거리를 생산하고, 공인(工人)은 이를 물건으로 만들며, 상인은 이를 널리 유통시켜 만인에게 닿게 한다.(한농훈)
- 생산자농민은 소비자의 생명을 보장하고, 소비자국민은 생산자농민의 생활을 보장하자!(박재일)

금세기에 이 같은 삶의 원리를 가장 충실히 수행하다가 가신 분들이 원경선, 장일순, 박재일 선생이다. 2010년 8월 18일에 작고한 한살림운동의 선구자 박재일 선생은 평생 하늘과 대자연을 섬겨

친자연 유기농법을 충실히 수행했고 이를 절실히 필요로 하는 사람이면 형편이 어떻든 관계없이 누구에게나 골고루 닿게 하자는 '살림' 운동을 묵묵히 실천해온 분이다. 그는 농민생산자들을 공손히 모셨을 뿐만 아니라, 소비자 사대부중도 겸허히 받들었다. 그 위대한 섬김의 도구가 다름 아닌 '안전한 밥상'이었다. 생산한 사람, 먹는 사람, 하늘과 땅이 두루 건강한 세상을 만들어가자는 한살림 운동으로 결실한 것이다.

우리 국민의 절대다수가 메르스 사태에 임해 절실히 깨달은 진리는, 지구상의 인류는 안전한 먹거리 생산·유통·소비를 통해 각종 질병에 맞서 강한 힘을 키워왔다는 사실이다. 다른 한편, 모든 번민과 나약함과 사악함이 인간의 끝없는 탐욕으로부터 비롯되기 때문에 생명체인 인간의 자강력을 떨어뜨리는 번민과 스트레스는 안전한 밥상 앞에서 겸허해질 수밖에 없다. 돈, 그놈의 돈 욕심 때문에 땅속의 유용 미생물까지 죽여가며 사람의 건강을 해치고 자연환경을 파괴하는 농사를 지어야 하나. 그 욕심 때문에 어엿한 생명체인 축생들을 좁은 공간에 빽빽이 가둬놓은 채 선진 양돈, 선진 양계, 선진 축산이라고 뻔뻔히 말할 수 없는 노릇이다. 먹거리 농산물과 사람과 축생과 미물 등 모든 생명체를 지폐로 확대재생산하려 드는 산업적 농업, 공장식 축산, 화학농법을 어찌 선진 과학기법이라 말할 것인가. 더욱이 멀쩡한 생명체의 유전자마저 이종 물질로 바꿔 더 많은 돈을 벌겠다고 달려드는 GMO 식품을 버젓이 내다 팔면서 완전 표시제 실시를 한사코 가로막고 있는 죽음의 화학농산업과 식품산업을 어찌 구국안민의 도구라고 말할 수 있는가.

박재일 선생은 '죽음'의 생산을 청산하고 '살림'의 밥상을 이 땅에 확고히 정착시킨 선구자다. 우리 후손들 가운데서 제2, 제3의 박재일이 탄생할 날을 대망해본다.

| 한국농어민신문 2015년 8월 7일 |

지역 서로 살림의 길

1970년대 말에 등장한 신자유주의 담론이 오늘날 범세계적인 핵심 정책으로, 우리 사회의 정치·경제 등 곳곳에 깊숙이 뿌리내려 일상을 지배하고 있는 현실을 직시하지 못하면 '지역상생 포럼' 창립 의의가 반감될지 모른다는 상황 인식이 중요하다.

'돈 지상주의' 세상: 신자유주의의 공과

신자유주의에 '자유'라는 단어가 들어 있다는 이유로 개인의 자유와 권리를 신장하고 빈곤을 퇴치하며 만인의 복지를 증진시키고자 하는 이론이나 정책인 것처럼 오해되곤 했다. 실제로 신자유주의화는 자본주의의 유토피아를 실현하는 유일한 대안인 양 세계 만민을 호도해왔다(데이비드 하비, 《신자유주의》, 최병두 옮김,

한울, 2007). 적어도 2008년 미국발 금융위기가 전 세계를 발칵 뒤집어놓을 때까지 그랬다. 2001년 노벨경제학상 수상자 스티글리츠 교수 등 세계의 지성들이 '신자유주의의 종언'을 선언하기까지 30여 년이 걸린 것이다.

우리나라는 1997~2000년의 IMF 외환위기 때 자의 반 타의 반 신자유주의 체제에 진입한 이래, 유럽 국가들이 앞장서서 그 체제와 사고방식에서 벗어나고 있음에도 불구하고 여전히 중앙, 지방, 관, 민, 정치, 경제, 사회, 문화 전반에 걸쳐 돈(탐욕) 지상주의와 승자독식의 무제한적인 이윤 추구 프레임에 매몰돼 있다. 자유시장과 자유무역 만능주의는 집요하게 옥석 불문의 민영화와 규제 완화 일변도를 추동하고, 초국경 대기업들에 의한 산업·금융 시스템의 독과점적 지배의 결과, 지역과 국경을 뛰어넘는 불평등 불균등의 지리적 이동성이 증대하고 있다. 마침내 지역(중앙과 지방) 간의 불평등과 국가(선진 강대국과 개도국) 간의 불평등을 낳는 지배 이데올로기로 확산되기에 이르렀다.

시장 실패, 국가 실패, 국민 실패

신자유주의는 마침내 시장 실패(market failure), 국가 실패(state failure)에 더해 국민 실패(democracy failure)를 야기하고 있다. 빈익빈 부익부 현상과 사회 양극화 현상을 몰고 온 '보이지 않는 손'인 시장 실패는 주지의 사실이고, 한 걸음 더 나아가 국민의 생명과 안전을 책임지는 국정 운영마저 세월호 참사 등 잇단 재난 앞에 속수무책으로 무너졌다. 사람들은 저마다 '국민에게 국가란 무엇인가'를 묻기 시작했다. 이러한 시장 실패, 국가 실패의 유일한 해법이 올바른 대의정치 체제의 복원임은 두말할 나위 없다. 그럼에도 최근 선거 결과가 여전히 수구 보수 기득권 세력의 승승장구인 것을 보면 일찍이 토마스 베블렌이 개탄한 약자들의 비굴한 '현상유지 불안감'이 고착화되어가는 듯하다. 그 결과 정작 민주와 민권, 민생마저 파탄나고 있다. 신자유주의의 '자유'는 인류의 보편적 가치가 아니라 시장의 자유, 무역의 자유, 자본의 무한한 탐욕 추구의 자유, 금융과 송금의 자유만을 의미하게 됐다. 그리하여 우리 사회는 바야흐로 계층 간, 지역 간 불평등과 갈등으로 하루도 편안할 날이 없게 됐다. 빈익빈 부익부 현상이 가속화되고 고착화되었기 때문이다.

특히 신자유주의화는 노동의 재생산에 의한 자본 축적에 기반하지 않고 다만 많이 가진 자와 적게 가진 자 간의 불균등한 배분, 즉 데이비드 하비가 말한 '탈취에 의한 자본 축적(accumulation by dispossession)' 과정이 신자유주의적 약육강식의 결과이다 보니 계층 간, 지역 간 자본의 불평등한 유출 및 유입의 누적으로 사회 양극화와 지역 격차가 더욱 커지고, 갈등과 충돌이 가중되고 있는 것이다. 이 가운데 환경생태계와 자원은 개발이라는 이름으로 파괴와 약탈의 대상이 되고 자연생태계의 붕괴로 인한 폐해는 고스란히 취약계층과 취약지역의 몫으로 돌아오지만, 이는 대기업의 관심사항이 아니다. 기후변화로 인한 환경생태계의 이변 역시 그들의 관심영역 밖에 있다.

결과적으로 계층 간·지역 간 부의 편재는 1%의 초거대 자본에 의한 독과점적 소유와 분배 구조로 인해 사회공동체 문화와 공동체 생태계마저 파괴하기에 이르렀다. 그리하여 개발도상국, 낙후지역, 중소상공인, 서민 노동자, 농민 등 소외계층은 이분법적 사고에 사로잡혀 옳고 그름을 분별하지 못한 채 공동체 정신마저 상실하고 말았다.

골고루 잘사는 지속가능한 공동체, 균형사회

인간은 누구나 행복할 권리를 가지고 이 땅에 태어났다. 그래서 안전할 권리, 선택할 권리, 알 권리, 차별받지 않을 권리, 교육받을 권리, 문화와 예술을 누릴 권리를 가지고 이 땅 위에 존재한다. 한마디로, 인간다운 삶의 질을 골고루 누릴 권리를 부여받고 태어났다. 태어나고 기른 어버이가 다르다고, 또 태어나고 자란 곳이 다른 지역이라고 소싯적부터 차별받고 배척당할 이유가 전혀 없다. 권문세족과 재벌의 자녀 어느 누구라도 사람이 사람을 마구잡이로 부리고 '갑질'을 할 권한을 태생적으로 부여받고 태어나지 않았다.

그래서 인간은 서로 배려하고 공정히 대하고 모셔야 할 책임과 의무를 진다. 이러한 책임은 모든 구성원 각자에게 있지만 특히 지도자들이 반드시 갖춰야 할 필수 덕목이다. 우리 모두가 사는 생태환경마저 보듬어 안고 함께 살아가야 할 의무와 책임이 있다. 그것이 다름 아닌 우리 인류의 지속가능한 미래, 즉 영생

(substainability)의 길이다.

그러므로 오늘날 신자유주의가 팽배한 우리 세대에게 주어진 '시대정신'은 사람이 대자연과 공존하면서 지속가능한 공동체 사회를 건설하는 일이다. 1%를 위한 승자독식 체제가 아니라, 만인을 위해 만인이 공생하는 협동사회여야 한다. 땅도 살리고, 하늘도 살리고, 사람도 함께 살리는, 생명체 간의 균형과 조화를 이루는 생명의 길이어야 한다. 태어날 때부터 부와 지위가 천양지차인 차별사회가 아니라, 서로 간에 의지하고 상부상조하는 균형사회여야 한다. 그것은 우리 인류가 끊임없이 추구해야 할, 포기할 수 없는 영원한 이상이며 가치이다. 또한 그것은 이 시대 지도자라면 반드시 갖춰야 할 시대정신이다.

지역 상생에 필요한 것: 공생의 윈-윈 정신

자유주의 경제이론은 근대경제학의 원조 애덤 스미스(Adam Smith)가 '보이지 않는 손'을 강조함으로써 시장의 자유화 정책을 맨 처음 이론화한 것으로 알려져 있다. 그러나 그가 시장의 자유를 골자로 하는 《국부론》(1776)을 저술하기 훨씬 앞서 《도덕감정론》(1759)이라는 경제 윤리서를 출간했다는 사실은 덜 알려져 있다.

《도덕감정론》은 다음과 같은 문장으로 시작한다. "인간이 아무리 이기적인 존재라 하더라도, 그 천성에는 분명히 이와 상반되는 몇 가지가 존재한다. (…) 연민(pity)과 동정심 또는 공감(compassion)이 이런 종류의 천성에 속한다. 이것은 타인의 고통이나 슬픔을 보고 그 아픔을 생생하게 함께 느끼는 감정이다." 바로 이 '도덕감정론'이 시장경제 자유화 정책의 근간이 되어야 했다.

애덤 스미스는 어느 시대, 어느 지역을 둘러봐도 완전한 질서, 완전한 평화가 실현된 적이 없으며 범죄와 분쟁과 전쟁이 없는 시대 역시 없었음을 인정한다. 그렇다면 인간의 어떤 본성이 인간으로 하여금 법을 만들고 그것을 지키며 사회질서를 이끌어내게 할까? 사회질서를 이끌어내는 인간의 본성은 무엇일까? 피도 없고 살도 없고 영혼과 양심도 없는 냉혹한 자유시장 경제 처방을 내리기 전에 먼저 이런 근본적인 문제에 대한 답을 찾고자 한 것이 바로《도덕감정론》이다. 이 책이 공감과 신뢰, 협동과 연대, 사회정의와 가진 자들의 사회적 책임, 자애심과 페어플레이 정신, 수익 환원과 사회공헌 활동 등 오늘날 서구 사회에 뿌리내리고 있는 이른바 '사회적 시장경제' 협동정신이 자유주의 시장경제 활동의 기반이 되어야 한다는 암묵적인 교시를 담고 있음에 주목해야 한다.

동양 사회에서도 사회구성원이 서로 다른 모습, 다른 지위, 다른 의견을 갖고 있더라도 더불어 화합하는 '부동이화(不同而和)' 정신이 인간 천성의 골자를 이루어왔다. 맹자는 측은한 마음(惻隱之心)이 없다면 사람이 아니요, 부끄러워하는 마음(羞惡之心)이 없다면 사람이 아니며, 사양하는 마음(辭讓之心)이 없다면 인간이 아니며, 옳고 그름을 판단하는 마음(是非之心)이 없다면 인간이 아니라고 말했다. 조선 왕조 500년 역사를 관통해온 지배 논리 성리학의 기저에도 이 사단 칠정론(四端七情論)이 자리한다.

현대 민주주의의 기본 정신 역시 다양성을 인정하고 서로 다름을 존중하며 공정한 참여와 경쟁, 생태적 공동체의 지속가능한 발전을 아우르는 것이다. 이해가 상충하고 갈등이 첨예해도, 당장에 합의하기 어려운 서로 다른 주장과 의견은 뒤로 남겨놓고, 같은 생각과 같은 것부터 함께 찾아나가는 존이구동(存異求同)이 그 해법이다. 상호 간에 일단 신뢰관계만 형성된다면 멀리 보고 화합해 협력할 경우 서로에게 이익이 되는 부분이 서로에게 상충되는 부분보다 더 크고 많을 수 있다.

다른 한편, 일찍이 민주주의가 성공적으로 정착한 서구 사회를 유심히 들여다보면 3C 원칙이 생활화되어 있음을 이내 알 수 있다. 상호 간에 이견과 갈등이 첨예할수록 첫째, 마주 앉아 먼저 상식(Common sense)에 입각해 함께 판단해보고, 둘째, 이견과 갈등의 실체를 찾아내 해결해보려는 꾸준한 토론(Conference)을 반복하며 접근을 시도한다. 그래도 계속 이견이 남는다면, 셋째, 서로 한 발짝씩 양보하고 타협(Compromise)하는 3C 원칙이다. 이 길이 '나도 살고 너도 사는', 이른바 공생의 윈-윈 정신이다.

지역 경쟁력이 곧 국가 경쟁력

우리 사회 주변에도 갈등 해소와 상생의 성공 사례가 적지 않다. 사회공동체 안의, 또 공동체 사이의 협동 사례로부터 도농 상생, 도시 소비자들과 농어촌 생산자들 간의 꾸러미 연대, 지역(지방자치단체) 간의 상생, 차원을 달리해 경제와 자연생태계와의 상생, 생명주의·생태주의·개발주의의 화합, 즉 문명과 생명의 연대, 문화·예술·체육의 교류, 기업·산업·지역 간의 아름다운 동행 등 그 사례가 부지기수다. 국가경제 및 사회의 각 부문이 상호 긴밀하게 연결되어 선순환하는 것이야말로 상생의 요체다.

그러나 뭐니 뭐니 해도 지방자치제가 우리 사회에 정착돼가는 과정에서 지자체 간, 지역 간의 협동과 상생의 노력은 그 중요성을 아무리 강조해도 지나치지 않다. 경기도와 강원도, 광주와 전남, 서울과 지방자치단체 간의 상생협력은 주목받을 가치가 충분하다. 규모는 작더라도 기초자치단체 간의 대소 사업과 활동에 긴밀한 협력을 탐구하는 움직임은 갈등을 넘어 상생으로 가는 아름다움의 극치다. 그 사례는 차츰 늘어나고 있다. 지면 제약상 일일이 소개하지 못하는 것이 아쉽다.

이러할 때, 상생의 무드를 깨뜨리는 신자유주의적 효율주의 발상이 바야흐로 중앙과 지방자치단체 간에 갈등을 조장하고 국론분열을 야기하고 있어 눈살을 찌푸리게 한다. 그것은 다름 아닌, 중앙정부 핵심부서가 오래전부터 만지작거리던 '수도권 규제 완화 정책'이다. 심지어 수도권으로 유턴하는 기업을 재정적으로 지원하겠다는 내용도 속이 비친다. 가뜩이나 대한민국 기업경제의 70~80%가 집중되어 있는 수도권을 더욱 비대화하겠다는 발상은 사회적 비용의 관점에서 볼 때 결코 효율적이지 않다. 엄청난 사회적 비용을 유발하고 가뜩이나 어려운 비수도권 지방경제를 위축시킬뿐더러 국론을 양분시키겠다는 정책이다. 아무리 규제 완화 일변도의 신자유주의에 사로잡혀 있는 중앙정부라 하더라도 차마 하지 못할 짓이다.

모름지기 지역 간, 계층 간 서로 살림(相生)의 정신과 전략을 모색하는 첫걸음은 역지사지로부터 시작된다는 사실을 명심해야 할 것이다.

| 지역상생포럼 창립총회 기조발제(2015년 6월 5일) |

레이철 카슨,
생명체의 존엄성을 깨우쳐준 위대한 선각자

윌리엄 사우더가 쓴 책《레이철 카슨》은 원제(*On a Farther Shore: The Life and Legacy of Rachel Carson*)가 말해주듯 생태주의자요 환경주의자인 생물학자 레이철 카슨의 전기다. 56세 짧은 인생의 후반부를 미국 동부 해안가 외진 섬에 살면서 깊고 넓고 멀리 내다보는 과학자의 안목으로 바다와 바닷속 생태를 리얼하게 묘사한 감동적인 대서사시이자 일상과 관행에 젖어 제 이익만 좇아 살아온 우리 인간에게 대자연의 경이와 생명체의 존엄성을 깨우쳐준 위대한 선각자의 외롭고 의로운 삶의 스토리다. 노년에 병마와 고독에 시달리면서 카슨은 마침내 불후의 명저《침묵의 봄》을 완성한다. 이는 100명의 세계 석학들에 의해 "20세기를 움직인 10권의 책" 중 하나로 꼽혔다. 그 선정 배경을 찾아 장장 630쪽에 달하는 이 책을 끝까지 읽으면서 진한 감동과 흥분 그리고 짜릿함마저 느겼다. 그것은 대자연의 수녀(修女), 카슨의 위대함이었다.

20세기 환경학의 고전으로 꼽히는 이 책에서 카슨은 과거 십수 년 동안 미 농무부의 열정적인 지원을 받고 급속도로 성장한 살충제와 제초제 산업에 의한 유독성 화학물질의 오남용을 고발하고 있다. 무분별한 살충제 사용은 지상과 지하 그리고 하늘의 야생동물들에게 떼죽음을 안겼고 생태계를 붕괴시켰다. 마침내 농식품과 식수에까지 침투해 인체의 생명마저 위험에 빠뜨리면서 자연의 조화는 파괴 직전에 이르렀다. 카슨은 인간이 자연의 일부임을 부정하고 영혼이 없는 과학의 힘으로 자연을 지배하려 들 때 나타난 나쁜 징후들, 예컨대 원자핵 방사능 낙진과 살충제가 끼친 영향을 동일선상에 놓고 유독성 화학물질의 폐해를 낱낱이 고발한 것이다. 카슨의 희망과 대안은 언제나 화학적 방제의 절제요, 생물학적 방제였다.

당연히 화학(농약)회사 대기업들과 일부 공직자 및 농식품 이해 집단들은 거친 반격을 가해왔다. 카슨을 가리켜 공산주의 동조자, 반(反)기업주의자, 노처녀 체제전복주의자, 심지어 나체주의자라며 심한 모욕과 저주를 퍼부어댔다. 그러는 동안 살충제로 인해 해충은 물론 익충, 물고기, 새, 물과 토양이 죽어가며 자연의 조화가 하나둘 무너지며, 인간의 건강과 생명까지 위협받기에 이른다. 세상은 살충제가 살생제임을 인식하게 된다. 마침내 케네디 대통령이 전면 조사를 명하고 1970년대 닉슨 정부는 DDT 등 유독성 화학물질의 미국 내 사용을 금지한다. 각종 상이 카슨에게 줄지어 수여되고 진정 어린 찬사와 축하의 꽃다발이 높이 쌓인다. 그리고 카슨으로 인해 미국 등 전 세계에 환경운동이 꽃을 피우고 각종 환경보전 관련 법들이 제정, 공표된다.

1964년 4월 14일 오후 6시 30분, 카슨은 간으로까지 전이된 암과의 싸움을 끝내고 더없이 평화롭게 생애를 마감한다. 화장되어 그가 살았던 사우스포트섬 대서양 가장자리에 연인과 같았던 친구 도로시에 의해 한 줌의 재로 뿌려진다. 한 송이 흰 히아신스가 그 뒤를 따랐다. 새들은 다시 노래하고 꽃들은 다시 탐스런 열매를 맺는다.

| 《시사IN》 제380호(2014년 12월 27일) 별책부록 |

장보고와 이순신 그리고 바다 경영

큰 사람이 되려 하면 바다를 아니 보고 누가 그것이 가능하다 하리오. 더욱이 삼면이 바다에 둘러싸인 大韓民國이 장차 이 바다로서 활동하는 무대를 삼으려 할 때 新대한 소년은 공부도 바다에서 구하지 아니하면 아니 되고, 놀기(遊戲)도 바다에서 구하지 아니하면 아니 될 터인즉, 바다를 바라보고 친할 뿐만 아니라 부리고 이용할 수 있어야 한다. 이만큼 긴요한 일이 없을 것이다.

新대한 소년에게 있어 '바다를 보지 못하였다. 알지 못하였다' 하는 것은 최대 치욕이요 걱정거리인 것처럼, 그 반대로 '바다를 보았다. 안다' 하는 것처럼 영광스럽고 기쁜 일이 없느니라.

-《少年》 창간호(1908년 11월호, 고문체의 원문을 현대 문체로 바꿈)

'섬나라' 대한민국의 가련한 청소년들

동서양의 수많은 전략·전술가가 "바다를 지배하는 자가 세계를 지배한다"고 말했다. 지난 70여 년간, 남북 분단과 대립으로 인해 북쪽 대륙으로의 진출이 막힌 우리나라는 사실상 사면이 바다로 막혀 있는 '섬나라'나 다름없다. 그런데도 아직 이렇다 할 원대한 해양 정책과 비전도 없다. 범태평양시대가 목전에 열리고 있지만, 한중 FTA, TPP 등 허황된 '경제 영토 확장'이라는 신기루에 도취된 나머지 자발적으로 세계 대기업 지배체제에 편입되려고 서두르고 있다. 그러나 최남선이 꿈꾸던 주체적인 해양 경영의 비전은 없다. 일찍이 장보고 대사와 이순신 장군 등이 펼쳐 보였던 '바다 주권=국가 주권'이라는 의미의 미래 경영의 청사진이 없다. 우리나라의 오래된 미래가 바다 경영에 있으며, 그곳이 자라나는 젊은 세대, 오고 또 올 우리 후손의 영원한 일터요, 삶의 원천이라는 전망이 보이지 않는다.

최남선은 중인의 자식으로 태어나, 1908년 우리나라 최초의 잡지 《소년(少年)》을 발간했다. 그가 발표한 신체시(新體詩) 〈해(海)에게서 소년에게〉에서 드러나는 큰 뜻, 큰 꿈, 큰 그림이 보이지 않는다. 최남선은 그의 시에서 어린 소년들에게 불어넣으려는 바다의 위대한 힘을 이렇게 묘사하고 있다.

> 진시황도, 나폴레옹도, 그 누구도 나(바다)에게 크게 절하고 굽실거릴 뿐만 아니라, 감히 겨루려 하지 못한다. 육지에서 어마어마한 권력

을 부리는 자 누구라도 내(바다) 앞에 와서는 꼼짝 못 하고, 아무리 크고 높은 이라도 나한테는 행세하지 못한다.

오직 하나, 나(바다)의 짝이 될 이는 크고 길고 넓은 저 푸른 하늘뿐이로다. 이따위 세상사, 저따위 인간들처럼 싸움질이나 하는 더러운 것이 없는 이 바다는 세상사람 모두 다 미우나, 딱 하나 사랑하는 이가 있으니 담이 크고 순정에 찬 소년들이 귀엽게 재롱부리며 나(바다)의 품에 와서 철석 안김이로다.

오너라 소년들아! 입 맞춰주마. 처얼썩, 철썩, 뚜르릉, 꽝.

-《少年》 창간호(1908년 11월호, 고문체의 원문을 현대 문체로 바꿈)

〈해에게서 소년에게〉라는 이 시는 역설적으로 2014년 4월 16일 진도 앞바다 맹골수도(孟骨水道)에서 조난당한 세월호 참사를 떠오르게 한다. 수학여행을 떠나는 청소년들을 포함해 304명의 승객이 "가만히 있으라"는 선내방송만 믿고 선내에 웅크린 채 구조를 기다리다 졸지에 수중고혼(水中孤魂)의 신세가 됐다. 최남선의 시어처럼 가만히 있지 않고 선내방송을 거부한 채 모두 "바다의 품속으로 철썩" 뛰어내렸다면, 수중고혼의 신세만은 면했을 것을!

국정 운영의 총체적 난맥상

세월호 참사에서 어른들이 반성해야 할 사항은 두 가지다. 첫째는 세월호의 침몰 원인이며, 둘째, 구조 과정에서의 총체적 국정 난맥상이다.

침몰 원인은 한마디로 돈, 즉 자본 및 기업 이윤과 권력 유착에 따른 '이윤 극대화=안전 불감증'이 체질화한 신자유주의 기업지배 사회의 속성 때문이다. '비지니스 프렌들리'를 내세운 이명박근혜 정권의 신자유주의 정책 기조 아래, 대기업 자본의 국가지배 체제가 필연적으로 빚은 참사다. 땅 위든 땅 아래든 돈이 되는 것이라면 대기업 자본이 탐욕의 손을 뻗치지 않은 곳이 없고, 설상가상으로 생명과 안전에 관한 문제마저 기업 이윤 극대화를 위해 국가적으로 '규제 완화'에 혈안이 되었다.

그리고 단 한 명의 생명도 구조하지 못했거나 하지 않은, 동서고금에 그 예를 찾아볼 수 없는 비극적 참사는, 위로는 대통령으로부터 아래로는 말단 해경에 이르기까지 무위, 무능, 무책임의 행정 난맥상 때문이었다. 통신·보고 체계, 보고 내용, 구조 장비, 구조 인원, 지휘체계, 관련 부서간의 불통, 석연치 않은 구조업체 선정 과정, 초기 민간 잠수사 배척과 부실한 사후 관리, 해군·해경의 위기 대응 능력 부재, 장관급 이상 고위 공직자의 상식을 초월한 일탈 행위, 대통령의 유체이탈식 언행 등 어느 하나 '무위, 무능, 무책임'이 아닌 것이 없었다.

게다가 대통령이 선두에 서서 핑계 대기, 남 탓하기, 과거 적폐 탓하기, 일회성 엄중 문책 발언 남발 등 상황을 모면하기 위한 일탈 행위가 다반사였다. 구조 골든타임에 도착한 해경 123경비정 함장의 "세월호 승객들에 대한 탈출 권유 방송을 깜빡 잊어버리고 하지 못했다"는 법정 진술이 그 백미다.

우리 사회 곳곳에, 정부에서 민간 기업에 이르기까지 돈, 기업

이윤, 수출, 성장, GNP 수치만이 뼛속 깊이 자리 잡아 국민의 생명과 안전 불감증 현상이 도처에 유청산(有青山)이다. 세월호 참사, 서해 페리호 침몰 사건, 태안 해병대 캠프 참사, 태안 앞바다 기름 유출 사고 등 비슷한 사건사고가 그칠 날이 없었던 이유가 바로 이 때문이다.

해양 경영사에 떠오르는 불세출의 영웅들

우리나라 해양 경영사에 샛별 같은 수많은 위인이 있지만 바다에서 나라와 겨레를 구한 영웅을 말하라고 하면, 주저 없이 9세기 장보고(張保皐) 대사와 16세기 이순신(李舜臣) 장군을 떠올릴 것이다. 두 영웅의 공통점은 서남해안 섬 사람들의 헌신적인 도움을 받았다는 것이다. 오죽했으면, 이순신 장군은 그의 벗에게 보낸 편지에서 "약무호남(若無湖南)이면 시무국가(是無國家)"(《난중일기》), 즉 '호남이 없었다면 나라가 없었을 것이다'라고 했을까.

장보고 대사는 그 자신이 해도(莞島) 출신으로 중국에서 출세했으나, 동포들이 노예로 팔려 와 고통받는 참상에 분연히 귀국해 완도 일대에 청해진을 개설하고 한중일 바다에 출몰하던 해적을 소탕했다. 명실공히 동양 3국에 걸친 다국적 군·산·상업 복합체의 해상왕으로 군림했다.

그런데 두 분의 유적이 긴 세월 동안 홀대받아왔다. 이순신 장군은 그의 마지막 3도 수군본부 본영을 (음력) 1598년 2월 18일 목포의 고하도에서 완도의 고금도(묘당도)로 옮기고 명나라 수군 제독 진린(陣璘)의 수군 5,000명과 함께 일본군의 조선반도 철수에 대비, 최후의 건곤일척(乾坤一擲)을 준비했다. 임진왜란·정유재란 기간 세계 해전사에 유례가 없는 23전 23승의 마지막을 남해와 사천·하동의 좁은 수로에서 노량대첩(露梁大捷)을 잉태한 곳이 바로 이곳이었다.

일찍이 청해진 대사(Commissioner, 總督) 장보고는 청해진을 기지로, 신라 경주의 감포항과 서남해안 일대, 그리고 중국 산둥반도와 장쑤성·저장성·광둥성·경항(京杭)대운하와 시안, 일본 하카타·교토·오사카, 나아가 샴(태국), 페르시아(이란), 필리핀을 상대로 활발한 교역을 펼치며 만국의 상인을 맞이했다. 우리가 세계사에 자랑스럽게 내놓을 해양 상업 제국의 기틀이 이곳에 자리 잡았다.

해양 상업 제국의 무역왕과 23전 23승의 이순신 장군

미국 주일대사를 역임한 하버드 대학의 에드윈 라이샤워(Edwin O. Reischauer) 교수는 "이 지구상에 수없이 많은 국가와 민족들이 일어섰다 사라져갔으나, 지금까지 가장 오랜 기간 한 언어와 한 문화권, 한 핏줄 그리고 비슷한 규모의 국경을 보존해온 국가는 아마도 중국을 빼놓고는 한국뿐일 것이다. 신라 이후 한국은 오늘날까지도 국가와 민족의 동질적 정체성을 유지하고 있는데, 현대 유럽 국가에서는 그 유례를 찾아보기 힘들다"(《옌닌의 당나라 여행(Ennin's Travels to Tang China)》 서문)라고 증언하고 있다. 이는 우리나라에 장보고와 이순신 같은 세계적으로 걸출한 해양 영웅이 있었기 때문이다.

심지어 라이샤워 교수는 장보고 대사를 "해양 상업 제국의 무역왕(The Trade Prince of Maritime Commercial Empire)"이라고 일컬었다. 역사상 훌륭한 왕후장상과 학자가 많이 배출되었지만, 한·중·일 정사에 그 전기가 실린 영웅은 오직 장보고 대사뿐이다.

이순신 장군 역시 세계 해전사에 있어 전무후무한 23전 23승이라는 기록이 그의 영웅됨을 증명한다. 무적의 러시아 발트 함대를 격파한 노일전쟁의 영웅인 도고 헤이하치로(東鄕平八郞) 제독이 승전 기념식장에서 자신을 이순신 장군에 비교한 기자에게 "나를 영국의 넬슨 제독과 견줄 수는 있어도, 감히 이순신 장군에 비교할 수 없다. 이순신 장군에 비교한다는 것은 그에 대한 모독이다"라고 대답했다는 일화는 유명하다. 사실 도고 제독의 노일전쟁 승리는 이순신 장군이 한산도 대첩 당시 일본 수군을 격파할 때 썼던 학익진(鶴翼陣) 전법을 응용한 'T 진법' 덕분이었다.

임진왜란·정유재란 당시 서남해안의 해로를 이순신에 의해 완전히 차단당한 탓에 군수 물자를 한양과 평양 등 육지로 수송할 수 없었던 왜군이 조선 침략 전쟁을 더 이상 지속할 수 없었다는 것은 주지의 사실이다. 1,700만여 명이 넘는 관객을 열광케 한 영화 〈명량〉이 이를 잘 보여준다.

그러나 두 해상 영웅의 최후는 참으로 기이하게도 왕권의 시기, 질투, 음모에 의해 희생됐다는 공통점이 있다. 장보고 대사는 보은의 약속을 지키지 못한 신라 문성왕(文聖王) 정권이 보낸 자객이자 장보고의 옛 동지인 염장에 의해 살해됐다. 장보고 장군이 낌새를 알고도 당했는지 이렇다 할 역사적 증거가 없으나, 오늘날까지도 전해오는 '염장 지르다'라는 말은 의미심장하다.

마찬가지로, 이순신 장군 역시 노량해전에서 시마즈 요시히로(島津義弘)의 500여 척 왜선과의 접근 혼전에서 승전의 기미를 확인한 막바지에, 지휘선 지휘대 위에서 투구를 벗은 채 가림막도 없이 독전을 하다 날아온 유탄에 왼쪽 가슴을 맞았다. 그는 수행한 조카에게 "나의 죽음을 알리지 말라"는 유언을 남기고 눈을 감았다. 노량대첩에 앞서 사랑하는 아들 면의 전사 소식을 듣고 한동안 심신이 쇠약해져 시름시름 앓았다고는 하나, 이순신 장군 스스로 왜적에 목숨을 내놓은 것은 아니리라 믿고 싶다.

다만, 부제학 이발(李潑)이 "시기심 많고 모질며 고집이 센 임금(선조) 아래에서는 아무런 일도 할 수 없다"고 할 정도로 변덕이 심한 왕조의 독제체제에서 혹여 이순신 장군에 대한 백성의 하늘을 찌르는 흠모와 구름 같이 몰려드는 민심에 위협을 느낀 용렬한 왕으로부터 승전 후 다시 모함과 보복을 당할 것이 예상한 이순신 스스로 적탄에 몸을 내맡긴 것이 아니냐는 '의자살설(擬自殺說)'이 지금까지도 회자되고 있다. 비탄을 맞고 운명을 거둔 다음에도 지금의 아산 유택에 옮겨지기까지 83일간 그의 시신은 완도의 고금도 수군 진영 언덕 위에 외로이 있었다. 서울 출신인 장군을 마땅히 모실 곳이 없어 휘하 장병과 백성이 시신이라도 사수하려던 본능이 오죽했을까 싶다.

팽개쳐진 바다 영웅들의 활동 무대

민생과 국운이 어려울 때마다 민초의 저항적 에너지를 창조적 에너지로 바꿔 나라와 백성을 위기에서 구하고 살길을 제시한 장보고, 이순신 같은 바다 영웅이 오늘과 같은 난세일수록 더욱 그립고 간절하다.

그러나 정작 두 분의 주 활동 무대인 완도 및 남도 일대 유적지는 아직도 처량하게 방치돼 있거나 보존되어 있어도 누추하다. 전국 충무공 유적지 중 완도군 소재의 고금도와 충무사 유적지가 가장 초라하다 못해 사실상 버려져 있다. 이곳의 장보고 대사 유적지 또한 초라하기 짝이 없다. 중앙 정부와 지리적·물리적 거리가 멀어서일까? 우리나라 역대 정권이 해양 경영에 대한 의지와 비전이 확고하지 않았기 때문은 아닐까?

예컨대, 장보고 대사와 후기 신라인의 항해 및 경제 무역 활동의 본원사찰(本源寺刹)로 알려진 법화사(法華寺 또는 法華院)가 중국 산둥반도 적산(赤山)과 일본 교토 히에이산록의 적산선원(법화원), 그리고 제주 서귀포 화원동에 엄연히 복구돼 있는데도 그 본부 사찰 격인 완도 상황봉의 법화사 유적지에는 아직껏 흩어진 주춧돌만 쓸쓸히 '장보고 푸대접'의 상징물로 남아 있다. 법화경(실상묘법연화경)은 장보고 대사가 불성(佛性)의 깨달음으로 인종, 성별, 신분, 사회적 지위, 교육 정도에 상관없이 중생구제 보살 행위와 경제무역 행위를 펼쳤던 정신적 기둥이었다. 특히 법화경의 일곱 가지 비유 중 '불난 집(火宅)'의 아이들 비유는 지금도 우리 옷깃을 여미게 한다.

산둥반도의 장보고 대사 유적지에는 중국 정부에 의해 장보고 기념관과 박물관, 상징물, 적산 법화원 등이 화려하고 웅장하게 복원되어 있다. 정작 대한민국 완도 장보고 대사의 청해진 본부 터는 이보다 훨씬 초라한 모습이거나, 그마저도 대부분 방치되어 있다. 심지어 이명박 정부는 국민의 정부 때부터 설립·운영돼오던 '해상왕 장보고 재단'을 해체해 십수억 원의 기금마저 빼앗았을 뿐만 아니라, 장보고 대사에 대한 추모 및 현창 사업은 재정 빈약으로 고통받고 있는 지방정부에 떠넘겼다. 대한민국 정부에는 장보고는 없고, 해양 경영 비전도 없다.

그러니 박근혜 대통령은 장보고와 충무공의 완도 유적지부터 제대로 복원하라. 청해진과 법화사도 복원하자. 그 대안 중 하나로 당장 해남·완도·진도·남해 등 다도해 일대를 장보고와 이순신을 비롯한 우리 역사상 위대한 해상 영웅을 기리는 '세계 해양 영웅의 공원'으로 재탄생시켜야 한다. 바야흐로 바다의 과거와 현재와 미래를 연결해 국민 속에 바다 영웅의 넋을 승화시켜 5대양 6대주 신(新) 해양경영 시대를 활짝 열어나가야 한다.

세월호 참사로 온 국민이 비탄에 젖어 있는 이때, 우리나라 우리 겨레의 미래 바다 경영 비전을 새롭게 다듬어 나라와 겨레의 미래, 즉 살길을 장보고 대사와 이순신 장군에게 의탁해보자.

끝맺는 말: 이한림의 신태평양시대 '한반도 발전모형'

이제 다시 세계 제1의 조선국으로, 그리고 세계 유수의 해운국으로 뻗어가는 운세의 우리나라는 바야흐로 5대양 6대주를 누비는 국제무역의 전성기를 맞이하고 있다. 5대양 6대주가 우리의 일터로 다가오고 있다. 그 너머 새로운 세계가 우리를 손짓하고 있다. 그리고 조선반도 서남해안을 왜적의 침입에서 지켜낸 이순신 장군과 남도인의 호국 정신이 지금도 살아 숨 쉬고 있다.

'백가제해(百家濟海)'의 혼을 이어받은 바다의 후손이 지금 이 순간도 지구촌의 험한 파도 거친 바다를 거뜬히 넘나들고 있다. 이것을 해양 민족의 '본능'이라고 말하는데, 틀림이 없다. 라이샤워 교수가 말한 세계 역사상 가장 찬란했던 해양 상업 제국의 무역왕 장보고의 혼과 피와 본능이 태평양시대, 동북아 경제권 시대인 지금 이 순간에도 계속 우리 몸속에 살아 숨 쉬고 있는 것이다. 바다는 우리에게 과거만 묻는 것이 아니라, 다도해와 골든 서남해안의 현재와 미래를 가리키고 있다.

이렇듯 장보고는 고대 해상 민족이었던 위대한 한국인의 원형이고 이순신은 호국 정신의 정수다. 세계 곳곳을 누비고 있는 우리나라 선단(해운, 원양어선, 해군)과 연안 바다를 지키는 해경 그리고 국제 상사들의 지남철이라고 말할 수 있다. 저항적 에너지를 한 차원 높여 해양 경영과 세계사 개척이라는 창조적 이상으로 내연(內燃)시키다가 비록 비명에 일찍 갔을망정, 장보고 대사는 우리가 포기할 수 없는 끊임없이 쫓아가야 할 소중한 역사적 표상인 것이다.

따라서 세월호 참사에 대한 일시적 감정풀이로 "해경을 해체하겠다"는 단세포적인 발상은 아무짝에도 쓸모가 없다. 오히려 흩어져 있는 모든 해상 업무를 재점검해, 통합할 것은 통합하고 보강할 것은 보강해야 한다. 연안 해안 경비 업무와 방어 업무, 무역 진흥 업무를 더 내실화해 원대한 해양 경영의 청사진을 펼쳐야 할 때다. 중국 시진핑은 최근 주변 국가에 '일대일로(一帶一路)' 정책이라 해서 육로와 해로의 실크로드를 다시 부활시키자고 제안하고 있다. 일본은 미국의 묵인 아래 군사 대국화의 야망을 더욱 강화하며 집단자위권 행사를 위한 기반을 공공연하게 다지고 있다.

이제 21세기 태평양 해양시대에 임하여 우리나라가 새롭게 동북아시아와 세계의 실크로드 주재자로 일어서느냐, 아니면 열강의 틈바구니에서 낭비적이고 자살적인 동서 갈등과 남북한 대립으로 국력을 소진하여 허울뿐인 군소 국가로 전락하느냐의 갈림길에 서 있다. 그것은 오로지 우리 당대의 정치적 리더십 문제만이 아니다. 바야흐로 미래 세계 경영의 명운이 달린 문제다. 그래서 우리는 다시 1988년 '목포 선언'에서 당대의 석학 이한빈(李漢彬) 부총리가 맨 처음 주창한 "한국의 지도를 거꾸로 놓고 보라!"에 주목해야 한다. 한반도 전체가 태평양을 향해 돌출한 형국을 21세기 태평양시대 한반도의 새로운 발전 전략으로 삼아야 할 때다. 이른바 이한빈 박사의 'L자형 발전 모델'은 그 돌출부에 목포가 있고 해남, 진도, 완도, 고흥, 여수 등 다도해와 마산, 진해, 부산의 해운력이 총집결돼 있다. 군산, 서천, 평택, 인천과 대전, 서울, 평양, 신의주, 원산, 나진, 선봉 등을 이끌고 나가는 학익진 발전 모형이다.

21세기 새로운 세계사의 개척은, 지금도 만인의 뜨거운 가슴속에 살아 숨 쉬어야 할 장보고 대사의 해양 경영 정신을 되새기며, 이순신 장군의 호국 정신을 가슴에 안고 개척해, 세월호의 한을 긍정적으로 전환해야 할 새로운 실크로드여야 한다. 이제 인천과 목포와 부산을 잇는 골든 서남해안과 다도해의 가치를 재발견하는 데서 시작되어야 한다.

| 장보고 기념사업회 세미나 기조연설(2014년 6월 13일) |

어머니의 땅, 맛의 대향연

세계 130여 개국 1,000여 명의 대표단과 수만 명의 참관자(농부, 어부, 조리사, 식품명인, 와인 및 미식 전문가, 각국의 슬로푸드 운동가와 소비자시민)들이 지난 10월 23~27일 닷새 동안 이탈리아 토리노에 모여 친환경 유기농업에 기반을 둔 국제 슬로푸드 대회장을 들끓게 했다. 구약성서에 나오는 '노아의 방주'를 연상케 하는 '국제 음식/맛의 방주'가 이곳에 닻을 내렸기 때문이다. 그 2,000번째 품목으로 정읍의 먹시감 식초가 등재돼 주목을 받았다.

맛의 방주, 토리노에 닻을 내리다

UN이 선포한 '세계 가족농의 해'에 발맞춰 참가국들은 저마다 자기 나라의 대표적인 슬로푸드를 선보였다. 특히 100여 명의 한국 대표단 중에는 선재 스님, 탄원 스님 등 11명의 사찰음식 전문가가 있었는데, 이들은 매일 한국의 사찰음식을 1인 1식 35유로(약 5만 원)에 공양했으며, 오후에는 무료로 한 차례씩 발우공양을 베풀어 대회장에서 단연 돋보였다. 단순히 음식을 파는 것이 아니라 한국의 전통 식문화와 나눔 정신을 실천해 보였기 때문이다.

이 대회에 즈음해 주이탈리아 한국대사관(대사 배재현, 농무관 이은정)과 슬로푸드코리아(회장 김종덕)가 공동으로 개최한 '아시아·오세아니아 식문화의 풍성함'이라는 주제의 워크숍은, 아시아가 세계 5대 성인인 예수, 석가모니, 무함마드, 공자, 노자의 출생지라는 사실과 결부해 오묘하고 풍성한 식문화에 대한 열띤 토론의 장이 되었다. 한결같은 결론은 지난해 남양주에서 성황리에 개최된 제1회 아시아·오세아니아 '맛의 향연' 축제를 이어, 홀수 해인 2015년에도 한국에서 개최하기를 강력히 희망했다는 점이다.

그 이유인즉, 비록 서구 문명(엄격히 말해 햄버거, 피자, 핫도그 등 미국 식문화)의 급격한 침투로 인해 시장경제적으로는 상업화하는 데 뒤처졌지만, 한국인의 일상적인 밥상에는 전통식품과 음료수, 그리고 가장 오래된 미래식품인 발효음식이 자주 오른다는 사실을 알고 있기 때문이다. 200여 가지의 김치류와 된장 등의 장, 수십 가지의 젓갈류, 식혜, 막걸리 등 한국음식 중 발효음식이 아닌 것이 없다. 그중 국제식품규격위원회(CODEX)가 우리말, 우리 조리방식 그대로를 세계 표준으로 인정한 김치(Kimchi)와 고추장(Gochujang)이 이미 세계화되어 있으니, 발효식품에 관한 한 우리나라는 세계에 우뚝 서 있는 셈이다. 서양에서는 치즈와 와인 등을 즐기고 있으나, 우리나라처럼 다양한 곡류와 채소류, 어류 등을 발효시켜 제2의 천연식품으로 오랫동안 즐겨온 곳은 흔치 않다.

대한민국은 발효식품의 최강국

말이 났으니, 에피소드 하나를 소개하겠다. 2012년 광주광역시가 주최한 세계김치문화축제에 참석한 국제식품규격위원회 의장은 세계김치연구소 주관 학술회의 기조연설에서 준비해온 연설문을 읽다 말고, 자기가 세계 각국, 특히 동남아시아의 젓갈 발효식품을 살펴보고 시식도 해보았지만 "생선 대가리와 창자를 발효시켜 먹는 경우는 한국에 와서 처음 봤다"고 고백했다. 그는 도대체 어떻게 대가리와 창자까지 발효시켜 먹을 수 있는가에 대해 감탄을 연발하면서, 그 비결을 한국의 특수한 기후조건(대륙성 기후와 해양성 기후의 만남) 때문에 좋은 미생물이 풍부하다는 점과 이를 자극하고 북돋는 천일염의 효능 때문이 아닌가 본다고 덧붙였다.

그런데 세계 식품사회에 내놓은 이 자랑스런 전통 발효식품이 병들어가고 있다. 유전자를 조작해 제초제에 찌들고 불임성이 가미된 콩과 옥수수, 카놀라유 등 식재료 농산물들과 식품첨가물, 성장호르몬제 등이 우리 식품산업계에 물밀듯이 쏟아져 들어와 한국가공식품 시장을 점령하고 있기 때문이다. 식용으로만 연간 180여 만 톤의 GMO 콩과 옥수수, 수십만 톤의 수입산 시리얼과 과자 및 식품, 그리고 막대한 수량의 식품첨가물이 유전자조작 원료로 만들어져 수입되고 있다. 이는 중장기적으로 인체에 각종 종양과 유방암, 대장과 췌장의 이상현상을 야기한다. GMO 농산식품은 인체에 임상실험을 할 수 없기 때문에 실험실 쥐, 돼지 등 포유류에 실험한 결과가 속속 밝혀지고 있다.

그래서 EU 국가들에서는 0.9% 이상의 GMO가 함유되어 있을 경우 특별 관리된다. 동유럽 국가들과 러시아에서는 GMO를 생산도, 수입도, 판매도 할 수 없도록 엄격히 통제하고 있다. 중국에서는 안전성이 입증된 GMO에 한해서만 수입을 허용한다. 일본 역시 GMO 사료 도입에는 관대하지만 식용에 대해서는 이중 경계를 한다. 얼마 전에는 한국의 모 라면회사가 터키에 라면을 수출했다가 GMO 분말이 함유된 것이 문제되어 반송 조치를 당했다. 우리나라의 GMO 불감증을 잘 보여주는 사례다.

부지불식간에 'GMO 천국'이 되다

우리나라 정부는 GMO 표시제를 제대로 실시하지 않고 방치하거나 정부당국에 의해 비공식적으로 권장되고 있다. 25개 단체로 구성된 '바이오 안전성 시민네트워크'의 실태조사에 의하면 GMO 원료가 분명히 포함됐을 것으로 예상되는 외국산 콩, 옥수수, 카놀라를 가공하는 식품기업 중 어느 한 곳도 실제로는 GMO 함유 표시를 하지 않았다. 그래서 외국에서는 한국을 'GMO 천국'이라 부른다.

콩나물, 두부, 두유, 콩기름, 옥수수 과자, 시리얼, 옥수수기름, 카놀라유가 듬뿍 담긴 참치 통조림, GMO 아스파탐 같은 첨가물이

버젓이 포함된 막걸리 등 갖은 음료수와 식품이 시중에 판매되거나 식당에서 소비되고 있다. 우리 소비자는 매일 '살기 위해' 먹는 것이 아니라 '병들기 위해' 먹는 게 아닐까 두렵다. '바이오 안전성 시민네트워크'가 공동 실시한 설문조사 결과, 우리나라 소비자의 84.6%가 GMO 함유식품의 완전 표시제를 바라는데도 정부는 꿈쩍도 하지 않는다. 몬산토를 비롯해 거대 식품기업의 로비력이 강력하기 때문인지, 정부의 무능·무위·무관심 때문인지 종잡을 수가 없다.

토리노 국제 슬로푸드 대회의 백미는 국제슬로푸드 운동의 창시자 겸 회장 카를로 페트리니(Carlo Petrini)의 개막 연설이었다. 그는 "전 세계의 소비자 국민, 농민, 어부, 조리사들이여, 깨어나 일어나라. 그리하여 우리 인류의 건강과 생명 그리고 대자연의 생태계를 짓밟는 다국적 대기업들의 횡포와 장난을 막아내자. 패스트푸드와 GMO를 추방하고 유해색소와 첨가물을 몰아내자. 자연(어머니의 땅)이 준 천연 먹거리의 맛을 해치는 기업 이윤 최대화 조작과 인류 공통의 적들에게 당당히 맞서 싸워 이겨내자"고 역설하며, 국내외 재벌 식품기업들과 결탁한 정부 관료, 정치인, 언론, 학계에 즐비한 장학생들을 고발하고 소비자의 '안전할 권리, 알 권리, 선택할 권리'를 지켜나가자고 호소했다.

남의 이야기가 아닌 바로 오늘 이 순간, 반유기농, 친GMO/패스트푸드 식문화에 찌들어 있는 우리에게 하는 이야기였다.

| 한국농어민신문 2014년 10월 31일 |

버려진
소로리 볍씨,
인류 생명의 유산

충북 청주시 청원군 옥산면 소로리에는 세계에서 가장 오래된, 1만 5,000~1만 7,000년 전 야생 순화 고대미 볍씨가 대량 발굴된 인류 생명문화 기원의 유적이 있다. 이제까지 세계 고고학계에 가장 오래된 볍씨로 알려진 중국 후난성 유찬얀 동굴의 순화 볍씨 연대보다도 최소 3,000~4,000년 앞선 것으로서, 세계 고고학계를 깜짝 놀라게 했다.

충북대 이융조 교수를 비롯한 한국 고고학계가 피땀 흘려 발굴한 이 역사적 성과는 국제적으로 최고(最古)의 볍씨로 공인됨으로써, 이에 부여되는 학술명에 대해, 벼(쌀)의 학명인 Oryza sativa에 Corea를 붙일까 Sorori를 달까 고민하는 단계다. 소로리의 기적은 이미 영국의 BBC 방송을 비롯해 국제적으로도 널리 보도되었다. 필자는 이 소식을 캐나다 밴쿠버 브리티시컬럼비아 대학의 초청교수로 재임했을 때 그곳 신문 보도를 통해 알게 되었다. 그런데 정작 발굴 현장을 가보면 거창한 오창과학산업단지 한켠에 초라한 표지석 하나만 달랑 서 있을 뿐이다. 아, 그 초라함이여!

필자가 UN 식량농업기구에서 근무할 때 중국에 출장을 가면, 중국 농업부 관리들은 맨 먼저 “세계 쌀농사의 시원지를 가보셨습니까? 그곳이 우리 중국 후난성에 있는데요”라면서 브리핑을 시작한다. 유찬얀 유적지 현장과 저장성 허무두 고대 볍씨 발굴 현장 부근에는 어마어마한 크기의 현대적 유물박물관과 관련 전시물들이 있어 연중 관광객의 발길이 끊이지 않는다. 중국 관리들은 소로리에서 세계 최고미가 발견된 사실을 알려고도, 알리려고도 하지 않는다. 세계 고고학계가 인정하는 소로리 볍씨의 존재를 부정하고 싶은 것이다. 중국의 안내자·해설가들은 기껏 한국의 고양시 일산 한강 하류 부근에서 손보기 교수 등 한국 선사문화 연구팀이 1991년 발굴한 신석기시대 12톨의 가와지 볍씨의 존재를 소개하며 벼농사 문화의 중국 남방 전래설을 강조할 뿐이다.

지난 3월 19일 경기도 고양시에 ‘고양 가와지 볍씨 박물관’이 개관했다. 국내에서는 최초의 볍씨 유물 문화박물관이다. 그 자리에서 고양시 당국은 가와지 볍씨 12톨의 브랜드 가치가 무려 6조 원으로 평가되고 있다면서, 문화와 역사를 알고 사는 고양 시민이라고 만천하에 자랑했다. 전혀 의도하지 아니했다 하더라도, 고양 볍씨 박물관 개관은 확실히 청주 사람들을 부끄럽게 만드는 행사였다. 필자는 그 자리에 초청을 받고도 참석하지 않았다. 고양시장이나 고양 시민에게 무슨 억하심정이 있어서가 아니었다. 솔직히 말하자면, 충청북도 당국자들과 청주 각계 지도층에 대한 실망감이 덮쳐왔기 때문이다.

소중한 자연 문화유산을 국민신탁으로 영구·보전·발전시키자는 세계적 시민운동인 내셔널트러스트에서도 마땅히 소로리 볍씨의 항구적인 보전 관리와 범세계적 문화유산화에 관심을 누차 표명하고, 중앙정부와 지방 당국에 대해 주도적으로 계획하고 지원할 것을 촉구한 바 있다. 요컨대 청주에 범국가적, 아니면 범도적, 그것도 안 되면 범시군적 현대 볍씨 박물관과 쌀 관련 문화시설을 짓자는 것이다. 더욱이 충청북도 일원에서는 '청원 생명쌀'과 '청주 직지쌀'을 경쟁적으로 브랜드화하고 있지 않은가. 아직은 경기미나 호남 친환경 쌀에 밀려 인지도가 낮지만, 필자는 '청원 생명쌀'이 최상급의 향과 맛을 지니고 있다고 믿는다. 소로리가 바로 그곳에 있고, 그곳에서 1만 7,000년 전부터 소로리 볍씨가 옛 충청 사람들과 영향을 서로 주고받으면서 진화해왔기 때문이다.

우리나라 고전 창극 〈심청전〉에는 심 봉사로 대표되는 청맹과니 당달봉사들의 이야기가 대미를 장식한다. 겉으로 보기에는 눈동자가 멀쩡한 것 같으나, 실상은 앞을 보지 못하는 사람을 일러 청맹과니 당달봉사라고 한다. 필자는 오늘 돌팔매 맞을 각오로 감히 6.4 지방선거에 출사표를 던진 충북권 후보들에게 말한다.

학력과 경력이 아무리 화려하더라도, 세계에 충청도가 자신 있게 내놓을 '소로리 고대미 볍씨 문화박물관'을 짓겠다는 공약이 없는 정치인은 비전도, 시력도 없는 당달봉사들이라고 단언한다. 문화가 없고 역사가 없고 생명이 없는 권력과 돈과 사업 이윤밖에 모르는 그런 정치가들일랑은 지방자치에서 떠나야 한다. 적어도 청주에서는 청맹과니들의 행진이 멈춰야 한다.

| 중부매일 2014년 5월 29일 |

내가 만난 대산

⋮

교보생명의 창업주이자 교보문고를 설립해 문화산업에 앞장선 대산 신용호(大山 愼鏞虎) 선생께는 못다 이룬 꿈이 있다. 영정 앞에서 "누군가 이루어줄 테니 염려 말고 고이 잠드소서"라는 말로 안타깝게 달래야 했던 꿈, 나는 그 꿈을 꺼내보려 한다.

세 번째 만남

공식석상을 제외하고 대산 선생을 독대한 것은 단 세 번뿐이다. 전부 선생이 제의해서 만난 것인데, 그가 가슴속 깊이 간직했던 꿈을 털어놓은 것은 생전의 마지막 대면이었던 1998년 세 번째 만남에서였다. 내가 농림부 장관으로 재임하던 시절이었다. 지금 생각하니 암 선고를 받은 직후였던 것 같다. 선생은 그날 이렇게 말했다.

"내 삶이 얼마 남지 않았는데, 마지막으로 이 땅에 진 빚을 갚고 떠나고 싶습니다."

모범적인 기업가로서 한평생을 보내신 분인데 무슨 일인가 싶어 "무슨 빚을 지셨다는 것입니까?" 하고 물었다. 그러자 선생은 이렇게 말했다.

"나는 농민의 자손으로 여지껏 살아왔습니다. 그러기에 교보생명의 밑바탕에는 정신적으로나 육체적으로 나를 키워주고 늘 마음의 힘이 되어준 농촌과 농민에 대한 애정이 있습니다. 문막에 있는 땅을 이용해 농촌과 농민에 대한 사랑을 대대손손 남길 공익사업을 하고 싶은데, 아이디어를 좀 얻고 싶습니다."

내가 "취지는 알겠으나 그것이 어찌 선생이 갚아야 할 빚이라고 생각하십니까?"라고 되묻자, 선생은 "짐승도 죽을 땐 고향으로 갑니다. 가지 못하면 고향을 바라보고 죽는다는데, 내가 어찌 나를 키워준 고향이고 큰 힘이었던 농촌과 농업을 잊겠습니까?"라고 말했다. 수구초심(首丘初心)을 말하신 것이었다. 또한 그는 "자꾸 세상이 변하여 농촌에 희망이 없어지는데, 생명 사랑과 인간 사랑의 소중함을 후손들에게 물려줄 수 없겠습니까?"라고 물었다.

나는 캐나다의 밴쿠버 아일랜드에 있는 '부처드 가든'에 대해 말했다. 세계 최고의 정원이라 일컬어지는 그곳은 시멘트업자인 로버트 부처드와 부인인 제니 부처드에 의해 만들어졌다. 그들은 서부개척시대에 그곳에 있는 석회를 파내 많은 돈을 벌었다. 어느 날 제니 부인이 자기네 석회를 실은 배가 항구를 떠나는 모습을 바라보고 있는데, 누군가 그녀에게 슬며시 강낭콩과 꽃씨를 쥐여주었다. 부인은 그걸 정원에 심은 후 아름답게 핀 꽃을 바라보면서 '왜 이것들을 나에게 줬을까' 생각했다. 그녀는 곧 자신들이 석회를 파내면서 아름다운 자연을 파괴했다는 사실을 깨달았다. 부인은 남편과 상의한 후 곧바로 시멘트 석회를 파낸 터에 꽃을 심기 시작했다. 그렇게 해서 오늘날 세계 각지에서 매년 200만 명의 관광객이 찾아오고 최고의 식물·화훼학자들이 찾아와 연구하는 세계적 식물요람이 탄생하게 된 것이다.

대산 선생은 "그런 곳이 있습니까?" 하며 감탄하며 궁금해했다. 나는 곧바로 '부처드 가든'에 대한 비디오테이프를 구해드렸다. 그걸 보신 후 선생은 다시 내게 "농림부 장관직을 그만두고 나오면 이 일을 해줄 수 있겠습니까?" 하고 물어보셨다. 난 선불리 말할 수 있는 사안이 아니라고 생각하여 가타부타 대답하지 않았다. 내가 대학에 입학하여 고향 집을 떠나기 전날, 아버지께서 물으신 "명예, 권력, 돈 셋 중에 어느 길을 택하여 살겠느냐"는 질문에 대뜸 '명예'의 길을 걷겠노라고 대답했기 때문이다. 난 장관직을 마친 뒤 감히 돈과 관련된 사업 맡기를 사양하고, 캐나다 브리티시 컬럼비아 대학에서 1년간 연구를 하고 돌아왔다. 그런데 그의 마지막 모습을 귀국하여 영정으로 뵙게 될 줄이야. 그렇게 대산 선생의 마지막 꿈은 아쉬움을 남긴 채 미완의 꿈으로 묻혔다.

첫 만남

대산 선생과의 인연은 중국에서 시작되었다. 1980년대 중반에 나는 'UN 식량농업기구 아시아 태평양 지역 유통·경제책임자'로 일하고 있었다. 담당 지역 중에 중국, 북한, 러시아 등 당시만 해도 적대국이라 한국인은 발을 들여놓을 수 없는 곳이 있었다. 하지만 국제통행이 자유로운 UN 외교관 신분이었기에 자유롭게 오갈 수 있었고, 아무 곳이나 방문할 수 있었다. 그 와중에 중국 지린성에서 조국 광복 이후 헤어진 대산 선생의 일가를 만나게 되었다. 그때만 해도 교보빌딩 이름 정도만 아는 사이였지 교보나 대산 선생에 대해서는 아는 것이 없었지만, 같은 민족이라는 생각에 중국에 남겨진 대산 일가를 찾아 한국에 소식을 전하고 결국 만나게 해드렸다.

그 후 나는 그 일을 그저 흐뭇하고 뿌듯했던 기억으로만 간직하고 있었는데, 어느 날 선생께서 만나자는 연락을 해왔다. 그 일 때문인가 싶어 찾아뵀더니 선생은 "중국의 변화 전망과 북한의 실태 등이 궁금하니 이야기를 좀 해달라"고 했다. 당시 나는 신문과 방송을 통해 중국 사정을 공개하면서 중국통으로 통했다. 선생이 그걸 보고 나를 부른 것이었다. 그때만 해도 교보생명과는 업무관계나 사업관계가 있을 수 없어서 좀 의외였는데, 선생은 꼬치꼬치 알고 싶고 궁금한 것이 무척 많았다. 그 모습을 보면서 '호학정신이 대단한 분이구나'라고 느꼈다.

그렇게 한참 대화를 나누고 나오는 길에 "제가 대산 일가, 즉 중국에 있는 신씨 일가를 찾아준 사람입니다"라고 말씀드렸더니, 선생은 무척 놀라시며 "세상에 이런 인연이 어디 있느냐"며 반가워하셨다.

두 번째 만남

두 번째 만남은 1993년 우루과이라운드, WTO 등으로 우리나라 농민들이 큰 절망 속에 빠져 있던 때였다. 나는 '신운동권 교수'라 불리며 186개 시민연대의 상임집행위원장으로서 아스팔트 길 위에서 대규모의 집회를 주도하고 있었다.

선생은 그런 나를 신문과 방송에서 보고 불렀다. 그리고 내게 두 가지를 말씀하셨다. 하나는 "난 정치에 대해 잘 모르기 때문에 우루과이라운드에 대해 김 교수가 주장하는 것이 옳은지 그른지 잘 모르지만 농촌과 농민을 생각하고 위하는 마음만은 느껴진다"는 것이었고, 또 하나는 "내가 사재 100억 원을 털어 재단을 만들 테니 농촌의 교육과 문화발전에 기여할 수 있도록 도와달라"는 것이었다.

순간 두 가지 생각이 머릿속을 스쳤다. '그래, 농촌을 돕는 방법도 여러 가지가 있는데 이분은 교육과 문화 쪽에 치중할 생각이구나' 하는 것과 '데모도 중요하지만 좀 순화하라는 뜻인가?' 하는 약간의 거부감이었다. 하지만 그분의 눈빛에서 어느 것이든 나를 위한 우정 어린 충고임을 느낄 수 있었다. 그래서 나는 '대산농촌재단'의 이사직만 흔쾌히 받아들였다. 그 후 재단 활동을 하면서 나는 선생이 말했던 '봉사'의 의미가 무엇인지 알게 됐다. 교수 월급보다 많은 고문료를 주던 다른 재단들과는 달리 내가 받은 돈은 1년에 4번, 회의가 있을 때마다 거마비 명목으로 받은 10~20만 원이 전부였다. 식사도 늘 교보빌딩 뒤편 골목에서 1만 원 이하의 밥을 먹곤 했다.

진정 사랑하는 것을 위해서 대가 없이 자신의 모든 것을 바쳐 봉사하는 것. 이것이 대산 선생의 사회공헌 봉사의 정신이었다. 농촌을 사랑하는 사람의 끈끈한 형제애였다.

못다 이룬 꿈, 네 번째 만남

네 번째 만남은 내가 먼저 선생께 청할 생각이었다. 캐나다에서 돌아와 난개발을 막고 아름다운 자연과 문화유산을 보전·관리하는 '내셔널 트러스트' 대표를 맡으면서 가장 든든한 후원자로 떠오른 분이 대산 선생이었기 때문이다. 비록 실현되지 못하고 가슴속에 묻어야 했던 만남이지만, 난 영정 앞에서 그분에게 자신 있게 말했다.

"누군가 선생님의 큰 뜻을 반드시 이루어줄 겁니다. 선생님의 뜻을 이루는 것이 우리 후손의 의무임을 잊지 않겠습니다."

정약용 선생의 《목민심서》 마지막 장에 이런 말이 있다.

"사람이 떠날 때는 머문 자리에 향기를 남기지 못할지언정 구린내를 남기지는 말아야 한다."

대산 선생은 원 없이 돈을 벌었고, 또 원 없이 돈을 쓰신 분이다.

하지만 그 '원 없음'이 향기를 남기는 이유는 아무도 하지 않으려는 농업·농촌·농민을 돕는 일에, 내가 아닌 남을 위해, 그리고 원대한 꿈을 안은 채 작고 적은 농민을 돕는 큰 뜻에 돈을 썼기 때문이다. 우리나라에서 성공한 대기업 오너 수천 명 중에 사업으로 번 돈을 가장 홀대받는 농업·농촌·농민, 3농의 발전에 쾌척한 분은 대산 신용호 선생뿐이다. 그가 남긴 진한 향기는 백 년, 천 년 더 진하게 풍길 것이다. 그분의 3농 사랑 정신을 이어나가는 것이 살아남은 우리의 몫임을 알기에 지금 우리는 그분의 뜻을 더욱 깊이 기리며 음미하는 것이다.

| 대산선생 100주기 기념일 강연(2017년 6월 30일) |

4부

함께 나눈 말과 생각

■ 대담

'코퍼라토크라시'의 시대, 무너지는 삶과 농사

이 기록은 김성훈 전 농림부 장관과 김종철 《녹색평론》 발행인이 2014년 8월 4일, 서울 청담동의 커피숍에서 가졌던 대담을 녹취, 정리한 것이다.

'몬산토'가 지배하는 국제정치

김종철 오랜만에 뵙습니다. 지난 7월 중순에 제가 전화 드렸을 때 며칠 외국에 다녀오실 예정이라고 하셨는데, 어디를 가셨던가요?

김성훈 헝가리하고 우크라이나에 다녀왔습니다. 두 나라가 국경을 접하고 있지 않습니까. 헝가리는 아시다시피 유럽에서 유일하게 동양계 민족과 피가 섞인 나라예요. 물론 먼 옛날 얘기지만. 그리고 내가 볼 때는 미인들이 가장 많은 나라가 헝가리예요. 헝가리에 가면 기분이 좋아요. 사람들이 아주 정답습니다. 그리고 헝가리에서는 GMO(유전자조작식품)라면 생산도, 판매도, 거래도 못 하게 돼 있어요. 우크라이나도 원래는 그래왔지요.

근데 이번에 유럽에 가서 들었는데, 물론 엄밀한 과학적인 정보는 아니지만, 지금 우크라이나에서 벌어지는 전쟁은 단순히 미국과 러시아의 전쟁이 아니라 사실상 GMO와 반GMO 간의 싸움이라는 겁니다. 그동안 세계적으로 GMO산업을 주도해온 몬산토가 아무리 유럽시장을 공략하려 해도 잘 되지 않았습니다. EU의 반GMO 정책은 굉장히 강경하죠. 특히 독일과 동구권 국가들이 똘똘 뭉쳐 있어요. 근데 EU의 곡물창고가 우크라이나입니다. 몬산토는 허술한 우크라이나를 통해 유럽으로 들어가려고 공작해왔다고 합니다. 그러나 우크라이나의 전(前) 대통령이 완강히 거부했어요.

그런데 몬산토 계열에 블랙워터가 있습니다. 전직 CIA와 전직 공수부대 출신으로 구성돼 있는 블랙워터를 2년 전에 몬산토가 인수·합병했지요. 그 블랙워터 용병들이 이번에 우크라이나에 들어가서 시위를 선동해 대통령을 몰아냈다는 겁니다. 그러고 나서 소위 친미 인사가 새 대통령이 되었는데, 그 사람은 GMO를 찬성합니다.

그런데 우크라이나 반군을 지원하는 러시아의 푸틴 대통령은 GMO에 대해 알레르기 반응을 보이고 있습니다. EU는 물론 헝가리나 폴란드 등 동구권 나라들도 마찬가집니다. 지금 거기서는 GMO가 불임이나 난임을 유발하는 것으로 알려져 있고, 유방암 등 종양 발생률을 높여 GMO를 도입하면 결과적으로 인종말살로 이어진다고 생각하고 있거든요. 그래서 푸틴은 의회 결의를 거쳐 GMO 식품은 판매도, 생산도, 가공도, 거래도 못 하게 했습니다. 푸틴이 지금 러시아계 동포들을 보호한다는 정치적인 명분을 걸고 우크라이나 반군을 지원하고 있지만 근본 배경에는 이렇게 GMO 문제가 도사리고 있다는 거죠.

김종철 무서운 세상이군요. 저도 GMO가 큰 문제라는 것은 알지만, 그것 때문에 이런 식으로 국가질서가 유린되고, 국제정치가 뒤틀리고, 진실이 무너지고 있는지는 몰랐습니다. 언론들은 늘 받아쓰기만 하지, 진실을 캐낼 의지도 능력도 없으니 말이죠. 근데 저도 뉴스의 이면을 꽤 살펴보려고 하는 편인데, 선생님은 참 어디서 그런 놀라운 이야기들을 듣게 되시는지?

김성훈 《RT뉴스》, 《내추럴뉴스》 등을 읽으면 다 나와요. 그리고 저는 옛날에 유엔(식량농업기구)에 근무할 때 맺었던 인연들이 있으니까요. 이제는 늙어서 그 사람들이 달리 할 일이 없으니까 이런 이야기들을 전해주고 그럽니다.

김종철 아주 좋은 네트워크를 갖고 계시군요.

김성훈 네. 1993년 우루과이라운드(UR) 협상 때도 우리 정부보다 먼저, 더 정확한 정보를 파악해서 대안을 제시할 수 있었던 게 그 덕분입니다. 지금도 그렇지요. 원하신다면 내가 받은 자료, 특히 GMO 관련 자료는 얼마든지 보내드릴 수 있어요.

분명히 말하지만, GMO는 절대 이 땅에 뿌리내리게 해서는 안 됩니다. 1998년에 영국의 푸스타이 박사가 이미 실험했던 것을 시작으로 여러 독립연구가 있었죠. 그중 가장 완벽한 실험으로 인정받은 게 재작년 프랑스 세라리니 교수팀이 발표한 연구 결과죠. 실험용 쥐 200마리한테 2년 동안, 사람으로 치면 약 10년 동안, 계속해서 GMO 옥수수와 콩을 먹인 결과 각종 종양이 생기고, 장과 위장이 비틀어지고, 유방암이 생겼습니다. 피해는 암컷과 수컷이 7 대 3 비율로 나타나요. 여성들은 절대로 GMO 콩나물, GMO 두부, 두유를 먹어선 안 됩니다. 동물실험 결과로 볼 때 여성이 훨씬 더 취약해요. 2세로 가면 자폐증과 불임이 나타납니다. 그럴 수밖에 없는 게, 종자를 계속 팔아먹으려고 GMO는 모두 불임이 되도록 미리 조작돼 있거든요. 유럽과 중국, 러시아에서도 동물실험을 한 여러 자료가 있지만, 가장 완벽에 가까운 게 세라리니 교수의 실험이라고 합니다. 그 실험은 몬산토 스스로가 GMO의 효과가 좋다고 설명하기 위해 썼던 수법을 그대로 가져왔으면서도 전혀 다른 결론을 얻어낸 것이니까요.

김종철 세라리니 교수가 그런 독립적인 연구를 수행했다는 것도 놀랍습니다. 전에 영국의 과학자 푸스타이는 GMO가 유해하다는 실험 결과를 발표하자마자 잘리지 않았습니까. 프랑스에서는 독립적인 과학실험이 어느 정도 허용되는 모양이죠?

김성훈 프랑스가 그런 면에서는 좋은 나라죠. 지금 GMO를 주로 미국계 다국적 기업들이 주도하고 있다는 점도 있겠죠. 몬산토, 듀퐁, 신젠타, 다우, 비앤에프 등 소위 다국적 농약·화학회사들은 제초제와 농약을 겸사겸사 팔아먹기 위해 GMO 종자를 만들어내고 있죠. 제초제에 강하고 병해충에 강하고 내한성을 가진 종자를 만들어내지만, 공통적인 것은 종자가 불임이 되도록 하는 거죠. 그래야 계속 팔아먹을 수 있으니까.

근데 웃기는 것은 마이크로소프트사의 빌 게이츠 부부입니다. 그들은 몬산토 주식 20퍼센트인가를 샀어요. 그러고는 아프리카에 자선한다고 GMO 곡식을 무상 원조하겠다고 하니까, 짐바브웨가 거부해버렸죠. 우리는 아무리 배가 고파도 사람이 먹어서는 안 될 GMO 따위는 안 받겠다고요. 빌 게이츠 부부가 그런 망신을 당했습니다. '인도주의적 자선'을 표방했다가 웃음거리가 된 거죠.

지금 몬산토의 1년 매출은 작은 나라의 국가예산과 맞먹습니다. 어마어마하죠. 그러니까 블랙워터 같은 용병회사도 경영하고, 한국에도 모 교수에게 GMO 연구재단 만들도록 지원하고, 바이오 분야 연구자 및 학생들에게 정기적으로 장학금 주고, 농업연구기관을 비롯해 학계, 관계, 언론계에 장학생을 만들어내고 있어요.

김종철 한심한 이야기네요. 학자, 전문가, 언론인 등 소위 사회 엘리트라는 자들이 늘 돈이라면, 권력이라면, 그 앞에서 독립성과 자주성을 잃고 인간적 자존심도 내팽개쳐버리는 이 빈곤한 정신적 풍토가 개탄스럽습니다.

김성훈 몬산토는 광화문에 사무소를 차려놓고 있습니다. 이미 한국은 매년 794만 톤씩 GMO 콩과 옥수수와 카놀라를 십수 년째 수입하고 있는데, 그중 식용이 약 190만 톤입니다. 한국이 세계에서 두 번째 GMO 수입국이에요.

데모크라시가 아니라 코퍼라토크라시

김종철 첫 번째는 어딘데요?

김성훈 일본이죠. 그런데 일본은 식용보다도 주로 사료용을 수입해요. 몬산토 쪽에서 볼 때 지금 한국은 아주 충성스런 '봉'인 거죠. 그래서 광화문의 좋은 위치를 차지하고, 각종 장학생 만들기 사업을 벌이고 있죠. 저한테도 초기에 식품산업협회를 통해서 접근해왔어요. 제가 속해 있는 경실련에서 GMO 표시제를 주장하니까 그것 좀 하지 말아달라고요. 그래서 당신네 협회가 결정한 것이냐 아니면 GMO 종자를 판매하는 쪽에서 부탁한 것이냐 물었더니, 어물어물 대답을 못 해요. 몬산토가 돈을 댄다는 말을 할 수 없었겠죠.

김종철 농과대학 교수들도 많이 넘어갔죠?

김성훈 농과대학의 바이오 전공 교수들, 또 식품영양학 연구자들 중 상당수가 넘어간 것 같아요. 어떤 고명한 영양학자도 우리나라에 GMO를 도입·개발해야 식량안보가 달성된다는 주장을 공공연히 하고 있어요. 바이오 분야에 전문성도 없던 사람인데, 대학을 은퇴하자 부랴부랴 연구재단을 만들어 GMO 홍보원 노릇을 하고 있어요. 우리나라에선 잡초가 농사를 망치니까 어차피 제초제는 써야 한다는 논리죠. 몬산토가 만든 제초제를 쓰면서 거기에 저항성을 가진 GMO 종자를 뿌리면 증산이 된다는 논리예요.

그러나 그런 몬산토의 신화도 벌써 깨졌어요. 2~3년 동안은 잡초 제거에 효과가 있어요. 그러나 시간이 지나면 글리포세이트라는 몬산토 제초제에 내성이 생긴 새로운 잡초가 나와버려요. 슈퍼잡초죠. 그리고 제초제 때문에 토질이 악화되니까 생산성이 떨어져요. GMO를 재배하지 않는 EU의 과거 10년간의 곡물생산성과 GMO를 사용해온 브라질과 미국의 곡물생산성을 비교하면 그 차이가 확연해요. 이젠 유럽의 농업생산성이 훨씬 앞서 있어요. 결국 GMO 농사가 식량안보에 도움이 된다는 건 거짓말이죠.

그런데 이 사실을 우리나라 언론은 보도하지 않아요. GMO가 인체에 무해하다고 말하는데, 우리나라에서는 아직 어떤 관계 기관도 과학적인 실험을 해본 적이 없어요. 대한민국의 어느 연구기관 또는 학자들에게도 그런 실험을 하라고 연구비가 주어지지 않고요.

김종철 자기들한테 불리한 연구비를 줄 리가 없죠.

김성훈 독립적인 연구는 국가가 지원해야죠. 국민의 생명과 건강을 지키는 게 국가의 책무니까요. 그러나 수많은 민간단체가 그렇게 요구해왔는데도 한국 정부는 귀를 닫고 있어요. 이게 다 국가가 기업(자본)에 휘둘리고 있는 탓이겠죠.

김종철 지금 우리 정치권에도 로비가 상당히 많이 들어가 있겠네요?

김성훈 네. 현재 야당에서 남윤인순, 홍종학 의원 등이 GMO 표시제를 하자고 입법 발의를 했는데도, 여당은 말할 것도 없고 야당 지도부가 말 한마디도 거들지 않아요. 무지한 탓인지 약 먹은 탓인지.

김종철 '소비자의 알 권리' 차원에서 표시제를 하자는 건 지극히 정당한 요구인데요.

김성훈 물론이죠. 그리고 GMO 표시제가 실제론 특별한 추가비용이 드는 게 아닌데도 생산비용이 많이 든다고 식품업계가 반대해요. 근데 우리나라에서는 표시제를 반대하는 로비가 주로 재료의 70% 이상을 외국산으로 쓰고 있는 식품산업계를 통해서 이루어지고 있어요. 몬산토는 자기 얼굴을 직접 내밀지 않아요. 관련 학계, 식품영양학자, 바이오 학자들 그리고 농약 및 GMO 연구기관 사람들이 알아서 대변해주고 있죠. "농약은 과학이다!", "GMO도 친환경 농산물이다"라고요.

김종철 몬산토의 지배력이 생각보다 더 심하네요.

김성훈 저는 세월호 참사를 비롯해서 국민안전에 관련된 거의 모든 재앙이 코퍼라토크라시(corporatocracy)로 인해 발생한다고 생각합니다. 이 용어를 김 선생님이 잘 좀 번역해주세요.

김종철 기업자본독재 혹은 기업전제정치라고 할까요.

김성훈 데모크라시(democracy)가 아니라 '기업(corporation)이 세상을 지배한다'라는 뜻이죠. 기업자본이 정치, 언론, 사회, 경제, 문화 등을 비롯해 우리 일상생활까지 지배한다는 뜻이거든요.

김종철 지금 한국에 들어오고 있는 GMO는 옥수수하고 콩하고….

김성훈 카놀라도 있어요. 나는 참치통조림을 먹지 않아요. 깡통 열면 가득 찬 기름이 전부 GMO 카놀라기름이거든요. 캐나다산 카놀라는 거의 100%가 GMO예요. 그리고 하와이에 카우아이라는 섬이 있는데 거기서 생산되는 파파야도 GMO예요. 미국 사과도 그렇고. 그리고 미국의 양식 연어를 젊은이들이 많이 사 먹는데, 이 양식 연어도 GMO일지 몰라요. 이러다간 우리 젊은이들이 장차 실험실 쥐 신세가 될지 모릅니다. 불임·난임에 대한 보건복지부 통계를 한번 보세요. 5년 이내에 아이 못 갖는 신혼부부들이 매년 늘어나고 있어요. 그래서 체외수정을 하는데, 이게 3,000만 원 하다가 요즘 5,000만 원으로 올랐어요.

김종철 불임은 환경호르몬 영향도 있지 않겠습니까?

김성훈 여러 가지 영향이 있죠. 그중에서 특히 GMO의 영향이 크다는 것은 세라리니 교수 실험 결과에서 밝혀졌어요. 우리나라에 GMO가 들어온 게 15년이 훨씬 넘었거든요.

김종철 그러니까 우루과이라운드 이후 쌀 이외 농산물이 모두 개방되기 시작하면서…. 중국도 지금 GMO를 수입합니까?

김성훈 우선 확실하게 수입하는 것은 GMO 옥수수, 콩 그리고 면화씨. 직접 먹는 건 아니니까 사료용으로 수입하는데….

김종철 면화씨로 기름을 내지 않습니까?

김성훈 그게 문젭니다. 그리고 GMO 콩을 수입할 수밖에 없어요. 중국에 콩기름 수요가 워낙 많으니까. 그런데 자기들이 안전성을 인정한 것만 수입해요. 인정하지 않은 GMO 콩이 들어오면 항구에서 바로 돌려보내요. 최근에도 몇 차례 돌려보냈어요.

김종철 인정하는 GMO라는 건 뭡니까. 함유량을 말하는 겁니까?

김성훈 모르겠어요. 외신 자료를 보면 중국에서 인정하는 어떤 특정 품종이라고 해요. 지금 탐문 중인데, 아마 자체적인 분석 결과가 있는 모양이에요. 근데 한국도 농촌진흥청 실험실에서 개발해 놓은 GMO 벼가 있어요. 황금쌀(golden rice) 종자라는 거죠. 그 외에 70여 품목 150여 GMO 종자가 개발되어 있다네요.

그런데 제가 농림부 장관 하면서 남겨놓은 게 뭐냐면 GMO 실험용 연구는 통상압력 방어용으로 학술적으로 계속해도 좋다, 다만 이것을 상용화하고자 할 경우엔 인체 및 생태계에 대한 안전성이 과학적으로 규명된 다음, 생산자 및 소비자 단체들의 동의를 받아야 한다는 지침이에요. 미국으로부터 GMO를 받으라는 압력이 들어올 때마다 우리도 GMO 기술이 있지만 상용화하지 않고 있다, 왜냐면 생태계와 인체에 대한 안전성이 증명되지 않았기 때문이다, 그런 논리로 미국의 통상개방 압력을 막았죠. 우리 정부가 필요하다고 인정한 조건의 수량만 수입했죠. 국내산 GMO 종자라도 상용화하고자 할 경우엔 생산자·소비자 단체들의 동의를 받아야 한다는 지침은 지금도 유효합니다. 소비자·생산자 단체들은 다 알고 있는데, 박근혜 정부 들어 농촌진흥청 내에 GMO상용화(실용화)사업단이 생겼다 하네요.

김종철 소위 '창조경제'라는 이름으로 하겠네요.

김성훈 '창조적인 씨앗' 장사죠. 그런데 몇 해 전에 대한민국 소비자단체장들이 초청을 받아 미국에 다녀왔어요. 그런 다음 GMO에 대해서는 꿀 먹은 벙어리가 됐어요. 그때 초청여행을 거절한 예외적 인사가 송보경, 김재옥 씨예요. '소비자시민모임'(소시모)을 이끌어온 분들이죠. 저도 '소시모' 창립멤버입니다.

소비자시민모임하고 경실련의 소비자정의센터가 주동이 돼서 '바이오 안전성 시민단체 연대회의'가 만들어졌어요. 39개 단체가 참여하고 있는 모임이죠. 각 단체마다 GMO 의심 품목을 하나씩 조사해 발표하고 있는데, 최근에 언론에도 보도됐지만, 어린애들이 즐겨 먹는 미국산 시리얼이 전부 수입 옥수수와 수입 콩을 쓰면서도 GMO 함유 표시가 돼 있지 않은 걸 밝혀냈지요. 심지어 어느 나라 것인지도 표시되어 있지 않아요. 경실련은 제일 먼저 두유를 조사했는데, 한살림 등 생협 제품을 제외하곤 거의 GMO 콩 사용 제품이었어요.

재미있는 에피소드가 있어요. 지난 5월 24일 세계 200여 도시에서 'Non-GMO, Anti-Monsanto' 집회가 동시에 열렸어요. 서울에서도 열렸습니다. '슬로푸드코리아'를 비롯해서 50여 개 단체 대표들이 광화문 몬산토 사무소 앞에서 "GMO 물러가라, 몬산토 물러가라"며 데모를 하고 가두행진에 나섰는데, 경찰들이 와서 "저기 고엽제 피해 전우회가 행사 중인데 충돌이 일어날지 모르니 행진에 나서지 말라"고 종용했답니다. 근데 고엽제가 뭡니까? 제초제와 사촌지간 아닙니까? 바로 몬산토가 전세계 고엽제의 80%를 공급하고 있는데….

김종철 자기들에게 피해를 입힌 그 기업을 옹호한다? 재미있네요. (웃음) 그런데 지금 우리나라에서 쓰는 사료는 전부가 GMO라고 봐야 됩니까?

김성훈 곡물의 경우는 그렇죠. 배합사료를 만들 때 주로 옥수수를 많이 쓰고, 대두박을 섞습니다. 현실은 이렇지만 그래도 희망적인 움직임이 있어요. 예를 들면, 지금 광주에서 우리가 기르는 닭들한테는 절대로 GMO 못 먹이겠다며 러시아에서 직접 계약재배한 양질의 사료를 가져와 양계를 하는 분들이 있습니다. 화학제품, 항생제 없이 채란용 닭을 키우죠. 두부도 만들어 회원들에게 직접 배달을 해요. 꽤 규모가 큰 양계농장이에요.

대안은 생명주의

김성훈 왜 몬산토를 비롯한 미국의 초대형 다국적 대기업들이 농업에 투자하는가. 제2차 세계대전이 끝나고 나서 중동에서의 국지전 빼고는 오랫동안 평화시대가 계속되는 바람에 그동안 투자했던 무기산업이 생각만큼 돈벌이가 잘 안 돼요. 전쟁이 나야 가장 큰 돈벌이가 되는 건데. 금융투자도 2008년에 위험이 드러났어요. 그래서 농업으로 눈을 돌린 거죠. 사람은 365일 하루 세끼를 먹어야 하고, 세계 인구가 늘고 소비수준이 높아지면 육류에 대한 수요가 늘어납니다. 고기 수요가 늘면 종래보다 4~8배의 곡물 수요가 생기니까, 곡물 생산과 유통에 미래의 농업성장동력이 있다고 보는 겁니다. 그러니 제초제와 농약 그리고 GMO 종자산업의 전망이 좋다는 결론이 나오는 거죠. 거기서 끝나는 게 아닙니다. 이것을 가공해서 파는 겁니다. 맛과 색깔과 향기를 화학적으로 조작하고, 인공첨가물 등으로 식품업을 확대합니다. 그리고 비타민이나 약품 만드는 분야도 액상과당을 쓰면 돈이 많이 드니까 값싼 GMO 옥수수에서 추출해서 각종 약품을 만들어요. 작년에 고려은단㈜에서 "우리는 GMO가 아닌 옥수수에서 추출한 원료로 비타민C를 만듭니다, 재료가 다릅니다"라는 광고를 냈지요. 그러자 다국적 제약회사들이 항의를 하고, 모처에서 그 광고를 삼가도록 조처했다나요.

김종철 아, 그런 일이 있었군요.

김성훈 GMO만 보고 있으면 '코퍼라토크라시'로 인한 온갖 부조리, 비리가 다 보입니다. 약품회사건 식품회사건 대부분 GMO를 쓰고 있으니까요. 요즘 인기 있는 막걸리에 들어가는 아스파탐도, 가축이나 젖소 성장촉진제도 GMO로 만들어요. 유기농 제품에도 쓰이는 대부분의 올리고당, 포도당, 구연산 같은 것도 원래는 과일에서 추출된 것이어야 하지만 요즘은 전부 값싼 GMO 옥수수에서 추출해 만듭니다.

김종철 저도 대충 짐작은 하고 있었지만, 이렇게 심할 줄은 몰랐습니다. GMO를 피할 길이 없군요. 이렇게까지 무방비로 침투됐을 거라곤 생각 못 했습니다. 그런데 몬산토가 쌀은 어떻게 하고 있습니까?

김성훈 쌀은 아직 건드리지 않고 있어요. 지금 몬산토가 밀 등 서구인들의 주곡을 건드릴까 말까 생각하는 것 같아요. 미국 워싱턴주에서 일부 GMO 밀을 실험했지만, 미국 소비자들의 저항이 워낙 거셌거든요. 그래서 한국과 중국, 일본에 수출했는데 이명박 정부 때 한국만 받아들였고 중국과 일본에서는 반송 처리했죠.

GMO 쌀은 우리 진흥청이 스스로 만들었어요. 그 밖에도 벌써 150여 종의 GMO 종자를 가지고 있으니 GMO 숭배자들은 이를 상용화하고 싶어서 안달일 겁니다. 좀 있으면 청와대로부터 농림당국을 통해 실용화하라는 지시가 나올지도 몰라요. 그러면 소비자단체, NGO들이 또 싸워야 할지 모릅니다. 원래 소비자단체와 생산자단체의 동의를 받아 상용화해야 한다는 것이 이제까지의 지침이었는데, 문서가 없다고 나올지 모르죠. 그러나 정부방침은 한번 정해지면 건강, 생명, 환경문제에 관한 한 문서에 관계없이 따라야 하는 거예요.

김종철 참으로 이해하기 어렵군요. 깊게 생각할 것도 없이 이런 식으로 가면 나라가 망한다는 것을 쉽게 알 텐데…. 지금 세계적으로 많은 사람들이 21세기는 다시 농업의 시대라고 말하고 있지 않습니까?

김성훈 수출만 많이 하면 좋다고 생각하는 거죠. 심지어 대통령이라는 사람은 떡볶이 수출로 재미를 본 어느 기업을 예로 들며, 쌀이 완전 개방되더라도 농업 수출을 미래 성장의 동력으로 삼으면 된다고 합니다. 근데 이 정부가 원하는 대로 수출 많이 했다고 합시다. 누가 재미 봅니까. 그 원료는 외국산인데. 수출업자인 대기업, 자본가만 재미 볼 뿐입니다. 경제가 성장을 해서 GNP가 높아졌다고 합시다. 그게 우리 국민의 개별 가처분소득이 높아진 것입니까, 노동자의 삶의 질이 높아진 것입니까? 대기업 주주들의 이익이 많아진 것일 뿐입니다.

김종철 게다가 요즘 대기업 주주는 거의 다 외국인들이잖아요.

김성훈 결국 '코퍼라토크라시'로 인한 필연적 현상입니다. 그들이 원하는 것은 주식가격 상승뿐입니다. 그래서 정부는 무슨 수를 써서라도 주가를 올리려고 기업한테 지원을 아끼지 않죠. 주가만 오른다면 노동자들 목을 몇 백 개 잘라도 상관없다는 거예요. 수출 많이 하고 성장률 높여봤자 일반 국민, 노동자, 일자리 찾는 젊은 이들에게는 더 이상 혜택이 돌아가지 않는 '불임경제'가 고착될 것입니다.

김종철 앞으로 수출이 잘 될 리도 없잖습니까. 지금 세계경제 전체가 헤어날 수 없는 총체적인 파국에 빠져 있는데, 어떻게 한국 기업만 수출이 잘 되겠어요?

김성훈 또 한 번 환율과 이자율을 가지고 장난칠지 모릅니다. '코퍼라토크라시'가 작동하면 대기업 자본의 이익 향방에 따라 이자율이나 환율이 대폭 변동하겠죠. 조세정책도 마찬가집니다. 이번에도 정부가 재벌들에게 엄청난 세금감면 혜택을 줬잖아요. 모든 게 '코퍼라토크라시'로 귀결됩니다. 이 총체적 사회적 위기, 국난 사태에 직면해 그 대안은 오로지 '생명주의'입니다.

김종철 그건 그렇습니다만, 생명주의란 게 이 현실에서 어떻게 무슨 힘을 발휘할 수 있을지….

김성훈 그러나 한 가닥 실오라기 같은 희망은 우리 국민들, 소비자들이 스스로 깨우치기 시작했다는 겁니다. 기업자본 지배체제에 대한 문제의식이 세월호 참사를 계기로 깨어나고 있어요. 다만 지금과 같이 해서는 우리나라 진보정치는 희망이 없습니다. 가난한 사람들이 선거에서 오히려 특권적 보수정치 세력을 지지한다는 게 이른바 '베블렌 효과'라는 것인데, 먹고살기 힘든 계층은 하루하루 연명하는 것도 고달파서 진보정치 세력이 말하는 주장이라든지 생명사상을 잘 듣지도 이해하지도 못합니다. 그리고 도토리 키 재기나 하고 있는 진보 세력들한테 질려버렸습니다.

김종철 예, 뼈아픈 말씀이네요. 선거 때마다 확인되지만 가난한 사람들과 노동자들의 진보정당에 대한 지지율은 형편없죠.

김성훈 거기다가 진보정당이 뿔뿔이 갈라지기까지 해버렸잖아요. 똘똘 뭉쳐서 감동을 줘도 시원치 않을 판인데…. 자기희생하는 모습이 안 보여요.

김종철 원래 좌파 쪽 사람들은 돈은 없지만 논리가 강합니다. 그런데 문제는 논리만 강하지 사람의 심리를 모른다는 점이죠. 그러니까 대중의 마음을 사로잡을 수가 없죠.

김성훈 그러니까 생명주의도 진보적인 방식으로 해서는 안 됩니다. 생명주의가 성공하려면 보수적인 방식으로 접근해야 해요. 어머니가 가장 걱정하는 게 가족의 건강, 안전이죠. 거기서 출발하자는 거죠. 유기농의 목적이 물론 환경생태계를 살리는 것이지만, 그것은 좀 뒷전으로 돌리고, 이게 건강과 미용에도 좋다고 소비자들을 설득해야 합니다. GMO나 가공식품 많이 먹으면 어떻게 건강을 망치는지도 말해줘야 합니다.

제가 농림부 장관 재직 때 왜 먹거리를 강조했겠습니까. 이게 보수주의 전략이니까요. 제가 몇 년째 아파트 옥상에 농사를 짓고 있는데, 일부 주민들이 한때 반대했습니다. 왜 아파트에서 지저분하게 농사를 짓느냐고요. 그래서 어떻게 했는지 아세요? 상추나 쑥갓은 한 달 반 정도면 자랍니다. 거기에 '도시 유기농 시범포'라고 써 붙여놓고, 유기농으로 길렀으니까 누구든지 자유로이 솎아 드세요, 라고 광고했습니다. 반대하는 사람들에게는 수확한 것을 직접 갖다주면서 이것 드셔보세요, 옛날 어렸을 때 먹어본 맛일 겁니다, 라고 했어요. 먹어보니까 다르거든. 벌레 먹어 구멍이 송송 나 있지만 이건 농약이 없다는 증거입니다, 그랬더니 여름철 지나고 나서 이런 것 어디서 살 수 있느냐고 물어와서 한살림 생협을 가르쳐줬죠. 지금 우리 동네에 한살림 매장이 하나 생겼는데, 성황입니다.

김종철 보수주의적 접근이란 게 그런 거군요. 재미있네요.

김성훈 아무리 생명주의라 하더라도 일단 이익 중심으로 먼저 접근하고 그다음에 이념, 원리로 다가가야 합니다. 이념, 원리가 처음부터 만들어진 게 아닙니다. 생활 속으로부터 나온 것입니다. 외국에서 도입된 이념이나 원리를 가지고 먹고살기도 바쁜 대중한테 생경하게 말해봤자 먹히지 않습니다. 사람들은 대개 나도 벤츠 타고 싶다, 나도 호텔 가서 호화로운 음식 먹고 싶다, 그런 욕망을 갖고 삽니다. 이런 사람들한테 생태계가 어떻고 종(種)다양성이 어떻다는 식으로 접근하면 귀에 들어갈 리가 없어요.

김종철 녹색당에 대해서는 어떻게 생각하시는지요?

김성훈 답답하죠. 틀린 말은 하나도 없어요. 그런데 안 돼요. 대중 속으로 파고 들어가지 못하고 있죠. 생명주의, 민생주의에 대해 글로 쓸 때는 항상 이념이나 원리나 원칙에 대해서 쓰지만….

김종철 예, 그래요. 인간이란 누구나 자기한테 이익이 있어야 움직입니다. 물질적인 이익이 없다면 심리적인 이익이라도 있어야지, 그렇지 않고는 안 움직이죠. 그건 진리예요.

김성훈 김종철 선생님이 내 말에 동의해줘서 놀랍네요. 근본주의자인 줄 알았는데.

김종철 제가 근본주의자라고요? 알고 보면 저만큼 현실주의자도 없을 텐데요. 녹색당의 젊은 동지들한테 제가 늘 하는 얘기가 그겁니다. 이념과 원칙에 찬동해서 움직이는 사람은 극소수다, 녹색당이 일개 시민환경단체가 아니라 정당이 되기로 작정하고 나섰으면 현실이 어떻게 움직이는지 잘 파악하고 대중의 먹고사는 생활문제에 초점을 맞춰야 한다고요. 예를 들어, 지금 우리나라에 많은 협동조합이 있지만 그중에서도 한살림 같은 생협운동이 비교적 성공하고 있는 것도 결국은 이게 자식들 건강에 직결된, 쉽게 대중화될 수 있는 성격을 가진 운동이기 때문에….

김성훈 그렇습니다. 진보의 길이 없는 게 아닙니다. 지금처럼 해서는 희망이 없다는 것은 그 사람들 주장이 틀려서가 아니라 국민들의 마음을 붙잡지 못하기 때문이죠.

김종철 변혁을 지향한다는 사람들이 너무 소심한 것도 문제예요. 부자도 아니면서 왜 그리 몸조심을 하는지 모르겠습니다. 현상을 타파하자면 실패를 각오하고, 과감하게 행동할 줄도 알아야 하는데…. 이제 시간이 많이 지났네요. 오늘 긴 시간 동안 중요한 말씀 많이 들었습니다. 고맙습니다.

김성훈 고마운 것은 제 쪽이죠. 이 늙은 사람의 이야기를 들어주셔서 감사합니다.

|《녹색평론》 제138호(2014년 9/10월호) |

■ 대담

안전한 밥상 만들기, 농업계가 나서야

대담 김성훈 전 농림부 장관, 김지식 한농연중앙연합회장
정리 한국농어민신문 김효진 기자

한국농어민신문이 지령 3000호를 맞아 본보 창간에 지대한 역할을 한 원로 농업경제학자이자 친환경 유기농업 운동의 대부로, 국민의 정부 시절 초대 농림부 장관을 역임하신 김성훈 전 장관과 대한민국 대표 농민단체인 한국농업경영인중앙연합회 김지식 회장과의 특별대담을 마련, 농업·농촌의 현주소와 농정 개혁의 방향, 한국농어민신문의 역할과 책무에 대한 고견을 들었다. 1939년생으로 올해 팔순을 맞은 김 장관의 농업·농촌·농민에 대한 열정은 여전했고, 애정이 큰 만큼 문재인 정부의 농정 부재에 대한 쓴소리를 아끼지 않았다. 장관과 '두바퀴 띠동갑(토끼띠)'인 김 회장도 농민단체장으로서 무거운 책임감을 토로하며 농업·농촌의 미래에

대한 소신 발언을 이어갔다. 대담은 3월 30일 김선아 편집기획부 부국장의 사회로 2시간 동안 진행됐다.

김선아 장관께서는 2009년 상지대 총장에서 물러나신 이후 일체 공직은 사양하셨지만, 환경·시민운동가로서 여전히 왕성한 활동을 이어가고 있다. 김지식 회장께서도 취임 2년차를 맞아 밤낮 없이 바쁘실 텐데, 요즘 어떻게 지내시나?

김성훈 2009년 상지대 총장을 그만두면서 퇴임사 겸 책을 냈는데, 그 책 이름이 '더 먹고 싶을 때 그만두거라'다. 어머니께서 먹을 것을 두고 다투는 우리 9남매에게 항상 하셨던 말씀이다. 어렸을 때 귀가 닳도록 들었던 말로 책 이름을 지었다. 이 책과 함께 상지대 퇴임사에서 '더 이상 돈 받는 공직은 일체 맡지 않겠다. 사회에 환원하는 일만 하겠다'고 얘기했다. 지난 10년 동안 그때 했던 발언을 그대로 지켜왔다. 환경정의, 경실련 소비자정의센터, 우리민족서로돕기, 산사랑숲가꾸기, 수목장실천모임 등에서 경제정의 살리기, 사회정의 살리기, 유기농 살리기, GMO 퇴치에 전력을 쏟았다. 내 나이가 올해로 팔십이니 이제 NGO 활동에서도 은퇴할 때가 되었다. 자진은퇴(Self retire)를 선언하며 다 내려놓고 있는 중이다. 김 회장은 어떤가. 어려운 자리라 애로사항이 많을 것이다.

김지식 1986년부터 농사를 시작해 젊은 나이에 농민운동에 뛰어들었다. 네 번의 도전 끝에 한농연 중앙회장에 당선이 됐다. 농민운동가로서 대한민국 농업 환경을 바꿔보겠다는 꿈을 포기할 수가 없었다. 누군가는 반드시 해야 할 일이니 내가 하자는 결심으로 서울에 올라왔다. 지난 1년을 되돌아보니 미친 듯이 달려왔다. 올해로 한농연은 31주년, 신문사가 38주년, 한국농업연수원이 7주년이 됐다. 어깨가 무겁다. 변화와 혁신을 위해 노력하고 있는 만큼 올해는 결과물이 나올 것으로 기대한다.

김선아 두 분의 인연이 궁금하다.

김성훈 김 회장을 언제 어디서 처음 만났는지는 잘 모르겠는데 첫 느낌은 기억한다. 김 회장이 나를 향해 걸어오는데 젊은 이경해가 '형님' 하면서 걸어오는 것 같았다. 그래서였는지 처음 만났는데도 동생 같은 느낌이었다. 그 이후부터 김 회장을 무조건 좋아하게 됐다. 김 회장에 대해 아무것도 모르는데 말이다.

김지식 이경해 선배와는 지난 1994년 한농연 산하 지방자치발전연구위원회 활동을 하면서 인연을 맺었다. 당시 경해 형님이 위원장을, 제가 사무국장을 맡아 함께 일했다. 아마 장관님이 저에게서 이경해 선배를 느끼셨다면, 늘 이경해 선배에 대한 존경의 마음을 간직하면서 살고 있기 때문이 아닌가 싶다. 장관님은 한농연과 신문사의 산 역사이시기 때문에 신문이나 언론 등을 통해 접할 때마다 늘 존경과 감사의 마음을 갖고 있었다.

김성훈 김 회장이 이경해 회장과 그런 인연이 있었는지 오늘 처음 알았다.

김지식 경해 형님의 권유로 민주연합청년동지회(연청) 금산군 회장을 맡아 활동하기도 했다. 참 각별했는데, 2003년 9월 10일 추석날 아침, TV 속보로 경해 형님 소식을 듣던 순간이 아직도 생생하다.

김성훈 이경해가 칸쿤에 가기 전날, 우리 집에 찾아왔다. "아무 일 없는 거지?" 걱정스럽게 묻는 나에게 "아무 일 없다. 칸쿤에서 나의 의견만 피력하고 오겠다"고 하더라. 그런데 "고은이 보람이 지혜, 딸들을 잘 부탁한다"고 하기에 기분이 정말 이상했다. 무사히 돌아오겠다고 약속까지 해놓고, 결국은 못 돌아왔다.

김선아 국민의 힘으로 문재인 정부가 출범한 지 11개월이 지나고 있다. 그러나 아직까지 농정의 변화를 체감하기 어려운 게 사실이다. 특히 최근 농정 핵심 관료들의 줄사퇴를 보면서 농업계의 실망감도 커지고 있다. 두 분께서는 현재의 상황을 어떻게 보고 계신가?

김성훈 인간 노무현은 농업·농촌을 사랑했지만, 실제 참여정부 농정은 정반대였다. 한미 FTA를 시작으로 각종 FTA를 추진하면서 가장 많은 농산물 시장 개방이 이뤄졌다. 문재인 정부도 농업·농촌·농민 문제에 관한 한, 제2의 참여정부가 되는 것 아닌가 하는 우려를 하지 않을 수 없다. 지난 11개월 동안 문재인 대통령이 대선 기간 동안 내세웠던 농업 관련 공약이 하나도 지켜지지 않고 있다. 더군다나 농정의 투톱인 청와대 농어업비서관과 농식품부 장관이 동시에 사표를 냈다. 자신의 입신양명을 위해 전남도지사 한 자리를 놓고 경쟁하고 있는 걸 보니, 농업·농촌·농민 3농의 앞날이 아주 불길하다. 김 회장 생각은 어떤가?

김지식 있어서는 안 되는 일이 벌어졌다. 대통령이라도 나서서 사퇴를 말렸어야 했고 조정했어야 한다. 장관과 청와대 비서관이 동시에 공백이 있는 부처가 어디에 있는가. 사상 초유의 일이다. 심장마비, 심근경색이 왔을 때 4분이 골든타임인데, 이때 뇌가 산소에 공급되지 않으면 사망한다고 한다. 지금 대한민국 농업도 마찬가지 상황이다. 골든타임을 놓치면 회복이 어렵다. 그런데 심폐소생술을 책임져야 할 농식품부 장관과 농어업 비서관이 없다는 것은 정말 위험한 상황이다.

김성훈 대선 당시 문 대통령도 박근혜 대통령처럼 농업 문제를 직접 챙기겠다고 약속하지 않았나.

김지식 맞다. 지난해 4월 13일 한농연이 개최한 대선후보 토론회에서 5명의 후보 모두가 농업 문제를 챙기겠다고 확약서에 서명한 바 있다. 문 대통령도 농업만큼은 직접 챙기겠다고 말씀하셨다. 농업은 국민의 목숨줄이요, 생명줄인 식량안보를 지키는 필수산업이다. 과거에도, 현재에도, 미래에도 계속되는 유일한 산업이다. 농업 문제만큼은 대통령이 직접 챙겨야 한다.

김선아 정부가 바뀔 때마다 끊임없이 농정 개혁을 이야기해왔음에도 과거 정부 농정이 계속 답습되고 있는 이유는 무엇인가?

김성훈 사실 대통령이 결심하고 장관이 추진하면 안 되는 일이 없다. 정부에서 일하는 관료들은 기본적으로 누가 정권을 잡느냐, 권력의 행방에 따라 움직이는 사람들이다. 대통령이 농업을 챙기지 않으면 관료들은 절대 움직이지 않는다. 대통령이 의지를 보여야 한다. 문 대통령의 경우 과거 적폐청산은 잘하는데, 농업 문제, 생명 문제, 지속가능한 재생농업에 대해서는 아직 길을 찾지 못하고 있는 것 같다. 그런데 농식품부 장관과 비서관이 동시에 그만두는 바람에 상황이 더 나빠졌다. 올바른 길을 제대로 알려줄 사람을 하루빨리 선임해야 한다.

김선아 그나마 30년 만의 개헌 논의 속에서 농업의 가치를 헌법에 반영하자는 여론이 광범위하게 일어나 대통령 개헌안에도 농업의 공익적 기능이 포함된 것은 다행으로 보인다.

김성훈 그동안 한농연을 비롯해 농업계가 앞장서서 농업의 중요성을 말한 덕분에 농업의 기본가치가 헌법에 반영됐다. 농업의 지속가능성과 공익적 가치를 인정하는 것이 골자다. 수고가 많았다. 앞으로는 농업, 농민, 농촌이 자연 보전은 물론 국민의 식량주권을 지키는 공익 기능을 하고 있으니, 정당한 보상을 해야 한다고 외쳐야 한다. 농업의 기본 가치를 금액으로 따지면 300조 원 정도에 달한다. 농민이 고생한 대가로 국민과 국가가 혜택을 보고 있으니 국가의 이름으로 농가 기본소득제를 실시하라고 얘기해야 한다. 유럽 등 다른 나라들은 이미 하고 있다. 그리고 이것이 내가 주장한 직불 농정이다. 도시근로자 가구의 법정 최저임금소득의 50%를 농가에 직접 지불방식으로 지원한다고 가정할 때, 현재 전국의 농가 100만 호에 월 50만 원, 연간 600만 원을 일괄 지급할 경우 연간 총 6조원 정도의 예산이면 가능하다.

김지식 대통령 개헌안에 '농업·농촌의 공익적 가치'와 관련된 내용이 포함된 것은 1,000만 명이 넘는 국민께서 농업계의 '헌법 개정 서명운동'에 동참해주신 결과다. 이제 농업·농촌의 공익적 가치를 실현하는 농업인에 대한 '정당한 보상'이 이뤄질 차례다. 지난해 대통령 선거를 앞두고 각 당의 후보들이 올해 지방 선거에 헌법 개정을 하겠다고 약속했다. 그러나 최근 여야 정치권이 각자의 정략적 이해에만 매몰되어 250만 농업인, 5,000만 국민이 요구하는 헌법 개정 논의를 차일피일 미루고 있다. 비난받아 마땅하다. 개헌 문제는 250만 농업인의 생존권과 5,000만 국민의 식량주권이 걸린 사안이다. 여야 5당 모두가 농업·농촌의 공익적 가치 반영을 위한 이번 헌법 개정이 반드시 성사될 수 있게끔 매진할 것을 강력히 촉구한다.

김선아 농민 기본소득제 말씀해주셨는데, 이 제도가 시행되기 위해서는 국민 공감대가 필요하다. 이를 위해 농업계가 해야 할 일에 대해 말해달라.

김성훈 농업계는 농업의 기본가치를 살려서 더욱 열심히 지속가능한 농업, 친환경 농업, 재생가능한 농업을 이뤄내 안전한 국민 먹거리를 생산해야 한다. 안전한 밥을 생산하고 안전한 밥상을 만드는 것, 이것은 정치적, 사회적 경제적으로 엄청난 의미가 있다. 각종 정치적인 외압으로부터 우리나라 농업, 농촌, 농민을 지키고 보호해야 한다. 가장 큰 압력은 농약과 종자, GMO, 산업자본이다. 이들은 우리 농업이 무너지기를 바라는 세력들이다. 이 세력을 밀어내고 안전한 밥상을 만들자는 운동은 단순히 친환경 유기농업을 하자는 것이 아니라 우리나라의 민주주의를 세우는 일이다. 밥이 곧 민주주의인 것이다. 김지식 회장이 앞장서 전국이 12만 한농연 동지들과 함께 '밥이 민주주의다'를 외쳤으면 좋겠다.

김지식 명심하겠다. 농민 스스로 생각을 바꾸고, 자부심을 갖는 것도 중요하다. 많은 농민이 피해의식에 젖어 있다. 굽은 소나무가 선산을 지킨다는 말이 있듯이 능력이 없어서 도시에 못 나갔다는 생각을 하는 농민이 많다. 도시 사람들도 '할 일 없으면 농사나 짓지' 이런 말을 많이 하는데, 이건 정말 잘못된 생각이다. 똑똑하지 못하면 농사를 짓지 못한다. 우리 농민들이 스스로 자부심을 가질 필요가 있다. 어려울 때일수록 우리가 하나로 단합해야 한다. 이를 위해 목소리를 하나로 만들 수 있는 농업회의소가 절대적으로 필요하다고 생각한다. 너무 다양한 목소리가 있다. 한 목소리를 낼 수 있는 단일 창구가 필요하다. 농업회의소가 그 역할을 할 수 있다.

김성훈 1998년 국민의 정부 초대 농림부 장관이 됐을 때, 김대중 대통령께서 농업회의소를 설립해보라고 25억 원을 따로 챙겨 주셨다. 하지만 조건이 있었다. 농민단체 장들이 모두 합의하지 않으면 그 예산을 사용할 수 없다는 것이었다. 그러나 당시 한농연과 전농이 서로 주도권을 놓고 싸우다가 결국 무산됐다. 농업회의소 설립이 무산된 것은 정부 때문이 아니라 농민단체의 주도권 싸움 때문이었다. 쓰라린 추억이다. 농업회의소가 농업 발전을 위한 대안으로 계속 나오고 있는데, 농민단체들이 먼저 청사진을 그려 설립안을 만들어보길 바란다.

김지식 알겠다. 농업회의소가 만들어지는 데 한농연의 기득권이 걸림돌이 된다면 개인적으로 이를 내려놓을 용기도 있다. 처음부터 완벽하게 시작할 순 없다. 노력하겠다. 농민 스스로 자부심을 가지고 새로운 정신, 새로운 마음, 아울러 단합된 힘이 필요하다.

김선아 장관께서는 국민의 정부 취임 첫해인 1998년을 '친환경 유기농업 원년'으로 선포하고, 「친환경농업육성법 시행령」과 「생협법」을 제정했다. 그로부터 20년이 지난 지금 안타깝게도 친환경 농업은 그 중요성에도 불구, 오히려 위축되고 있는 느낌이다.

김성훈 지속가능한 농업은 농업이 재생 가능할 수 있도록 친환경, 유기농업 정책을 펼치고 GMO를 비롯한 나쁜 먹거리를 퇴치하고 안전한 먹거리를 공급하는 것이다. 한농연이 주요 사업으로 추진하고 있는 '농약 줄이기 운동'과도 일맥상통한다. 농업이 안전하지 못한 이유는 농약 문제와 GMO 때문이다. 이것으로부터 국민을 안전하게 지키려면 '친환경 유기농업'을 진행하는 것, 이것이 농업 정책의 핵심이다. 이런 정책을 진행하려면 농약 업체와 다국적 기업의 압력, 몬산토 같은 GMO 세력의 로비 등을 이겨내야 한다.

김지식 지금 우리 농업자급률은 23%에 불과하다. 77%가 외국산이다. 외국산 농식품은 안전을 담보할 수 없다. 농약을 얼마나 사용했는지 모른다. 선택권을 가지고 있는 소비자들이 식탁에 올라오는 농식품이 어떤 과정을 거쳐 식탁까지 오게 됐는지 알고 먹을 수 있도록 해야 한다. 소비자가 농업을 걱정하지 않는 이상 농업 회생은 어렵다. 생산자와 소비자 상생하는 농업 환경을 정부와 정치권이 앞장서서 만들어 줘야 한다.

김성훈 정치가 돈을 따라가는 것이 문제다. 김 회장 말처럼 세계에서 GMO를 가장 많이 수입하는 우리나라는 식약처를 비롯 일부 무책임한 국회의원, 학자 등 GMO 장학생들의 로비에 의해 GMO가 아니라는 표시조차 못 하고 있다. 이런 법이 어디 있나. 이들 중에는 우리 농업을 지원하는 것보다 외국산 농식품을 수입해 먹는 게 더 이익이라고 생각하는 사람들도 있다.

김지식 너무나 위험한 발상이다. 선진국들이 농업을 살린 데는 다 이유가 있다. 농촌의 발전 없이 선진국으로 진입할 수 없기 때문이다. 자국의 먹거리를 외국 농민에게 맡긴다는 것은 있을 수 없는 일이라고 생각한다. 거의 모든 선진국의 식량자급률은 100%를 넘는다. 우리나라 정치인들이 각성해야 한다.

김성훈 맞다. 현재의 농업 정책이 답습된다면, 23%에 불과한 우리나라 식량자급률은 15% 이하로 떨어질 것이다.

김지식 농업과 농촌, 농민을 무시하는 사람들은 우리 농식품을 먹을 자격이 없는 사람들이다. 올해는 그런 사람들에게 우리 농수축산물을 먹지 말라고 더욱 강하게 말할 것이다. 농업을 지키는 것은 선택이 아닌 국가의 의무이며, 우리가 처한 다양한 문제를 해결할 수 있는 신의 묘수다. 정부, 농민, 소비자 모두가 농업의 다원적 가치를 이해하고, 농민들을 위한 정책을 함께 만들어가야 한다.

김성훈 청와대에 가게 된다면 문재인 대통령에게 오늘 식탁에 올라온 음식들이 어디서 왔고 어떤 과정을 통해 왔는지 물어봐달라.

김지식 그렇게 하겠다. 아직 문재인 대통령이 국정에 대한 토론 등 공식석상에서 농업이라는 단어를 한 번도 사용하지 않았다. 각 당의 대표들이 국회 대표연설을 할 때도 농업을 언급하지 않았다. 올해는 대통령과 각 당의 대표 입에서 농업, 농촌, 농민의 중요성에 대해 말할 수 있도록 열심히 노력하겠다.

김선아 마지막으로 당부하고 싶은 말씀이 있다면.

김성훈 지속가능한 농업의 의미에는 환경과 농업이 조화를 이룬다는 의미가 내포되어 있다. 개헌안에 농업의 공익적 기능이 반영된 것을 계기로, 농업의 가치를 생산하는 우리 농민들에게 '농가 기본소득제'를 실시할 수 있도록 정부와 국회를 설득하는 데 한농연이 앞장서 줄 것을 당부한다. 현재 우리나라의 농업은 '너 죽고 나 살자'가 아니라 '나 죽고 너도 죽자'는 단계로 치닫고 있다. 이대로 가면 농민만 죽는 것이 아니라 다 함께 죽는다. 이 사실을 널리 알리는 일을 한농연이 주도하길 바란다.

김지식 우리는 그동안 농업은 만사의 뿌리라는 의미로, 농자천하지대본이라는 말을 써왔다. 다산 정약용 선생은 농업은 하늘과 땅, 사람의 조화로 이루어진 만물의 근본이라고 주장했다. 미국의 전문 투자가 짐 로저스는 농업이 미래라고 말했다. 이런 상황에서 농업의 중요성을 느끼지 못하는 사람은 역사에 죄를 짓는 사람이다. 우리 역사에 죄를 짓지 않기 위해서 농업, 농촌 살리는 데 우리 5,000만 국민이 모두 함께했으면 좋겠다. 나도 너도 죽자가 아니라 나도 너도 같이 사는, 상생하는 그런 농업이 되길 바란다.

| 한국농어민신문 2018년 4월 13일 |

■ 인터뷰

유기농업의 두 거목에게 농업의 미래를 듣는다

역설적이지만 가장 '오래된' 미래농법이 바로 '유기농업'이다. 지속가능한 자연순환 농법으로 생산성도 계속 높이고 환경생태계도 보전하는 친환경, 친자연적인 농업이 유기농업인 것이다. 다음의 인터뷰는 《월간 친환경》 지령 100호(2014년 1월호)를 맞아 국내 유기농업의 두 거목 김성훈 전 농림부 장관과 유기농업인 이해극 씨와 진행한 것이다. 《월간 친환경》 이영자 발행인이 진행을 맡았다.

도시농업은 '엿장수 맛뵈기'

이영자 친환경 유기농업의 거목이신 김성훈 장관님과 이해극 대표님 반갑습니다. 우선 김성훈 장관께서는 최근 도시농업에 푹 빠지셨는데, 도시농업에 대해 '엿장수 맛뵈기론'이라는 재미있는 말씀을 하셨습니다.

김성훈 도시농업이 농가에 해를 끼치지 않을까 걱정하는 사람들이 있습니다. 도시농업에 대해 정의를 내린다면 '엿장수 맛뵈기'가 아닐까 합니다. 어려서 시골생활을 해본 사람들은 알겠지만 동네에 요란한 가위 소리를 내며 찾아온 엿장수가, 몰려드는 아이들에게 엿가락을 조금씩 떼내어 공짜로 맛을 보여줍니다. 엿을 더 먹고 싶지만 돈이 없는 아이들은 헌 고무신, 도자기, 놋그릇까지 가져와 엿으로 바꾸어 먹습니다. 한번 엿 조각의 달콤한 맛에 길들여지면 그다음 순서는 불문가지입니다. 도시농업이 바로 그렇습니다. 도시농업을 시작해서 친환경 농산물에 맛을 들인 사람은 친환경 농산물을 더욱더 찾게 됩니다. 소비가 활성화되는 것이지요. 친환경의 맛에 길들여지면 자연스럽게 발걸음이 친환경 유기농산물 판매코너로 향하게 되고, 한살림 등의 도시매장들은 최근 급격한 성장을 거두고 있습니다.

도시농업은 자연과 생태계에 대한 사랑을 마음속에 심어주는 것이 핵심이며, 자연생태계와 더불어 아름다운 환경에서 살면서, 서로 같이 도와 공동체로 잘살자, 서로 도우며 살자는 것으로 연결되어야 합니다.

이영자 이해극 대표께서는 최근 대산농촌문화상을 수상하시고, 상금을 모두 기부해서 화제가 되었는데요.

이해극 상금 전액을 통일농업 발전기금으로 지원했습니다. 단일 민족인 남북이 함께 잘 먹고 살자고 하는 일이기 때문에 크게 신경을 쓰지는 않았습니다. 김 장관님 말씀처럼 북한 농업은 현재 농약과 화학비료가 없어서 대부분의 작물이 저농약이나 무농약 수준입니다. 완숙퇴비를 북한 농업에 활용하면 매우 좋은 성과를 보일 수 있지만, 북한의 경우 수확량이 줄면 당사자가 큰 피해를 입을 수 있기 때문에 선뜻 퇴비를 받아들이지 못해 아쉽습니다.

이영자 국내 농업뿐 아니라 통일 이후 북한의 농업까지 생각을 해야 할 것 같습니다.

이해극 우리가 언젠가는 북한과 통일을 이룰 텐데, 가장 큰 원조는 농업이 아닐까 생각합니다. 먹고사는 문제를 먼저 해결하며 협력해가면서 신뢰를 쌓아가는 것이 중요합니다.

밥을 먹는 입이 공평해야 평화가 온다

김성훈 평화(平和)에 대해 이야기를 해봅시다. 평화의 화 자는 나라 화 변에 입 구 자가 합해진 글자입니다. 즉 밥을 먹는 입이 공평해야 평화가 온다는 것입니다. 사실 먹는 것만 잘 먹게 해줘도 평화로워질 수 있습니다. 식량안보가 확실히 되지 않은 곳에서 사회 불안이 시작됩니다.

이해극 품질 좋은 퇴비를 지원해 북한의 식량 자급에 도움을 준다면 나중에는 통일에 큰 도움이 될 것입니다. 이것을 가로막는다면 남북관계에 신뢰가 어떻게 쌓이겠습니까?

김성훈 예전에는 생명농업을 이끄는 근본적인 지도자, 오재길 선생 같은 분들이 있었습니다. 지금은 이런 분들이 많지 않습니다. 지구도 살리고 생명도 살리는 근본주의 생명농업 지도자가 필요합니다. 그러나 요즘은 자본주의 시장에 너무 집중되다 보니 근본적인 문제를 해결하지 못하고 있습니다. 앞으로 이해극 선생이 유기농업에 더 매진해 근본적인 지도자가 되었으면 합니다.

고백하자면 친환경 유기농업 원년의 해를 선포하고 나서 죄의식이 들었습니다. 그때 캐치프레이즈가 '벌레 먹고 못생겨도 더 맛있고 더 안전해요'였습니다. 1998년 11월 11일 유기농 원년 선포를 할 당시에는 소비자에게 친환경 농산물을 더 알리기 위해 소비보다 더 중요한 '생명의 소중함'을 담아내지 못했습니다.

예전 이야기지만 친환경 유기농업 원년을 선포하고 그 반대편에 있는 학자와 연구기관으로부터 무수한 질책을 받았습니다. 녹색혁명을 폄하하고 흑색혁명이라고 말했다는 것이지요.

녹색혁명을 폄하하자는 것이 아니고 요점은 '진정한 녹색혁명'을 일으키자는 것입니다. 지금 전 세계적으로 친환경 유기농업이 대세입니다. 친환경 유기농업의 가능성은 예전 정농회부터 증명을 했습니다. 생태계 파괴도 없고, 생산성도 떨어지지 않고, 소비자 건강도 보호하는 1석 3조의 역할을 유기농업이 이뤄냈습니다. 친환경·유기농업이야말로 진정한 의미의 녹색혁명이 아닐까요?

옛날 방법 그대로 하자는 것이 아니라 미생물농법에 현대과학을 접목해 더욱 확장해나가는 것이 바로 '온고이지신(溫故而知新)'입니다.

이해극 예를 들면 엄마가 병에 걸리면 배 속의 아이가 건강하지 않을 것입니다. 인간을 소우주, 대기·환경·땅을 대우주라고 하면, 땅이 건강하지 않은데 여기서 생산된 농산물과 그것을 먹는 인간이 어떻게 건강할 수 있겠습니까? 땅과 환경을 잘 보전해 생태계를 복원해야 합니다.

친환경 농업의 역사를 말하다

이영자 김성훈 장관님과 이해극 대표님은 우리나라 친환경 유기농업의 산증인이신데, 친환경 농업의 역사에 대해 한 말씀 묻겠습니다.

김성훈 1998년 유기농업 원년을 선포하고 농산물품질검사소를 국립농산물품질관리원으로 변경하고 친환경농업 직불제를 만들었습니다. 친환경직불제를 처음 준비할 때는 4가지 단계를 생각했습니다. 유기농으로 이름난 이해극 씨도 처음부터 유기농을 할 수는 없습니다. 그래서 처음에는 저농약을 시작으로 무농약, 전환기, 유기농으로 나누어서 보조금을 지원했습니다. 하지만 저농약 인증에서도 제초제는 사용하지 못하게 했습니다.

이렇게 설정한 것은 친환경 농업인들에게 더 많은 혜택을 주기 위해서였습니다. 저농약으로 3년간 지원을 받고, 무농약으로 3년, 전환기 3년, 유기농 3년간 하면 12년간 직불금을 받게 될 것이라는 생각이었습니다. 이제는 3년간 직불금을 지원하는 것을 폐지해야 합니다. 유기농업은 땅과 공기와 환경을 살리는 지속가능한 농업이기 때문에 그에 대한 지원은 유기농업을 실시하는 한 지속되어야 합니다.

또한 2016년 저농약 인증 폐지로 인해 많은 농업인이 어려움을 겪고 있습니다. 하지만 저농약, 무농약 등은 전 세계에서 우리나라에만 있는 친환경입니다. 대한민국의 친환경 농업이 세계로 나가기 위해서는 어렵고 힘든 길이지만 유기농업으로 가야 합니다.

기후변화를 극복하는 유기농업

이영자 친환경 유기농업 원년의 해를 선포한 지 15년이 되었습니다. 그동안 친환경 유기농업은 많은 성장을 했습니다. 급변하는 지구 환경과 기후변화에 대응하기 위한 대안이 있을까요?

김성훈 급변하는 기후변화, 식량 부족 등의 문제가 사회 붕괴를 더욱 부추기고 있습니다. 이런 문제를 종합적으로 해결할 수 있는 유력한 대안 중 하나가 바로 '유기농업'입니다. 현재 전 세계 49억 헥타르의 농지와 목초지를 유기농화하고, 도시화와 산업화로 황폐해지고 있는 40억 헥타르의 산림지를 제대로 녹화하면 현행 지구온난화의 주범인 대기 중 이산화탄소의 농도를 기존 390ppm에서 안전한 수준인 350ppm으로 낮출 수 있습니다. 이제 전 세계적으로 유기농업은 상업적 경제성이 없는 '전통산업'이 아니라 사람도 살리고 환경생태계와 지구 생명을 살리는 '미래산업'입니다.

이해극 친환경 유기농업은 장관님 말씀대로 미래산업입니다. 하지만 최근 친환경 급식, 군대 우유 납품 등을 살펴보면 많은 문제가 발생하고 있습니다. 미래산업을 이끌 젊은이들에게 값싼 농산물로 악영향을 미친다면 우리의 미래는 결코 밝지 않습니다. 이런 문제를 해결하기 위해 농민의 편에 서서 농민을 대변해주는 정부의 역할이 중요하며, 무엇보다도 농민을 위한 기관이 있어야 합니다.

유기농업을 실천하는 농민의 입장에서 유기농업이야말로 지구를 살리고, 기후변화에 대응하는 유일한 대안이라 생각합니다. 저는 1960년대부터 4H 활동을 시작한 정통파 농사꾼입니다. 농민이 할 수 있는 최선의 애국은 안전한 농산물의 생산입니다. 그런 의미에서 저는 안전한 농산물 생산으로 국민의 건강을 도모한다는 자부심을 느끼고 있습니다.

절대 빈곤의 시대에도 지천에 깔려 있었던 개구리가 최근에는 거의 볼 수 없습니다. 녹색혁명으로 삶은 풍요로워졌지만 환경은 점점 황폐해지고 있습니다. 벌레가 먹지 못하는 것은 사람도 먹지 못합니다. 대부분의 농민은 '유기농업은 생고생을 자처하는 일이다'라고 말합니다. 하지만 5~7년만 유기농업을 하면 오히려 농사일이 더 쉬워집니다. 유기농업을 시작한 지 3년이 지나면 천적이 돌아오고, 지력이 상승합니다. 7년 이상 유기농업을 실천하면 게으른 농민이 됩니다. 말 그대로 태평농법이 되는 것이지요.

대부분의 농가가 농약과 화학비료에 많이 의존하기 때문에, 친환경 유기농업으로 전환하는 데 두려움을 갖고 있습니다. 하지만 이제는 친환경 유기농업을 실천해야 할 때입니다.

유기농업의 발전을 위해

이영자 유기농산물의 활성화, 소비자의 신뢰 회복 등 유기농업의 발전을 위해 어떤 노력을 기울여야 할까요?

이해극 급속한 고령화, 출산 감소, 비정상 아동 증가 등은 향후 심각한 문제가 될 것입니다. 현대 의학에 앞서 안전한 먹거리의 섭식이 우선되어야 이런 문제를 해결할 수 있습니다. 친환경 농업의 발전은 네 가지 단계가 있습니다. 우선 친환경 농업에서 점진적 유기농업으로 확대 진입하는 단계입니다. 두 번째는 발전 단계입니다. 생산된 유기농산물을 우선적으로 학교급식, 군인급식에 제공해 생식 이전 연령층의 환경성 질환을 예방하고 건강을 증진시키는 단계입니다. 세 번째 단계는 도약 단계로, 풍부하게 생산된 유기농산물과 쾌적한 환경을 활용한 지자체별 환경성질환치유센터를 설립하고 국내외 요양산업을 확대하는 단계입니다. 마지막은 정착 단계입니다. 유기농업의 원숙기로 자연생태계의 온전한 회복과 안전한 농산물 생산이 고도로 종착되어 행복한 사회가 건설되는 단계라 할 수 있습니다.

국내 유기농업은 아직 발전 단계입니다. 친환경 유기농업이 더 발전하기 위해서는 전 국토의 지력을 향상시켜야 합니다. 예를 들어 2조~3조 원을 투입해 고품질의 안전한 퇴비를 농민들에게 무상으로 준다고 가정해봅시다. 지력이 높아져 안전한 농산물을 생산할 수 있으며, 퇴비 무상공급으로 농민들의 수취가격은 높아질 것입니다. 2013년 의료비로 98조 원이 지출되었다는 뉴스가 발표되었습니다. 쿠바의 경우 유기농업을 실시하면서 영아 사망률이 급격히 떨어지고 병원 환자가 30% 줄었습니다. 장기적으로 보면 2조~3조 원의 유기질 퇴비 공급으로 의료비를 줄이고, 한국 농업의 생산성을 늘리고, 지속가능한 농업을 실천할 수 있습니다. 건강한 토양이 유기농업의 기본 중의 기본입니다.

김성훈 국내의 유기농업은 이제 큰 변화가 필요합니다. IMF 외환위기라는 특수상황 속에서 만든 직불제는 이제 졸업해야 합니다. 무농약, 유기농업을 하면서 얻는 환경 보전 등에 대한 혜택은 이제 국민이 보상을 해줘야 합니다. 그리고 외환위기 때 정한 단가도 다시 조정해야 합니다. 친환경 농업이 국가와 국민의 건강에 미치는 영향을 다시 한 번 설정해 정책을 보완해야 할 것입니다.

농업 관련 기관들은 국가 지원금으로 운영되고 있습니다. 이런 기관에서는 농민을 살리는 정책이 펼쳐야 합니다. 농업 관련 기관들은 자본주의에서 벗어나 진실로 농민을 위하는 기관으로 거듭나야 합니다. 프란치스코 교황은 "규제 없는 자본주의는 새로운 독재"라고 천민자본주의를 비판했습니다. 진실로 농민의 편에 서서 농민의 입장을 대변하는 농업기관, 단체가 필요한 시점입니다.

이해극 개인적으로 친환경 농업을 목표로 한 남북농업 협력사업을 준비하고 있습니다. 소모적 갈등을 초월한 농업협력을 통해 민족공동체의 신뢰를 구축하고, 남측의 자본과 기술, 북측의 노동력을 활용해 한반도 식량 문제를 해결할 것입니다.

두 번째 목표는 친환경 국민농업의 구체적 시도입니다. 귀농 희망자, 조기 퇴직자, 노령인구 등 유효 노동력을 활용한 삶의 질 향상과 안전 농산물 생산에 대한 자부심을 고취해 국민농업을 실천할 것입니다. 세 번째로 제2의 유기농업 연수원을 조성하며, 무농약 유기농산물의 가공으로 부가가치를 제고할 것입니다.

김성훈 1991년 미국의 쿠바 경제 대봉쇄 조치에 임해 카스트로는 '평화 시 국가비상사태'를 선포하고 오래전부터 준비해왔던 전면적인 친환경 유기농업 정책을 단행했습니다. 10년 만에 43%의 식량자급률은 100%대로 높아졌고 유기농 커피와 설탕을 시세보다 높은 가격으로 해외에 수출하고 있습니다. 카스트로는 "여성들이여, 우리가 당신들의 젖을 먹고 건강히 자랐듯, 쿠바의 땅을 건강하게 살리자"라는 명연설을 했습니다.

친환경 유기농업 활성화를 위해서는 쿠바 여성들이 친환경 유기농업에 적극적으로 참여했듯이, 아이들을 키우는 우리 어머니들이 주체적으로 나서야 합니다.

이영자 긴 시간 동안 귀한 말씀 감사합니다. 두 분의 말씀처럼 사람도 살리고 환경생태계와 지구 생명을 살리는 '미래산업'이 바로 유기농업이라고 생각합니다. 《월간 친환경》도 친환경 유기농민을 대변할 수 있는 가장 공신력 있고 정직한 언론으로 거듭나겠습니다. 감사합니다.

| 《월간 친환경》 100호(2014년 1월호) |

■ 인터뷰

협상도 안 하고 쌀 개방, '좀비 공화국'인가

•
•
•

다음은 프레시안에 연재되는 '박인규의 inter-view'로, 정부의 관세율 발표 하루 뒤인 2014년 9월 19일 오후 서울 청담동의 한 커피숍에서 박인규 프레시안협동조합 이사장과의 대담 형식으로 진행됐다(정리: 선명수 기자).

개방 유예하면 의무수입량 2배? 협정문 어디에도 없는 내용

프레시안 정부에서는 쌀 관세화를 하지 않으면 의무수입량을 현재의 두 배로 늘려야 한다고 주장한다. 이게 정부가 내세우는 쌀 시장 전면 개방의 명분이 되고 있다. 한마디로 이제는 전면 개방이 불가피하다는 얘기다.

김성훈 협상 한 번 제대로 해보지도 않고 그런 얘기를 하는데, 패배주의적 발상이다. 우루과이라운드 협상이 1993년 12월 15일 타결되고, 1995년 1월에 WTO가 발족했다. 당시 우루과이라운드 농업 협정문 어디에도 '유예 기간이 끝나면 자동 관세화한다'라는 조항은 없다. WTO 회원국 중 쌀 수출 관련 당사국들과의 협상 결과에 따라 결정된다. 지난여름 인도는 WTO 보조금 규정을 어겼음에도 회원국들이 양해한다고 협의해줌으로써 자유로워졌다. 마찬가지로, 필리핀은 관세화 유예 협상 기한을 2년 반이나 넘기면서까지 협상해 자신들 사정에 맞게 유예 조건을 얻어냈다. 정부가 당시 협정문 어디에도 없는, 근거 없는 주장(결정론)을 하면서 전면 개방을 합리화하는 것은 참으로 한심하다.

당시 '예외 없는 관세화' 우루과이라운드 협상 과정에서 전 품목을 시장 개방하면서 유일하게 예외를 인정받은 것이 쌀이다. 원래는 영화도 있었는데, 프랑스 총리가 "영화 산업을 개방하라는 것은 프랑스의 영혼을 팔라는 것"이라고 강하게 반발하면서 아예 최종 협상 항목에서 빠졌다.

사실 당시 우리의 협상력은 미약한 편이었다. 일본이 미국과 일종의 '밀약'을 맺으면서 우리도 일본 덕을 본 것이다. 당시 일본에게 쌀 개방의 예외를 인정해주되, 3~5년 후 완전히 개방을 하면 그때는 국내가격과 수입가격 차이에 따른 관세율을 부과하기로 미일 간에 합의했다. 일본은 우루과이라운드 이전에 쌀을 수입한 적이 있었으니 그런 식의 협상이 가능했으나, 우리는 그 전까지는 전혀 수입한 적이 없었다. 아무튼 한국 역시 당시 일본과 함께 쌀 관세화 개방의 예외로 남았다. 관세화를 유예하는 대신 1986~88년의 쌀 소비량 4%를 2004년까지 10년간 단계적으로 의무수입하게 된 것이다. 이른바 최소시장개방(MMA) 방식이었다.

이후 일본은 관세화 유예 조건을 지키다가 1998년 800~1200%에 가까운 높은 관세율로 개방을 했다. 대만도 뒤늦게 가입한 이후 일본의 길(560%)을 따랐다. 남은 국가가 이제 필리핀과 한국인데, 두 나라는 정반대의 길을 선택했다. 필리핀이 관세화 유예 및 의무수입 쪽을 택한 반면 한국은 완전 개방, 즉 관세화를 택했다.

프레시안 그렇게 정해진 4%의 의무수입량이 2004년 새협상에서 8%로 두 배로 늘어났다.

김성훈 이 대목에서 참 쓰라린 이야기를 할 수밖에 없는데, 10년의 유예 기간이 끝난 뒤 진보적이라는 노무현 정부가 2004년 재협상 과정에서 치명적인 실수를 했다. 개인적으로 보수 못지않게 진보를 불신하는 이유가, 진보가 어떤 '주의'나 '이념', '비전'은 강해도, 그것을 실행하는 지식이나 능력이 부족하다는 점 때문이다.

2004년 협상 당시 노무현 정부는 아무런 전략 없이 쌀 의무수입량을 덜컥 4%에서 8%로 두 배 올렸다. 또 치명적인 실수를 한 것이, 이 수입량의 30%를 밥상용으로 들여오도록 양보했다. 첫 단추를 잘못 끼운 것이다.

1994년 타결된 모든 우루과이라운드 이행계획이 2004년에 만료되고 다시 제2의 우루과이라운드에 해당되는 도하개발어젠다

(DDA)가 성립돼 자유무역협정 프레임이 바뀌었어야 했지만, DDA 협상이 지연되고 있는 상황이었다. 그러다 보니 모든 회원국이 1993년에 타결된 이행 기준을 2004년 이후까지 계속 유지하는 이른바 '스탠드 스틸(stand still, 현상 유지)' 현상이 발생하고 있었다. 지금까지도 그러하다.

그런데 정부의 협상전략과 지식, 기술 등이 부재하다 보니, '이번에 의무수입량을 늘리지 않으면 관세화 전면 개방을 해야 한다'는 식의 착각을 그때도 지금도 하고 있는 것이다. 그 결과 노무현 정부는 8%로 의무수입량을 두 배 늘려준 것이다. 게다가 우루과이라운드 협상 이후 10년이 지났는데도 의무수입 기준연도를 여전히 1986~88년으로 고정했다. 때문에 말이 8%이지, 실제 당시 국내 소비량의 12% 이상이나 의무적으로 수입해야 했다. 매우 잘못된 협상이었으나, 그래도 완전 개방만은 막아냈다.

현재 박근혜 정부는 '관세화'로 개방하려 해도 한국은 우루과이라운드 협상 전에는 쌀을 수입한 적이 없었기 때문에, 관세율을 매길 근거가 없다. 그럼, 유일한 방법이 인접 국가의 관세율을 참고하는 것이다. 이번에도 정부가 중국의 수입 가격을 원용해서 513%로 정했다. 그런 근거로 513%의 관세율을 쌀 수출국들, 즉 이해 당사자들과의 협상을 거쳐 확정해 WTO에 통고하면 된다.

현재 협상 당사국으로 2004년 당시에는 회원국이 아니었던 중국이 기존의 쌀 수출국들인 미국, 호주, 동남아시아 국가 등과 함께 참여할 것 같다. 이들 국가와 관세 유예가 됐든 관세화가 됐든 일단 협상 결과가 합의되면, WTO는 오케이한다. 당사국들과의 협상에 전적으로 달린 문제인 셈이다. 그런데 박근혜 정부는 주식인 쌀을 지키기 위한 이렇다 할 협상 한 번 제대로 하지 않은 채 항복을 선언한 것이다.

정부, 협상 한 번 안 해보고 투항, 협상 의지 있긴 했나?

프레시안 다시 10년이 지나 재협상을 할 때가 됐다. 정부가 어떻게 해야 한다고 보나?

김성훈 2014년 현재 우리가 연간 의무수입량으로 들여오는 쌀이 40만 9,000톤이다. 국내 소비량의 8%라는 이 수치도, 기준연도가 1986~88년이다. 지금은 국내 소비량이 훨씬 줄어들어 40만 9,000톤이면 전체의 15% 수준이다. 한 나라의 쌀 소비량의 15%를, 80kg짜리 513만 가마니를 수입쌀로 채우고 있는 셈이다. 더 이상 감당 못 하겠으니 이 상태에서 '스탠드 스틸'하겠다고 선언했어야 한다. 그리고 먼저 협상을 했어야 한다. 쌀 수출국들과 개별적으로 협상을 해서, 예컨대 미국 대표를 불러내 "의무수입량 중 대미 수입 쿼터를 늘려주겠으니 2004년의 '쌀 관세화 유예조건의 현상유지'를 이해해달라"는 식으로라도 일종의 '딜'을 할 수 있는 여지가 있었다. 중국과는 WTO 체제 내에서 쌀 협상은 처음이다. 먼저 중국이 WTO에 가입했을 당시 우리나라가 가장 먼저 무조건부로 적극 지지했음을 상기시킨 다음, 세계 곡물을 수입해야 하는 동병상련의 입장에서, 지정학적으로 역사문화적으로 가장 이해가 깊은 관계임을 바탕으로 설득하고 이해를 구했어야 한다. 협상이란 것은 기본적으로 여러 개의 카드를 가지고 주고받아야 하며, 안 되면 수시로 변통해야 하는데, 아예 협상 자체를 안 한 것이 문제다.

우리 정부가 쌀 시장만은 지키겠다는 의지가 있다면 얼마든지 카드는 많이 있는데, 이 정부는 과거 기라성 같은 농업협상 관료들을 포함해 누구의 자문도, 농민들의 울부짖음도 경청하지 않고 무조건 "관세화가 불가피하다"고만 한다. 그러면서 주장하는 게, 관세화를 또 미루면 의무수입량을 두 배 이상 늘려줘야 하니, 그게 더 손해가 아니냐고 농민들을 윽박지른다. 아까도 강조했지만, 그런 규칙은 우루과이라운드 협정문 어디에도 없다. 전적으로 협상 여하에 달렸다.

프레시안 정부가 그런 주장을 하면서 필리핀 사례를 근거로 내세운다. 필리핀이 '웨이버(예외적 상황에서 협정상 의무를 일시적으로 면제받는 것)'를 선택해 관세화를 미루면서 의무수입량을 두 배 가까이 늘렸다는 것이다. 우리도 이번에 전면 개방을 하지 않으면, 결국 의무수입량을 두 배로 늘려 농민들에게 피해가 갈 수밖에 없다는 주장이다.

김성훈 정부가 필리핀 사례를 그렇게 되풀이해 써먹다가 망신을 당했다. 필리핀은 우리보다 먼저 웨이버 협상을 통해 관세화를 미뤘는데, 그걸 우리 정부는 "봐라, 필리핀도 관세화 미뤄서 의무수입량을 두 배나 늘려줬다", "40% 관세율을 35%로 내려줬다"고 선전했다. 필리핀 사례를 우리 정부의 쌀 시장 전면 개방론을 합리화하는 도구로 활용한 것이다.

그런데 실상은 정부의 말과 그 뜻이 완전히 다르게 인용되었음이 드러났다. 필리핀 대표가 국회 토론회에 참석해 우리 정부의 인용이 진실을 호도한 것이라고 까발린 것이다. 필리핀은 쌀이 부족하다. WTO 쌀 수출국들의 압력 때문에 두 배 이상 늘려준 것이 아니라는 얘기다. 필리핀은 해마다 태풍 등으로 최근 쌀 수입량이 연간 최소 100만 톤에서 150만 톤에 이른다. 이번에 쌀 시장 개방을 유예하는 조건으로 의무수입량을 35만 톤에서 80만 톤으로 늘린 것도 자신들이 필요한 범위 내에서 확대해준 것이다.

거기다 단서도 달았다. 향후 예전처럼 생산이 호전되어 쌀 시장을 완전 개방할 때는 의무수입량을 원래의 35만 톤으로 되돌리고 관세율도 다시 40%로 되돌리기로 한 것이다. 필리핀 정부 입장에선 성공한 협상을 이끌어낸 셈이다.

최근 우리 국회 공청회에 참석한 필리핀 대표가 이런 사실을 알리면서, 필리핀의 경우 협상의 전 과정에 농민 대표가 참가했다고 밝혔다. 더구나 의무수입량을 늘린 것이 외부 압력에 의해서가 아니라 자국의 필요에 따른 것이라고 얘기해, 우리 정부의 그동안의 해석이 엉터리였음이 밝혀져 망신을 당했다. 그런데 자꾸 필리핀 사례를 정부가 아전인수 격으로 해석하는 것이 문제다. 우리는 매년 40만 9,000톤을 5% 관세로 수입하고 있는 주제에, 필리핀이 40% 관세를 당분간 35%로 내려준 사례나 의무수입을 80만 톤으로 늘려준 사례를 밑도 끝도 없이 우리 편리할 대로 인용하고 얘기할 게 아니다. 대한민국 정부의 국격이 구겨지는 현장이다.

프레시안 우리도 쌀 자급률이 80%대 수준이다.

김성훈 그렇다. 현재 86% 수준인데, 사실 얼마든지 마음만 먹으면 완전한 자급이 가능하다. 사실 86%대로 떨어진 것도, 이명박 정부 들어서 의무수입량이 늘어나니까 정부가 쌀 생산 억제 정책을 편 결과다. 오히려 정부에서 농민들에게 돈을 주면서 다른 농사를 지으라고 장려해왔다. 그렇지만 쌀 생산은 얼마든지 올릴 수 있다. 일시적으로 생산량은 줄었지만, 농지 면적은 크게 줄지 않았다. 14% 정도 늘리는 것은 일도 아니다. 오히려 쌀 소비가 줄고 있는 것이 문제다. 그것도 정부의 잘못된 식품정책 때문이다.

"513% 관세율 못 지킬 것… '둑' 무너지면 대책 없다"

프레시안 정부에선 513%의 고율 관세를 매기면 우리 쌀 시장을 지킬 수 있다고 주장한다.

김성훈 우리는 쌀 관세율 책정에 관한 한 우루과이라운드 농산물 협정상 근거가 가장 빈약한 나라다. 우루과이라운드 타결 전에 쌀을 수입한 적이 없기 때문에 기준도 없는 것이다. 그래서 대만(560%)보다 더 낮은 513%를 제시하고 있다. 이번에 관세율을 산정할 때도 인접국인 중국이 수입했던 가격과 국내 도매시장 가격과의 차이를 산정 기준으로 삼았는데, 얼마든지 회원국들이 반발할 수 있다.

결국 쌀 시장 전면 개방은 의지의 문제였다. 국내 시장을 지킬 수 있는 방법이 있는데도, 협상 한 번 안 해보고 포기했다. 협상이라는 게 결렬되더라도 계속 새로운 카드를 들이대면 재개할 수 있는 것이다. 협상을 계속하겠다는 의사를 밝히고 있는 이상, 기한을 넘겼다고 패널티를 받는 것도 아니다.

프레시안 앞으로 협상을 통해 513%의 관세율을 지킬 수 있을지도 미지수다.

김성훈 지키기 어려울 것이다. 이미 언급했지만, 우리는 그런 관세율을 주장할 근거가 미약하다. 513%를 방어하기 위해서는 다른 무언가를 내줘야 할 것이다. 그럴 바에야 처음부터, 우루과이 라운드 협상에서 유일하게 얻어낸 '관세화 유예' 조건을 고수해야 했다.

프레시안 그럼에도 불구하고 우리 정부가 관세화가 '불가피하다'고 주장하는 이유는 어디에 있다고 보나? 미국이나 중국 등 외국의 압력 때문인가?

김성훈 일단 통상 협상의 베테랑으로 불리던 이들이 대부분 농림부를 떠났다. 지금은 기술관료들, 협상 초보자들만 남아 있는 것 같다. 어떻게 보면 무지의 결과인 셈이다. 한편으로는, 국내외의 정치경제적 목적을 의심하고 있는 것 같다. 실제는 경제 발전의 '희생양'이었는데, 농업을 경제 발전의 골칫덩어리, 걸림돌로 여기는 세력이 있는 것 같다. 언제였던가. 모 전경련 회장이 말한 바 있다. "논밭을 밀어내고 그 자리에 반도체공장이나 상업 휴양시설을 지어 돈을 벌면 된다. 쌀은 거기서 번 돈으로 수입해 사다 먹으면 된다." 그런 식의 발상이 현재도 우리나라 지배 세력들 사이에 만연한 것 같다.

프레시안 어쨌든 이번 정부의 결정으로 완전 개방의 수순에 들어갔다. 우리 농업에는 어떤 영향이 있을 거라고 보나?

김성훈 중국 헤이룽장성에 가면 과거 '북대황(北大荒)'이라고 불리던 거대한 황무지가 있다. 남한보다 더 큰 거대한 땅이다. 수십 년에 걸쳐 대대적인 개간 작업이 이뤄지면서, 이제는 북측의 거대한 창고라는 뜻의 '북대창(北大倉)'으로 불린다. 쌀과 콩, 옥수수가 엄청나게 생산된다. 또 이 지역은 전 농림부 장관 장덕진 씨의 애환과 자산 전부가 묻힌 곳이기도 하다.

그런데 여기서 생산된 쌀 중 남아도는 고미(古米)들이, 한때 '찐쌀'이라는 이름으로 우리나라에 수입됐다. 3~4년 묵어 노래진 고미에 표백제를 뿌려 수출한 것이다. 한 가마당 2만 4,000원 정도에 수입됐다.

또 세계 각국에서 남아도는 싸래기, 즉 파쇄미들이 쌀가루 형태 등으로 수입돼 골칫덩어리였다. 상품성이 없기 때문인데, 한국의 각종 쌀 가공업자들이 헐값에 사들여 가마당 2만 원 정도로 국내에서 거래됐다. 떡볶이 만들고 막걸리 만드는 식이었다.

이런 쌀들이 수입된다면 제아무리 513% 관세를 매겨 들여온다 해도 12만~13만 원대 안팎이다. 쌀 유통업자들이 그런 쌀을 들여오는데 누군들 유혹을 받지 않겠나? 더군다나 그런 쌀은 관세율 자체가 다르다. 마찬가지로, 냉동마늘이나 다진 마늘은 마늘과 관세 차이가 큰데, 마늘로 들여올 때의 5분의 1 수준이다.

결국 513%라는 관세율은, 협상에서 승인받을 수 있을지도 미지수지만 쌀 수입을 원천적으로 막는 항구적인 수단이 되지 못한다. 결국 둑이 허물어져 국내 쌀값과 수요에 부정적 영향을 미칠 것이고, 마침내 생산이 정체될 것이다. 그 사이 우리 농민들은 쌀 농사를 포기하게 될 것이다. 일단 쌀 시장이 뚫려버린다면 농민들은 더 이상 쌀 농사를 짓지 않을 것이다. 그렇게 국내 쌀 생산량이 부족해지면, 이 513%는 오히려 모자란 쌀의 원활한 수입에 질곡이 될 수도 있다.

그즈음 TPP(환태평양경제동반자협정)나 WTO에서 관세를 내리라고 요구한다면 어떻게 되겠나? 말 그대로 '고소원이나 불감청이라(固所愿而不敢请).' 바라고 바라는데 감히 청하지 못하는 그런 상황이 올지도 모른다. 그때 가선 결국 지금 정권이 아닌 다른 정부가 자진해 관세를 내릴 수밖에 없을지도 모른다.

어제(18일) 513%의 관세율을 결정하는 국회의 당정회의 장소에 농민들이 찾아가 달걀을 던지고 고춧가루를 뿌리며 항의를 했다고 한다. 농민들이 회의 장소에 쳐들어가, "이렇게 해놓고도 밥이 넘어가느냐"라고 절규한 모습이 뉴스에 나오더라. "이 판국에 밥이 넘어가느냐?" 가슴을 울리는 말이었다. 농민들의 그 행위 자체에 동의한다는 얘기가 아니다.

공교롭게도 같은 날, 케이블채널 tvN에서 〈농부가 사라졌다〉라는 가상 다큐멘터리 프로그램을 방영하기 시작했다. 6년 후인 2020년의 어느 시점, 농부들이 일시에 사라졌다는 가정하에 만든 다큐다. 저도 어쩌다 보니 카메오로 출연했는데, 제가 8년 전 평택의 쌀 농민들을 대상으로 했던 강연 내용을 tvN PD가 와서 얘기하더라. 사실 저는 기억하지 못하는데, 당시 제가 이런 강연을 했다고 한다. "농업이 망하면 나라가 망한다. 숭례문이 불타 없어지고 난 뒤에 그 소중함을 알게 된 것처럼, 농업이 망해봐야, 농부가 사라져봐야 농업이 중요한 것을 아는 시대가 올 것이다. 그때가 바로 국민 농업시대다."

무너지는 농사, 무너지는 생명… '좀비 공화국'에서 탈출하려면

프레시안 2008년의 광우병 쇠고기, 그리고 최근 세월호 참사를 겪으면서 사회 전반적으로 생명의 중요성에 대한 인식이 커졌다고 보는데, 그 근간이라고 할 수 있는 생명줄인 농업, 쌀 문제에 대한 관심은 오히려 과거보다 줄어든 것 같다.

김성훈 질문을 던지고 싶다. 만약 지금처럼 GMO 식품이 마구잡이로 수입돼 우리 밥상을 완전히 장악한다면, 우리나라 국민 건강은 어떻게 될까? 이건 가상이 아니라 머지않아 현실이 될지도 모른다. 또 정부가 고율 관세율을 유지하는 데 실패해 쌀 시장이 완전히 개방되고, 지금처럼 농업에 대한 폄훼와 무시가 계속된다면, 이 땅에 농부와 농사가 사라지지 않을 것이라는 전망이 가능한가? 그러면 국민의 식생활 안전과 식량주권은 어떻게 될 것인가? 또 쌀농업, 논농사가 보이지 않게 수행해오던 홍수 예방과 저수지 기능 등 환경생태계 보전 기능과 식품안전, 식량주권, 전통문화 및 경관 유지, 그리고 지역사회의 균형적인 발전 등 다원적 공익 기능은 어쩔 것인가?

세상이 어두워지면 좀비(또는 강시)들이 판을 친다. 좀비는 영혼이 없다. 그리고 피(생명)를 생산하는 심장이 멈춰 있다. 살아 있는 사람들의 피를 빨아 먹어야 생존이 가능하다. 독설이 될 수도 있겠지만, 지금 우리 사회는 좀비들의 세상과 얼마나 다른가? 영혼이 없는 정치인, 영혼이 없는 관료와 기업인이 너무 많아지고 있지 않나? 그들에게 영혼이 없으니 따뜻한 심장이 있을 리 없다.

좀비에 대처하는 방법은 여러 가지가 있다. 좀비나 강시는 상대방의 호흡을 통해 그 존재를 확인한다고 한다. 그리고 그 피를 빨아 먹는다. 그렇다면 좀비가 나타났을 때 숨을 쉬지 않고 납작 엎드리는 방법이 있다. 아니면 맞서 싸우는 방법도 있을 것이다. 그런다고 좀비는 줄지 않는다. 기하급수적으로 늘어난다. 마지막 남은 방법은, 좀비가 버틸 수 없도록 햇빛을, 광명(光明)을 불러들이는 것이다. 과연 셋 중에 어느 방법이 현명할까? 어떤 방법이 '좀비 공화국'에서 탈출하는 방법일까? 해법은 의외로 간단하다. 정치가 광명의 세계로 나와야 한다. 햇볕을 쬐어야 한다.

이제 정치권이 다산 정약용 선생의 《목민심서》의 정신으로 돌아갔으면 좋겠다. 제1장 '부임'조에 이르기를, "가로막혀 고통받는 이들을 먼저 만나 경청하고 그들의 고통을 해소"해줄 것을 주문하고 있음에 주목했으면 싶다. 세월호 참사 해법도 마찬가지다.

'통색의(通塞議)'에서는 막힌 곳을 뚫어 소통을 한 뒤에야 인재를 제대로 고른다고 했다. 출신 지역, 가문 등 여러 가지 이유로 사람을 버리면, 인재의 9할을 버리는 것이다. 그래서일까, 박근혜 대통령은 대선 때 '100% 국민대통합'을 주장했다. 그 말에 이제 책임을 졌으면 좋겠다. 제발 막힌 것부터 뚫어 제대로 된 소통부터 하기를 바란다. 난세를 맞아 삼가 '광명의 세계'를 대망한다.

| 프레시안 2014년 9월 25일 |

■ 인터뷰

GMO 없는 안전한 세상을 위하여

⋮

반GMO운동의 선두에 서 있는 경실련 소비자정의센터의 김성훈 대표.

DJ 정부 시절 농림부 장관까지 지낸 그가 요즘 GMO 소비를 옹호하는 정책당국과 대립각을 세우며 'GMO 없는 안전한 밥상운동'을 펴고 있습니다. 인터뷰 중에도 "국민의 안전한 먹거리 문제에 손놓고 있는 나라가 나라냐?"며 촛불을 들어 보입니다. 김 대표가 촛불시위에 참석하는 이유는 딱 한 가지. 후진적인 식품 안전 관리 때문입니다. GMO가 인체에 얼마나 유해한지, 규제의 끈이 왜 느슨한지, '알 권리'를 빼앗긴 소비자는 어떻게 대처해야 하는지를 알리기 위해 동분서주하고 있는 김성훈 대표를 논객닷컴의 권혁찬 편집인이 만나봤습니다.

권혁찬 엊그제도 GMO 강연차 지방에 다녀오셨다고 들었습니다. 국제적으로는 핫이슈가 되고 있는데, 국내에서는 아직 국민이 GMO의 위해성을 절감하지 못하는 분위기입니다.

김성훈 최근 이집트에서 대학 교수들이 GMO의 쥐 실험 결과를 발표했습니다. 두 팀으로 나눠 쥐한테 몬산토사가 개발한 GMO 옥수수를 3개월간 먹였더니 장, 콩팥, 간이 상했다는 연구 결과입니다.

GMO와 함께 세트 판매가 이뤄지는 제초제의 주성분인 글리포세이트는 세계보건기구가 발암성 물질로 규정한 바 있습니다. 2012년 9월 프랑스 세라리니 박사의 실험에서도 GMO 옥수수와 특정 제조사의 제초제 독성이 입증됐습니다. 쥐들에게 2년간 GMO 옥수수를 먹인 결과 장기 손상, 뇌종양, 유방암, 신장 및 간질환, 불임, 난임 등 각종 질병이 생겼다는 논문이 발표됐지요.

GMO 옹호론자들은 GMO 종자 개발과 제초제 농약의 원조 격인 몬산토사가 90일간 쥐에 급여 실험을 한 결과를 바탕으로 문제가 없다고 말하는데, 세라리니 박사는 2년간 급여한 결과 4개월째부터 종양이 발생한다는 사실을 밝힌 겁니다. 앞서 1998년 영국 로웨트 연구소의 푸스타이 박사가 진행한 세계 최초 GMO 실험에서도 그 유해성이 입증됐습니다. GMO 감자를 실험실 쥐에게 먹였더니 면역체계와 백혈구에 악영향을 미쳤고, 가슴샘과 비장이 파괴됐으며, 간과 고환이 작아졌습니다. 가장 무서운 것은 암 발생 가능성을 현저히 증대시켰다는 사실입니다.

몬산토사는 GMO와 아무 관계가 없다고 주장했지만 이후에도 독일, 러시아, 이집트 등 세계 각국에서 독립적인 연구 결과가 계속 나오고 있습니다.

권혁찬 GMO 규제에 대한 국제적인 흐름은 어떻습니까?

김성훈 EU는 꽃가루가 날아와서 우연히 섞이는 경우처럼 비의도적으로 혼입된 GMO를 0.9% 이상 허용하지 않습니다. 처음엔 1%로 했다가 몬산토사가 항의하자 거꾸로 기준을 더 강화했지요. GMO가 함유된 식품을 거부하고 완전 표시제를 실시하고 있습니다. DNA가 남아 있든 말든, GMO 원료를 썼으면 무조건 표시하도록 하고 있습니다. 러시아에서는 아예 GMO를 재배하거나 반입, 거래하는 자에게 테러범, 어린이 유괴범에 준하는 처벌을 하고 있습니다. 생산·판매도 못 하게 막고 있습니다. 동유럽 국가는 대부분 이러한데, 심지어 필리핀, 대만, 볼리비아도 규제하기 시작했습니다. 특히 대만은 학교 급식에 GMO 사용을 금지하고 있습니다. 헝가리는 600헥타르에 달하는 GMO 옥수수밭을 불태울 정도로 단호합니다.

GMO 유해성은 TV 다큐멘타리 〈차코의 눈물〉에서도 잘 나타났죠. 1990년대 중반 아르헨티나의 산골인 차코주(州)에 GMO 콩이 심어지고 글리포세이트 성분의 제초제가 뿌려집니다. 이후 차코는 GMO 콩 재배의 천국이 됩니다. 아르헨티나는 덕분에 세계 3대 GMO 콩 수출대국으로 성장합니다. 수출액 50%가 GMO 콩

일 정도로. 그런데 20년이 지난 지금, 차코의 신생아 30%는 기형아로 태어나고 주민들은 뇌성마비, 종양, 암 등 각종 질병에 시달리고 있습니다. 충격적이게도 1996년 도입됐을 때보다 제초제가 10배 이상 뿌려지고 있다는 사실입니다. CNN, BBC 등 세계적인 방송국들이 이미 르포로 방영한 내용을 MBC가 편집해 보도한 것이니 팩트라고 보시면 됩니다.

권혁찬 우리나라 GMO 사용현황은 어떻습니까?

김성훈 대한민국이 세계에서 식용 GMO를 제일 많이 수입하고 소비하고 있습니다. 총 수입량은 일본이 가장 많지만, 일본에서 수입하는 것은 대부분 사료용입니다. 식용은 우리보다 훨씬 적을 뿐만 아니라 식용에는 반드시 GMO 함유 여부를 표시하고 있습니다. 우리는 표시제가 아예 안 되고 있죠. 안 되는 게 아니라 정부, 즉 식약처가 식품업계의 이익을 보호하기 위해 완전 표시제를 가로막고 있다는 게 정확한 표현입니다.

권혁찬 왜 막습니까? 안전한 먹거리 차원에서 매우 필요해 보이는데…

김성훈 '이명박근혜' 정부가 뭡니까? 기업 하기 좋은 나라를 만드는 것 아닙니까? 기업의 이윤이 국민의 건강과 생명보다 더 중요한 나라죠. 한 명이라도 국민의 건강과 생명을 지키는 것이 국가의 존재 이유인데 우리나라는 기업의 이윤을 지키는 것이 존재 이유입니다. 그래서 매주 토요일 광화문 광장에 나갑니다. "이게 나라냐?" "이게 정부냐?" 기업의 이윤만 생각하는 나라, 국민의 건강과 생명은 생각하지 않는 나라, 국가의 존재 가치가 정부 당국에 의해 스스로 부정당하는 나라에 우리는 살고 있습니다. 국민이 아닌 대기업 자본이 지배하는 대기업 자본주의 나라인 것입니다.

그 콩가루를 얻어먹고 사는 사람들도 많죠. 그중에서 제일 얄미운 게 언론입니다. 오죽하면 '기레기'라는 말이 나왔겠습니까? 정부도 앞장서고 있습니다. 이명박, 박근혜가 제일 중요하다는 것에 맞춰야지요. 그래야 국회의원도 하고… 철도노동자 탄압하더니 덕분에 국회의원 되잖습니까? 식약처 처장하다가 국회의원 출마하고… 그러니까 거기 맞춰야지요. 언론도 광고 받아먹고 살아야 하니까. 식품회사, 농약회사 광고 받아먹고 살지 않습니까?

권혁찬 국제적으로 GMO 규제가 강화되는 추세인데 우리는 아예 규제가 없다는 말씀인가요?

김성훈 전 세계적으로 중진국 이상인 나라에서 식품 표시제가 이루어지지 않는 세 나라가 바로 미국, 한국, 캐나다입니다. 캐나다 유채(카놀라)는 100% GMO입니다. 2016년에 가서 봤는데 캐나다에서 먹는 카놀라유의 경우, 유기농 카놀라유가 있고 아무 표시도 없는 카놀라유가 팔리고 있었습니다.

권혁찬 표시하지 않은 게 GMO겠죠?

김성훈 그렇죠. GMO 곡식은 미국, 브라질, 아르헨티나 순으로 많이 수출합니다. GMO 옥수수, GMO 콩, GMO 카놀라, GMO 면화씨, GMO 감자가 있습니다. 최근에 개발되고 있는 양식 연어라든가. 그리고 각종 식품첨가물, 특히 설탕 대용품과 식용유 등이 GMO 옥수수나 콩에서 추출한 것들이지요.

권혁찬 GMO가 어류까지 갔습니까?

김성훈 연어에 같은 양의 사료를 먹여 크기를 두 배 이상 자라게 하는 유전자조작 연어 양식기술이 보급되고 있죠. 깎아도 갈색으로 변하지 않는 사과, 던져도 깨지거나 갈라지지 않는 탱글탱글한 토마토가 있습니다. 유통과정에서 상처가 제일 많이 나는 게 토마토거든요.

권혁찬 GMO가 세계적으로 번창하게 된 경위가 궁금합니다.

김성훈 옛날의 육종기술은 동종 간에 접붙여서 제일 좋은 것(우성)을 키워냈지 않았습니까? 그런데 GMO는 대부분 이종 간에 접붙이는 겁니다. 이것을 제일 먼저 시작한 것이 몬산토입니다. 쓰레기통에 자기들이 만든 제초제를 버렸는데 제조체 때문에 다 죽었을 것이라 여겼던 그곳에서 박테리아 등 미생물들이 우글우글 번성하는 바이러스가 발견된 겁니다. 제조제에도 버티는 바이러스죠.

그래서 그 바이러스의 유전자를 옥수수와 콩에다 이식해서 새 종자(GMO)를 만들었습니다. 그랬더니 GMO 옥수수와 GMO 콩 재배 시에 제조체를 아무리 뿌려도(이전에는 제조제를 뿌리면 잡초뿐 아니라 옥수수와 콩까지 죽였는데) 바이러스 때문에 끄떡없는 겁니다. 그 후 살충제 농약에 강한 GMO 등 갖가지 GMO가 탄생한 것입니다.

권혁찬 GMO 위험성의 근거라면?

김성훈 GMO 생산을 가능하게 한 것이 크리스퍼라는 유전자 가위입니다. 이 유전자 가위로 마음대로 떼어다 붙이고, 쪼개고 붙이고 하다 재미붙으니까 제초제나 살충제에 잘 견디는 바이러스를 떼어다 유전자에 붙인 겁니다. 벌레가 먹으면 바로 죽지만 사람은 바로 안 죽습니다. 워낙 강한 동물이어서. 그러나 제초제도 쌓이면 앞서 소개한 바와 같이 좋지 않은 결과가 나타납니다.

세라리니 교수 실험연구는 사람의 경우 약 20년간 계속 먹은 것과 같은 조건에서 가능해집니다. 우리나라에 1996년부터 GMO가 보급됐거든요. 지금 20년이 넘었기 때문에 제초제에 강한 GMO를 계속 먹고 살아왔으면 자폐, 치매, 유방암, 종양, 불임이 늘어날 수 있다는 합리적 의심을 갖게 되는 겁니다.

질병관리본부 인터넷에 들어가보세요. 결혼한 지 5년 넘은 신혼부부 중에 자식을 못 낳는 부부가 체외수정을 하면 정부가 이를 지원해줍니다. 지원금을 타 간 사람을 보니 2014년에만 20여 만 명입니다. 합리적인 의심이 들지요. 자폐증이며 치매 환자가 왜 이렇게 많이 생기는가? 요즘 유방암 환자는 왜 이렇게 늘었는가? 먹는 것과 환경오염, 운동 부족 등 여러 가지 이유가 있겠지만 하루 세끼 규칙적으로 GMO를 먹는다고 가정해보세요.

권혁찬 우리나라의 GMO 소비량은 얼마나 됩니까?

김성훈 1인당 약 43kg입니다. 식용으로 215만 톤이 들어오지만 이와 별도로 120만 톤가량의 가공식품이 들어오고 미국산 가공식품도 직접 수입돼서 들어오거든요. 아침마다 어린이들이 먹는 시리얼은 100%에 가깝게 GMO 옥수수로 만든 것입니다. 세계에서 미국(68kg) 다음으로 GMO를 많이 소비하고 있습니다.

권혁찬 대표님 말씀대로 심각해 보입니다.

김성훈 심각한데, 문제는 소비자들이 이러한 사실을 모른 채 먹고 있다는 점입니다. 식약처가 GMO 완전표시제를 반대하고 있습니다. 삶거나 하면 DNA가 사라진다고 표시하지 않는 예외규정을 만들어 현실적으로 다 빠져나가고 있습니다. 그러나 검출되지 않을 뿐이지 성분은 있는 겁니다. 그렇다면 DNA가 그대로 살아 있는 콩나물이나 두부는 왜 표시를 안 하는가? 대답을 못 합니다. GMO 콩으로 만든 콩나물, 두부, 두유 등. 논리가 안 맞죠. 삼육대학에서 나오는 삼육두유가 GMO를 쓰다가 소비자들이 들고 일어나니까 요새 안 쓴다고 하지요.

권혁찬 식약처의 논리가 세계적인 흐름과는 맞지 않아 보입니다.

김성훈 식약처가 막강한 정부예산을 갖고 운용되지 않습니까? 실험용 쥐 1,000마리만 구해다가 1년간만 먹여보면 될 것 아닙니까? 사람한테는 실험을 못 하니까. 세라리니 교수처럼 하려면 2년간 해야 하고 이집트 방식으로 하면 3개월간 계속 먹어야 됩니다. 왜 먹여보지도 않고 안전하다고 하나요? 몬산토가 형식적으로 한 실험 결과를 무비판적으로 받아들이고 있습니다. 우리나라에서 전문가들이 GMO 안전하다고 심사해서 통과시키지 않았습니까. 어떻게 심사하냐? 쥐한테 4번 먹여보고 14일간 무게 재고 관찰하고, 그리고 아무런 변화가 없어 문제가 없다는 것이 우리 식약처의 안전성 평가 기준입니다.

권혁찬 지극히 형식적인 시험으로 보입니다만.

김성훈 하나 마나 한 실험입니다. 면죄부를 주기 위한 요식행위지요. 이 지구상에 그렇게 하는 나라가 어디 있습니까? 필리핀이나 볼리비아, 이집트만 못하고 대만보다 못한 나라가 대한민국입니다. 모 지방자치단체에서 학교급식에 GMO 사용 안 하겠다고 하니까 식약처가 무슨 근거로 그렇게 하냐고 시비하는 나라가 대체 어디

있답니까?

농민들이 non-GMO 표시하니까 법으로 조건을 달아 non-GMO 표시조차 못 하게 막았습니다. 이유가 뭐냐? "이 쌀은 GMO가 아닙니다!"라고 하면 지금 국내에서 GMO 쌀 재배 또는 판매가 되고 있지 않은데 괜히 GMO에 대한 혐오감만 준다며 표시를 못 하게 막는 것이 식약처 규정입니다. 세계 모든 나라가 독자적인 연구를 해서 대처하고 있는데 식약처는 왜 한 번도 제대로 된 연구를 안 합니까? 한림대 의과대학 연구팀에 알아봤더니 20억 원만 있으면 세라니니 교수가 했던 연구를 그대로 할 수 있다고 합니다. 막대한 식약처 예산 중에서 20억 원만 떼면 됩니다. 제가 하겠다는 게 아닙니다. 한림대 의과대학팀이나 식품의학팀들 등 학자들한테 연구시켜보세요.

권혁찬 한림대에서 일부 조사한 것으로 나오는데… 그때는 완벽하지 않았다는 말씀인가요?

김성훈 그렇죠. 내가 보기에 GMO 장학생이 아닌 건 한림대 연구팀이 유일합니다. 서울대 등 대부분의 국립대와 식품영양학과, 농촌진흥청… 다 GMO 장학생들입니다. GMO가 안전하다고 앵무새처럼 떠드는 것은 몬산토사를 비롯해 세계 굴지의 기업들이 식품기업들과 연계해 정관계, 학계를 주무른 결과입니다. 우리나라도 도처에서 몬산토사 장학생들을 볼 수 있습니다. GMO를 옹호하는 그룹이 있습니다. 몬산토사를 위시해 1년에 70조 원을 생산하는 식품산업협회 회사들입니다. 그다음에 농약회사, 이들이 로비스트입니다. 1년 매출액이 10조 넘는 그룹이죠.

이 그룹에서 소위 말하는 '장학생'을 키우는 데 첫째가 교수·학자들, 그것도 유전공학이나 식품영양학 전공한 사람들입니다. 두 번째가 언론인, 식품이나 의학을 담당하는 언론인들입니다. 그다음이 정계죠. 국회 입법을 제대로 못 하게 막기 위해서. 네 번째가 종교계입니다. 모든 생물을 창조하는 것이 하나님인데, 생명을 재창조하는 것이 GMO거든요. 종교계에서 이를 문제 삼을 것 같으니까. 그런데 여기에 유일하게 반기를 든 곳이 감리교입니다. 감리교 목사들이 분연히 일어섰습니다. 일부 천주교 신부들도 그렇습니다.

권혁찬 이런 상황에서도 국내 GMO 쌀에 대한 승인 심사 계획이 발표돼 시민단체가 반발하고 있는데요.

김성훈 전 세계적으로 주식에 GMO를 적용하는 나라는 없습니다. 미국도 밀을 실험하다가 소동이 일자 부랴부랴 한국, 일본, 중국에 수출했는데, 이를 일본과 중국에서는 반송했고 한국은 받아서 이미 먹어버렸습니다. 미국에서도 이제는 밀로 GMO를 시도하지 않습니다. 그런데 우리는 이미 100여 종이 넘는 벼를 GMO로 개발해놓고 상용화 시기를 가늠하고 있습니다. 경실련 소비자정의센터가 성명서를 냈듯 현재 안전성 심사 신청을 준비 중인 GMO작물은 가뭄저항성 벼, 항산화기능 벼, 바이러스 저항성 고추, 제초제 저항성 잔디 등 4종입니다.

농림부와 농업진흥청은 그동안 불문율로 지켜왔던 전국 소비자단체와 생산자단체의 사전동의 절차를 거치지 않고 '묻지 마 실용화' 일변도로 치닫고 있습니다. 사실 심사 절차도 객관적인 실험 연구 없이 오로지 서류심사, 즉 말뿐인 심사로 문제가 많습니다. GMO개발사업단에서는 아직 국민정서가 민감한 점을 고려해 식용 쌀이 아닌 산업용 쌀로 안전성 심사를 받을 계획이라고 밝혔습니다. 이참에 미백기능 화장품 원료로 GMO 쌀 심사를 먼저 통과시킨 뒤 밥상용 쌀도 본격 상용화할 것이라는 것이 GMO 단장이 공공연히 밝힌 전술로 보입니다.

권혁찬 식량자급률이 낮은 한국에서 GMO의 생산성을 강조하는 지지론자도 많습니다.

김성훈 GMO 생산성 주장은 허구입니다. 2~3년 동안은 잡초 제거에 효과가 있습니다. 그러나 인도, 방글라데시 등의 실례를 살펴보면 글리포세이트라는 제초제 성분에 내성이 생긴 새로운 슈퍼 잡초가 생기고 더 강한 제초제를 쓰게 되면서 토질이 악화돼 생산성이 떨어졌습니다.

GMO를 재배하지 않는 EU의 10년간 곡물생산성과 GMO 대국인 브라질 및 미국의 곡물생산성을 비교해보면 이를 알 수 있습니다. 결국 GMO 농사가 식량안보에 도움이 된다는 말도 거짓인 것입니다.

놀라운 사실은 국내에서는 GMO 작물 재배가 금지되어 있는데, 전국 290곳에서 GMO 옥수수가 자라나고 있다는 점입니다. 꽃가루가 날려 자생한 것이지요. 이러다가 몬산토사로부터 소송을 당하는 게 아닌지 모르겠습니다. 캐나다의 한 카놀라 유기농민은 GMO 종자의 꽃가루가 자기 땅에 날아와 자생했는데 몬산토사가 자사의 GMO 종자를 재배했다고 특허법 위반으로 소송을 걸어 패소한 사례까지 있습니다. 가볍게 볼 사안이 아닙니다.

권혁찬 주장하시는 내용이 워낙 강해서 당국에 미운털이 박히신 건 아닌가요?

김성훈 나는 블랙리스트가 아니라 슈퍼 블랙리스트에 올라 있습니다.《농어민신문》 창립자로서 15년간 '농훈칼럼'을 써왔는데, 청와대 지시로 농림부가《농어민신문》에 광고를 안 주겠다고 했답니다. 내 글을 내리지 않으면 안 주겠다고 해서 견디다 못해 농훈칼럼을 내렸습니다. 내가 키우다시피 했던 신문사의 사장이 나한테 읍소하면서 메일을 보내왔습니다. 그래서 할 수 없이 매달 한 번씩 썼던 칼럼을 중단했습니다. 대신 정부 지원 안 받는《농정신문》, 전농이 운영하는 신문에 '농사직설'이라는 이름으로 매달 기고하고 있습니다.《농어민신문》엔 '농훈칼럼'은 못 싣고 있지요.

권혁찬 소비자들은 식품을 구매할 때 이 식품이 GMO인지 모르고 구매하는 경우가 많습니다. 어떤 식품을 조심해야 하나요?

김성훈 GMO 섭취를 줄이고 가려 먹을 수 있는 한 최대한 가려 먹어야 합니다. 일단 미국, 브라질, 아르헨티나 등에서 난 콩, 옥수수, 카놀라유, 콩기름, 옥수수기름, 씨리얼, 참치캔 등 카놀라유가 든 통조림, 양식 연어를 피하는 게 좋습니다. 파파야와 라면도 조심해야 합니다. 라면의 경우 지난해 GMO가 함유됐다고 터키 수출 통관에 실패한 사례가 있습니다. 터키는 GMO 검출 기준을 1% 미만으로 제한하고 있는데, 이 라면에 포함된 대두의 69%가 GMO라는 공인기관의 검사 결과가 나오면서 전량 폐기됐습니다.

식품첨가물을 보면 아스파탐, 프락토올리고당 등 과당 계열의 인공감미료가 있습니다. 이것들은 GMO 옥수수에서 나온 경우가 많습니다. 차라리 설탕이 나은데, 이마저도 사탕무로 만든 설탕은 대부분 GMO입니다. 과자, 라면, 떡볶이, 음료, 우유 등에 들어 있는 GMO 성분이 성장촉진제 역할을 하고 있다는 의심도 제기되고 있고요. 가장 좋은 방법은 유기농 작물, 국산 식품을 먹는 것입니다. 그런데 유기농은 비싸지 않습니까? 그러니까 30% 이상만 유기농을 먹으면 다른 식품도 위 속에 들어가 중화됩니다.

권혁찬 김 대표께서는 유기농 식생을 주로 하신다고 들었습니다.

김성훈 나는 옥상에서 9년째 각종 채소를 재배해서 먹고 있습니다. 1년에 3모작을 하는데 지금은 보리하고 밀을 재배합니다. 겨울에 보리랑 밀이 자라지 않습니까? 그 싹을 베어 말려 가루로 만든 뒤 커피나 음료수에 타 먹거나 전을 부쳐 먹습니다. 그렇게 비타민을 보충하고 있지요. 보리나 밀을 먹으려는 게 아니라 온실이 없으니까 아예 싹을 기르는 겁니다. 5~8월까지는 각종 채소류 30가지를, 9월부터 10월까지는 무·배추를, 11월부터 봄까지는 보리·밀을 재배합니다.

권혁찬 그래서 그런지 연세에 비해 아주 건강해 보이십니다.

김성훈 제가 눈꼬리며 입 주변에 주름살이 없습니다. 평생을 유기농으로 먹고살아 그렇습니다. 친구들이 "너 얼굴에 다림질했냐?"고 합니다. 주름살이 없는 것은 유기농 식생에 힘입어 항산화기능이 작용해서 생긴 결과라고 생각합니다.

| 논객닷컴 2017년 1월 29일, 2월 2일 |

당신이 먹는 것이 당신이 된다

학교급식, 군대급식부터 Non-GMO로 시작하자!

'농업이 없는 나라, 농촌이 없는 도시, 농민이 없는 국민은 존재하지 않는다'는 신념 아래 GMO 반대운동에 앞장서고 계신 김성훈 전 농림부 장관을 모시고 한국의 먹거리 건강에 대해 들어본다. 다음은 김성훈 전 장관과의 이유미 일송재단 국제농업개발원 이사장과의 대담을 요약한 내용이다.

당신이 먹는 것이 당신을 만든다

의식주(衣食住)가 아니라 식주의(食住衣) • 먹거리는 생존을 위한 가장 절박한 것으로 식량주권을 잃은 우리가 잃어버린 바른먹거리 운동은 '급식 운동'에서 제일 먼저 시작되어야 한다.

당신의 먹거리가 당신을 만든다 • 나의 건강과 정신 등 모든 것이 내가 어떤 것을 먹느냐에 달렸다고 볼 수 있다.

내가 젊게 사는 비결은 유기농 식단 • 내가 올해 78세이지만 얼굴에 주름 하나 없이 젊게 사는 이유는 먹는 데 있다. 평생을 불가피한 외식 이외에는 집밥을 먹어왔는데, 유기농 식단만을 먹는다. 어릴 적에는 부모님이 비료와 농약 없이 농사지어 먹고 살았고, 농약이 보급된 후에도 아버지는 자식들에게 절대 사람 죽이는 농약을 쓰지 않겠다고 하여 계속 유기농만 먹고 살았다. 성장한 후에도 농약, 제초제, 살균제, 살충제가 얼씬도 못하는 농산물만 먹어왔다. 지금은 10년째 아파트 옥상에서 유기농 농사를 짓고, 조달할 수 없는 제철 유기농 제품은 한살림에서 사 먹는다. 내가 먹는 농산물 자체가 보약이더라. 이것이 내가 나이보다 젊게 사는 비결이다.

음식으로 고치지 못하는 질병은 의사도 못 고친다 • 히포크라테스는 "이 세상의 질병 중에 음식으로 고치지 못하는 질병은 하나도 없다. 음식이 모든 건강의 근원이다"라고 했다. 또 미국 '맥거번 리포트'의 결론은 "모든 질병은 먹는 데서 유래한다"는 것이었다. 서부개척시대에 유기농 채소, 유기농 과일, 자연 방사한 가축을 먹을 때와 달리 현재에는 농약, 제초제 위주의 식품을 먹으면서 질병이 많이 늘어났다는 내용이었다.

가공식품 추방부터 시작하자 • 학교 급식에서 햄버거, 핫도그, 피자 등 패스트푸드와 콜라 등 탄산음료를 추방하니 일대 변화가 일어났다. 한국의 식품영양학자와 의사는 영양가와 칼로리만 이야기하지, 안전성을 따지지 않는다. 미국의 잘못된 식품의학과 식품

영양학만을 한국이 도입한 것이다.

생산자 기준이었던 GAP가 우리나라에서는 소비자를 위한 '우수농산물'로 둔갑

GAP 인증의 본뜻은 우수농산물이 아니다 • 미국이 넘쳐나는 농약을 개발도상국에 퍼부으면서, 제초제와 살충제를 오남용하지 말자는 뜻에서 FAO에서 1973년부터 시작한 것이 GAP(Good Agriculture Practices) 운동이다. '좋은 농업 생산기술'이라는 뜻의 GAP가 우리나라에서는 '우수농산물 인증' 제도로 오용되고 있다

저농약 인증을 부활시켜라 • GAP는 '생산기술 인증제도'인데, 안전기준으로 둔갑시켜 소비자에게 혼란을 야기한다. GAP 생산작물에는 농약, 제초제, GMO도 포함되어 있으니 소비자 기만이다. 그러면서 오히려 제초제 사용하지 않고, 살충제와 농약은 적정 안전성 기준의 2분의 1 이하만 사용할 때 주는 저농약 인증 기준을 없앴다. 이것이 대한민국 농정당국의 실정이니 안타깝기만 한 현실이다.

잘못된 기준을 바로잡고 학교급식의 안전성을 확보하라 • 안전과 거리가 먼 GAP 인증 농산물을 학교급식에 권장하고 있다. 나는 따지고 싶다! 왜 GAP를 어린 학생들에게 권장하느냐? 왜 제초제 사용한 농산물을 권장하느냐? 왜 농약 뿌린 농산물을 권장하느냐? 왜 GMO 농산물을 권장하느냐? 그것이 생산기술이지 소비자 안전기준인가? FAO에 물어보라, GAP가 안전성 기준인지. 생

산에 과도한 제초제/살충제를 사용하지 말라는 뜻이다.

먹거리가 독이 되는 이유는 농약회사 몬산토에서 돈을 받은 농업 관련자들 때문이다 • 농촌진흥청 국립농업과학원에는 농약 업무를 관장하는 작물보호과가 있다. 농약이 주는 부정적 이미지를 국민에게 숨기기 위한 작물보호과는 농약회사가 새로 허가를 의뢰하는 곳이다. 한국식품산업협회와 작물보호협회는 학교급식과 직접 관련된 기관인데 그 배후에 몬산토 같은 농약회사가 있다. 심지어 학교급식을 담당하는 영양사, 식품영약학자, 유전공학 연구자들이 몬산토의 로비 대상이다. 학자들에게는 연구비를, 학생들에게는 장학금을, 국회의원에게는 후원금을, 학교에는 학교발전기금을 제공하며 농약과 GMO에 대한 로비를 하고 있는 것이 현실이다.

식량 증산을 위해 도입된 GMO,
식량 증산도 못 하고 농업환경도 망가뜨린다

GMO는 인류의 재앙 • 최근 농촌진흥청에서 이종 간 유전자 형질을 붙이는 '유전자 가위 기술'을 수천억 원 들여 구입했다는 뉴스를 보았다. 제초제 성분을 종자의 유전형질에 붙이는 작업을 용이하게 하는 것이 바로 '유전자 가위 기술'이다. 최근에는 미국에서 돼지와 사람의 유전자 형질을 유전자 가위로 접붙였더니, 돼지 얼굴을 한 태아가 나타났다. 돼지를 빌려 사람의 장기를 만들 수 있는 기술인 것이다.

GMO 천국 차코의 눈물을 기억하라 • 아르헨티나 차코는 GMO 콩 재배의 천국이다. 차코에 GMO 콩이 도입된 지 20년이 지난 2015년 9월 20일, MBC는 〈차코의 눈물〉이라는 르포를 10여 분간 방영했다. 차코 어린이들과 주민들이 뇌성마비, 종양, 암 등 신체 곳곳에 중증장애를 얻고 각종 이상질병으로 쓰러져간다는 사실이 소개됐다. 아이들 30%가 기형아로 태어나 죽었고, 가축들은 이상질병으로 죽어갔다. 이 무시무시한 지옥도 같은 풍경이 모두 GMO로 인한 재앙이다. GMO 종자 중에서도 가장 악종인 미국산 GMO를 재배했기 때문이다. 이 종자에는 제초제 저항 성분이 있어 작물에 제초제를 마구 뿌려댔기 때문에, 자라난 작물을 먹으면 제초제를 직접 먹게 되는 셈이다. 최근 이웃나라인 브라질은 GMO 옥수수와 콩을 재배해왔지만 미국산 GMO 작물 수입을 금지한다는 발표를 했다. 중국도 워낙 콩과 옥수수가 부족하기에 미국산을 수입하지만 미국산 악종 GMO는 되돌려보내고 있다.

글리포세이트는 암과 자폐증을 유발한다 • 제초제 성분은 식물 내부에 축적되는 특성이 있다. 제초제를 견뎌낸 곡물은 기본적으로 안전성이 문제된다. 이를 세계보건기구가 시험해본 결과 종양이 생길뿐더러 간, 신장, 심장이 손상되며, 유방암 및 자폐증을 유발한다. 우리나라도 마찬가지다. 질병관리본부 통계에 의하면 자폐증 환자가 지난 5년 사이 57%가 늘었다.

GMO의 식량 증산은 허구로 드러났다 • 방글라데시와 인도는 제초제에 강한 GMO를 사용하다가 낭패를 보았다. 초기에는 수확 증대 효과를 보지만 3년 후부터 내성이 생긴 슈퍼 잡초와 슈퍼 곤충이 출현해 더 독한 제초제, 살충제를 사용하다 보니 토양만 나빠지고 수확량은 이전보다 더 줄어들었다. GMO 도입이 식량 증산 효과가 있다는 말은 새빨간 거짓말이다. 지난 10년간 GMO를 도입하지 않은 EU의 곡물생산성과 GMO를 도입한 미국의 곡물생산성을 비교해보면 초기에는 미국의 생산성이 월등히 앞서지만 10년 후에는 토양이 오염되면서 EU의 생산성이 앞서는 것을 볼 수 있다. 환경생태계의 파괴까지 따라오는 재앙인 것이다.

토종종자 지키기와 유기농 운동이 반GMO 운동이다

청소년급식부터 Non-GMO로 시작하자! • 가장 먼저 학교급식과 군대급식에서부터 GMO를 금지시켜야 한다. 대만, 필리핀, 볼리비아에서는 GMO 학교급식을 법으로 금지시켰다. 성장하는 청소년들에게 GMO는 특히 위험하다.

국민건강 망치는 농촌진흥청과 식약처는 해체되어야 한다! • 농진청에서 연구하는 GMO 개발은 금지시켜야 한다. 몬산토 장학생들에게 농약 관리를 맡겨서는 안 된다! 농진청은 유기농과 생산기술만 전담시키고, 작물보호국 업무는 농식품부로 이관해야 한다. 농진청 폐지를 주장하는 이유는 GMO 및 농약 연구 때문이다. GMO 및 농약 연구는 농촌진흥이 아니라 농촌을 망하게 하는 일, 국민을 죽이는 일이다. 국민들이 먹는 주식을 GMO로 대체하겠다는 나라가 지구상에 어디 있는가? 미국에서도 몬산토가 주식인 밀을 GMO로 연구하다가 철퇴를 맞은 적이 있다. 또한 보건복지부 산하 식약처가 주관하는 식품업무는 농림부로 이관시켜라. 현재 식약처는 가공식품에 대해 대기업을 위해 관대한 기준을 적용하고 있기 때문이다.

진정한 GMO 반대운동은 토종종자 지키기와 유기농 운동이다 • 토종종자 지키기와 유기농 운동을 더 적극적으로 해야 한다. 이것이 반GMO 운동이다. 토종종자와 유기농을 죽이려는 세력은 몬산토와 같은 GMO 옹호세력으로, 국민의 먹거리 안전성을 빼앗아간다.

농업과 먹거리의 참교육은 학교 텃밭에서 시작하라 • 학교에서는 텃밭을 만들어 학생들로 하여금 유기농 채소를 직접 심고 자라는 과정을 보게 해야 한다. 이를 수확해 식재료로 활용해야 한다. 이것이야말로 참교육이지 않은가!

| 건강급식 2017년 3월 창간호 |

한없이 높은 마음 가졌으되
한없이 부드럽고 겸허하여
어린 사람 낮은 자리의 사람들까지
챙겨서 돌보아 주시는 마음, 그 살가움
사람다운 사람 만나기 어려운 세상
진정 사람다운 한 분을 뵈었다 하리
깊은 산속 흰구름 아래 늘 푸른 상록수
차라리 소나무 잣나무 한 그루
보았다 하리.

이천년 하고도 구년 봄이 오는 길목에서.
산지보존협회 김성훈 회장님을 기리는 심정으로
「차라리 소나무 잣나무 한 그루」란 글을 지어 드립니다.

공주사람 나태주 글.

비록 얼굴 뵈온 일 없지만
이름만으로도 사진만으로도
아, 그분이시군요 대번에
알 수 있는 어른

지극히 편안하고 너그러운 웃음
부드럽고 웅숭깊은 눈길
세상의 모든 아름다움이며 서러움
품어내고도 넘을만한 가슴, 그 넉넉함

비록 말씀 나눈 일 없지만
쓰신 글만으로도 책만으로도
아, 그러시지요 당연히
고개 끄덕여지는 어른